NOSSOS DEUSES SÃO SUPER-HERÓIS

CHRISTOPHER KNOWLES

NOSSOS DEUSES SÃO SUPER-HERÓIS

A HISTÓRIA SECRETA DOS SUPER-HERÓIS DAS REVISTAS EM QUADRINHOS

Com ilustrações de
JOSEPH MICHAEL LINSNER

Tradução
Marcello Borges

Prefácio
Álvaro de Moya

Editora
Cultrix
SÃO PAULO

Título original: *Our Gods Wear Spandex.*

Publicado originalmente por Red Wheel/Weiser

Dados Internacionais de Catalogação na Publicação (CIP)
(Câmara Brasileira do Livro, SP, Brasil)

Knowles, Christopher
Nossos deuses são super-heróis : a história secreta dos super-heróis das revistas em quadrinhos / Christopher Knowles ; com ilustrações de Joseph Michael Linsner ; tradução Marcello Borges ; prefácio Álvaro de Moya. – São Paulo : Cultrix, 2008.

Título original: Our gods wear Spandex.
ISBN 978-85-316-1029-5

1. Heróis na literatura 2. Histórias em quadrinhos 3. Mitos na literatura I. Linsner, Joseph Michael. II. Moya, Álvaro de. III. Título.

08-09022 CDD-741.5

Índices para catálogo sistemático:
1. Histórias em quadrinhos 741.5

O primeiro número à esquerda indica a edição, ou reedição, desta obra. A primeira dezena à direita indica o ano em que esta edição, ou reedição, foi publicada.

Edição	Ano
1-2-3-4-5-6-7-8-9-10-11	08-09-10-11-12-13-14

Direitos de tradução para o Brasil
adquiridos com exclusividade pela
EDITORA PENSAMENTO-CULTRIX LTDA.
Rua Dr. Mário Vicente, 368 — 04270-000 — São Paulo, SP
Fone: 2066-9000 — Fax: 2066-9008
E-mail: pensamento@cultrix.com.br
http://www.pensamento-cultrix.com.br
que se reserva a propriedade literária desta tradução.

AGRADECIMENTOS

Primeiro, e acima de tudo, preciso agradecer a sabedoria e o gênio de meu Bodhisattva pessoal, Joseph Michael Linsner. Este projeto tomou forma numa série de conversas telefônicas informais enquanto estávamos escrevendo o rascunho de nossas vidas, e foram os poderes místicos de escuta de Joe que permitiram que estas idéias e conceitos rendessem frutos.

A seguir, preciso agradecer a visão, o trabalho dedicado e a atenção de Brenda Knight, cujos raros dons intuitivos ajudaram a dar vida a este projeto. Um agradecimento especial a todos na Red Wheel/Weiser pela dedicação e tolerância: Jan Johnson, Bonni Hamilton, Jordan Overby, Caroline Pincus, Amber Guetebier, Donna Linden, Rachel Leach, Meg Dunkerley e Amy Grzybinski.

Depois, gostaria de agradecer aos homens que me ajudaram a me manter fora da miséria: meu mentor Chris Fondacaro, o homem que me ensinou que "bom o suficiente" nunca é suficientemente bom. E a Tom Marvelli, profissional rematado, que honra seu nome de diversas maneiras. Se Chris e Tom administrassem o planeta, não precisaríamos de super-heróis.

Depois, uma salva de tiros e um saco de salgadinhos para meu grande amigo Scott Rowley, editor de tal qualidade que muitos escritores atravessariam o Atlântico a nado para trabalhar para ele. Um *hip hip hurra* para Ian Fortnam também. Minha eterna gratidão para com Jon B. Cooke, o homem mais talentoso que já conheci, e para John Morrow, que, em última análise, foi o culpado por me iniciar no mundo literário. Agradecimentos especiais a Jim McLauchlin e especialmente a Stan, *o Cara*, o primeiro a me ensinar o amor pela linguagem. *Excelsior*!

E meu amor eterno e minha gratidão por minha mulher, Vicky, por salvar minha vida mais vezes do que consigo contar. E muito amor e abraços para Rooster, Jibbles e Extra Ponies.

Nota do tradutor

Só estão traduzidos para o português os nomes de revistas e de super-heróis que foram publicados no Brasil. Títulos de filmes obedecem ao mesmo critério. As exceções serão indicadas como tal.

SUMÁRIO

PREFÁCIO

Will Eisner, quando criou *The Spirit* em 1940, recebeu um telefonema do editor perguntando se o novo herói usava – e usou um termo em inglês – "costume". Ou seja, o traje de superpersonagem, desde que o Super-Homem surgira em 1938. Eisner disse que sim e desenhou uma máscara, como ele mesmo confessou, ridícula para o detetive redivivo. Explicou-me, posteriormente, que esses uniformes vinham da tradição circense, especialmente dos trapezistas.

Lembrei-me de que, na época em que eu era um menino sonhador que lia quadrinhos, me decepcionei ao ver, nos seriados de domingos nas matinês, os personagens do papel transpostos para a tela, pois aquelas roupas maravilhosas se enrugavam como tecido comum e, principalmente em Flash Gordon e O Fantasma, não colavam no corpo dos heróis.

Isso só se resolveu quando a J. P. Morgan descobriu o plástico, mais especificamente a lycra. Hoje, nas superproduções hollywoodianas, as fantasias são perfeitas. Num golpe publicitário, os jornais do mundo todo até chegaram a noticiar que a fantasia do Homem-Aranha tinha sido roubada do *set* de filmagem.

O escritor Christopher Knowles acertou na mosca ao captar um tema recorrente, mas não principal nos livros sobre *comics.* Ligou os deuses do Olimpo dos quadrinhos com o nascer de mitos e religiões, sociedades secretas, trabalhos clássicos, culturas milenares, verdades e mentiras que atravessaram os séculos. Os heróis como Messias. Salvadores.

A alvorada dos deuses se iniciou com os sumérios e egípcios. Como poderia ter começado na era das cavernas, quando a idéia de morte era cultuada, levando ao surgimento do sacerdote, o único que falava com os mortos. Grécia e Roma, os judeus e árabes do Velho Testamento. As sagas nórdicas, que são o berço de Thor. O grande salto veio com o colonialismo britânico e o puritanismo da Rainha Vitória. O espiritualismo motivou as sociedades secretas, os rosa-cruzes e os maçons.

O único pequeno deslize do livro fica por conta da pesquisa norte-americana, que avoca tudo aos Estados Unidos e ao mundo anglo-saxão. O Oscar é distribuído exclusivamente em Hollywood, apenas uma estatueta vai para o resto do mundo. Diferente de Cannes, Veneza ou Berlim, onde todos os países concorrem em pé de igualdade.

Quando o autor cita Lord Edward Bulwer-Lytton e sua obra *Vril*, dá ao livro uma importância e repercussão exagerada. Na verdade, *The Coming Race* foi publicado em 1871. Depois, portanto, de *Essai sur l'Inegalité dês Races Humaines* (1853-55), do Conde de Gobineau, este sim, defensor do militarismo prussiano dos franceses (lembram de *Glória Feita de Sangue*, o melhor filme de Stanley Kubrick?) que influenciou as teorias arianas racistas de Hitler. Os *comics* europeus também são ignorados no livro, quando o autor cita Roy Crane como o introdutor da aventura nos quadrinhos, esquecendo que Hergé já fazia *Tintin* desde 1924. Mas isso se deve à consagração da teoria da supremacia norte-americana, e não é culpa do autor, que escreve um belo livro desbravando um novo caminho nos *comics*.

A linha de pensamento percorrida por Knowles passa por Nietzsche, Aleister Crowley, Houdini, e luminares da literatura como Poe, Conan Doyle, Jules Verne, H. G. Wells e Bram Stoker. Passa também pelos *pulps*, revistas baratas em papel de má qualidade, aos policiais *hard boiled* criados por Dashiell Hammett, Tarzã, Doc Savage, O Sombra; e à ficção científica das revistas *Amazing Stories* e *Weird Tales*, onde pululam Edgar Rice Burroughs, Sax Rohmer, Robert E. Howard e o genial H. P. Lovercraft.

E chegamos aos quadrinhos. *Famous Funnies* foi a primeira revista tipo *comic book*, ou gibi, com histórias completas. Era uma compilação das tiras diárias e capítulos dominicais dos jornais. Um trecho importante deste livro explica como o mercado foi dominado pelos gângsteres. Era o mundo das pequenas editoras, usando os restos dos grandes jornais. Até surgir nos céus o Superman!

Antes, porém, em 1934, o escritor Lee Falk criou Mandrake, que virou sinônimo de mágico. E, em 1936, o mito do imortal Fantasma, um deus para os pigmeus Bandar. Nesse momento, Knowles poderia explorar mais a importância desse escritor, que Federico Fellini tratava como seu mestre em *scripts*. As diversas peças de teatro que ele escreveu, depois de famoso, giram em torno de mitos, principalmente gregos. Sua cultura era imensa, assim como o domínio do cerne da mitologia. Podemos dizer que O Fantasma é a base de todos os outros heróis dos *comics*. Desde seu *status* de deus imortal, até a sua roupa de circo, costume, fantasia ou ainda lycra.

Mas foi nos céus de Metrópolis que surgiu a síntese de todos os deuses dos mitos, com a mesma dupla personalidade de Pimpinela Escarlate, Zorro e outros. Como analisaram Jules Feiffer e Quentin Tarantino, com a inversão de quem é o homem e quem é o mito. Aqui o emigrado de Krypton é o verdadeiro e Clark Kent é o disfarce.

Enquanto Batman consagrava a DC Comics como a grande editora, a revolução que Stan Lee e Jack Kirby fizeram na Marvel também provocou uma reviravolta nos super-heróis, apresentando-os como seres em conflito juvenil e obtendo resposta imediata dos leitores. Stan Lee, como verdadeiro continuador da obra de Lee Falk, criou uma galeria de tipos saídos da mitologia.

E nesse trecho, Knowles dá um show. Compara o Hulk com o Golem da lenda judaica. O Hulk é o Coisa. O Senhor Fantástico é o Homem-Borracha. O Tocha Humana é o Tocha Humana do passado. A Mulher Invisível é Invisible Scarlet O'Neil, uma tirinha de jornal.

O autor não deixa passar a crise dos *comics* com a obra destruidora do psiquiatra sem camisa-de-força Frederic Wertham, a perseguição aos gibis, o código dos editores e as heroínas sexy dos quadrinhos.

Não se pode deixar de destacar o trabalho de Joseph Michael Linsner, ilustrador do livro, que não usa os desenhos tradicionais dos artistas criadores dos heróis, mas os interpreta de modo criativo e pessoal; e a ótima tradução de Marcello Borges.

No *grand finale*, o livro destaca Alex Ross, Frank Miller, Alan Moore, Neil Gaiman Stan Lee, mas o deus de Christopher Knowles é Jack Kirby.

Álvaro de Moya

Não deixo escapar a oportunidade de saudar a editora Pensamento-Cultrix, que fez a minha cabeça, bem como a amizade e os papos enriquecedores que tive com o saudoso Diaulas Riedel...

EU QUERO ACREDITAR

Uma das grandes inovações norte-americanas do século 20 – além das revistas em quadrinhos e dos super-heróis – é a santidade da infância. Incontáveis bilhões de dólares são gastos para tornar a infância moderna uma Disneylândia de indulgência e deleite, 24 horas por dia, sete dias por semana. Pode-se dizer que esse mito da infância é a única coisa que ainda é preservada como algo sagrado em nossa sociedade desumanizada e mercantilista.

Pessoalmente, não tive uma boa infância. Mesmo pelos padrões da década de 1970, ela foi bem ruim. A adoração norte-americana pelas crianças estava passando por uma fase particularmente calvinista naqueles dias de *O Bebê de Rosemary* e *O Exorcista*, e houve ocasiões em que meu mundo pareceu uma adaptação de *O Senhor das Moscas* para a vida real. E quase desde o instante em que nasci, fiquei entrando e saindo de hospitais com pneumonia crônica e bronquite.

Naquela época, não havia muita coisa na TV, não tínhamos videogames sobre os quais conversar, e quanto menos se falar dos brinquedos dos anos 1970, melhor. O que eu tinha para me distrair nas longas horas de convalescença que passava sozinho? Bem, as revistas em quadrinhos. Naqueles tempos, as revistas eram baratas e descartáveis. Se a sua mãe lhe desse uma moeda de 25 centavos para passar a tarde, você podia escolher entre uma lata de refrigerante ou um gibi. Eu geralmente optava pelo gibi. Na verdade, aprendi a ler sozinho aos 3 anos de idade e me tornei fluente em leitura com uma antiga revista do Superboy. Nos meus primeiros anos de escola primária, li na íntegra *The Children's Bible*, *The Children's Dictionary* e a *World Book Encyclopedia*. Mas foi o modesto gibi que me instilou o amor pela leitura.

Outra constante em minha vida foi a religião. Em qualquer fim de semana, era possível me encontrar no templo judaico em que minha mãe trabalhava como organista nas noites de sexta-feira; na missa católica com meus amigos, no sábado à noite, e nas maratonas metodistas com minha família aos domingos. Mas por mais que eu gostasse do ambiente sagrado desses lugares, era com os heróis das histórias em quadrinhos e não com a Bíblia que eu aprendia a compreender a moralidade, o respeito ao próximo, a compaixão e a decência. Heróis míticos como O Poderoso Thor, o Dr. Estranho e o Capitão América é que me inspiravam e incutiam em mim o importante sentido do encantamento.

Acredito que a nossa vida é uma rica e complexa tapeçaria, tecida com uma rede de coincidências. Acredito até que um trauma pode ser benéfico, caso façamos bom proveito dele. Por exemplo, uma passagem horrível por um hospital pouco antes de completar 5 anos encerrou definitivamente minha infância e me deixou num perpétuo estado de hiperconsciência e agitação. Mas foi nessa época que eu vi alguma coisa num dos gibis do meu tio (*Witching Hour* nº 12, para ser exato) que mudou a minha vida para sempre.

Essa *coisa* foi um anúncio de página inteira falando da chegada do gênio dos quadrinhos, Jack Kirby, à DC Comics, em 1971. Kirby criara uma trilogia com base numa raça de super-seres que ele chamou de "Os Novos Deuses". Sob uma faixa que gritava "A MAGIA DE KIRBY!", viam-se as capas das três novas revistas: *The New Gods*, *The Forever People* e *Mister Miracle*. O meu cérebro de 5 anos ficou hipnotizado diante do caráter francamente religioso desses novos heróis. Só consegui ler essas revistas alguns anos depois, mas a página daquela revista deu início em mim a uma obsessão vitalícia pelo homem que foi o principal responsável por idealizar em seus sonhos os deuses e demônios que fizeram da Marvel Comics a usina de força que ela é hoje.

Lembro-me de ter comprado, todo orgulhoso, minha primeira revista em quadrinhos feita por Kirby (*Kamandi* nº 30, "UFO: The Wildest Trip Ever!"), e sempre fico espantado com a quantidade de idéias ocultistas, mitológicas e esotéricas que ele apresentou a jovens leitores como eu. Hoje, tenho a impressão de que esses novos deuses ganharam vida justamente quando mais precisei deles.

Este livro vai explicar como os super-heróis vieram ocupar, em nossa sociedade moderna, o papel que os deuses e semideuses representaram para os antigos. Ele cataloga os movimentos e mágicos que desempenharam um papel vital no desenvolvimento de fenômenos sociais como os filmes do Batman ou dos X-Men, ou séries de TV como *Heroes* e *Smallville.* Mas quero dedicar este livro ao homem que, mais do que qualquer outro, acreditou em nossos novos deuses e inspirou gerações de criadores e fãs a ir além dos limites e imperfeições da existência humana. Se nós, como raça, um dia atingirmos nossa apoteose, será em grande parte graças à visão e à inspiração de Jack Kirby.

Este livro é para você, Jack.

SUPER-HERÓIS RENASCIDOS

CAPÍTULO 1

OLHE! LÁ NO CÉU!

INVOCAÇÃO

De repente, há super-heróis por toda parte. Super-Homem, Batman e os X-Men tomam conta das bilheterias, e só os filmes do Homem-Aranha, por exemplo, faturam quase 2,5 bilhões de dólares nos cinemas. Séries baseadas em super-heróis como *Heroes, The 4400*, *Smallville* e *Kyle XY* são grandes sucessos *cult* na tevê. No mundo todo, vêem-se super-heróis em camisetas, lancheiras, mochilas e roupas de cama. A indústria dos super-heróis é um negócio de grande porte, e, de diversos modos, maior do que nunca.

O super-herói moderno ganhou vida em meio à Grande Depressão e no início da Segunda Guerra Mundial. Os americanos estavam com medo, e os super-heróis proporcionavam conforto e certa fuga da realidade. Super-Homem, o primeiro dos grandes super-heróis, não enfrentava robôs ou alienígenas do espaço em suas primeiras aventuras; ele lutava contra os vilões que realmente preocupavam as pessoas naquela época: gângsteres, políticos corruptos, fascistas e quem se aproveitava da guerra. Após o ataque a Pearl Harbor*, os super-heróis tornaram-se as mascotes do esforço de guerra. As revistas em quadrinhos circulavam aos milhões durante a guerra, e eram material essencial de leitura para os soldados em combate.

A história é velha como o tempo: só invocamos nossos deuses quando precisamos deles. Se a vida está fácil, nós os ignoramos. Os livros proféticos da Bíblia estão repletos de visionários de olhar alucinado que perambulam, vindos do deserto, e repreendem as pessoas por negligenciar o culto a Jeová quando seus silos estão repletos de cereais. Do mesmo modo, podemos acompanhar a sina dos heróis dos quadrinhos da cultura americana por meio da ascensão e queda da confiança do público e da sua sensação de bem-estar.

A explosão das revistas em quadrinhos causada pela Batmania no final da década de 1980, por exemplo, refletiu o sentimento de verdadeiro terror nas cidades dos Estados Unidos, causada pela proliferação do *crack* e pela explosão da violência das gangues, acarretada pelo consumo da droga. Os criadores de histórias em quadrinhos reagiram às manchetes de jornais como o *New York Post* e outros tablóides sensacionalistas, e puseram seus patrulheiros em quatro cores a trabalhar contra as gangues das drogas, traficantes e meliantes variados. Na era Clinton, onde tudo era despreocupação e festa, porém, a popularidade dos super-heróis atingiu seu nível mais baixo. Tudo isso mudaria em 11 de setembro de 2001.

Após a queda das torres do World Trade Center, houve um breve momento em que o mundo pareceu tão claro e sem ambigüidades quanto um super-herói dos quadrinhos. Mais uma vez, viam-se os bons sujeitos e os maus elementos, vilões e vítimas. Os acontecimentos de 11/9 evocaram a necessidade, profundamente arraigada, de que alguma coisa ou alguém salvasse o mundo civilizado de um mal sem rosto e sem nome, capaz de provocar o caos instantâneo – um tipo de destruição que antes só era visto em histórias em quadrinhos ou em filmes inspirados em histórias em quadrinhos. Para combater esses demônios invisíveis, precisávamos de deuses. Com efeito, mais uma vez, a indústria das histórias em quadrinhos reagiu, fornecendo a uma nação confusa e aterrorizada os super-heróis que poriam ordem em tudo.

---

* Em 8 de dezembro de 1941. (N. do T.)

LINDNER
©2007.

DECLÍNIO E QUEDA

Mas até dois anos antes de 11/9, a indústria dos super-heróis estava em petição de miséria. Milhares de lojas especializadas em revistas em quadrinhos evaporaram num lento mas inexorável declínio, iniciado em 1994 e causado por uma exploração desenfreada e uma enxurrada de títulos, os piores em termos de texto e desenho já vistos nesse meio. Os fãs espantados referem-se hoje a essa época como a "Era de Cromo" – uma época em que truques baratos, como capas revestidas de plástico prateado ou cromado, induziam os colecionadores a comprar vários exemplares de revistas intragáveis na esperança de ver triplicar ou quadruplicar seu valor de revenda. Alguns fãs chegaram mesmo a acreditar que ficariam ricos com revistas "quentes", embora dezenas de milhares de especuladores também estivessem comprando dezenas desses mesmos exemplares. Era um desavergonhado esquema de "pirâmide", no qual só as editoras e os revendedores tinham lucro. No final, isso só serviu para desacreditar as revistas em quadrinhos e para acelerar o declínio dessa indústria. A ascensão dos videogames de alta resolução, do vídeo doméstico e da Internet também ameaçaram o futuro da pobre e humilde revista em quadrinhos.

As revistas em quadrinhos já tinham passado por uma fase difícil, pois as vendas em queda chegaram a ameaçar o futuro da indústria na década de 1970. Foram salvas com a introdução do sistema de "mercado direto", um modelo de distribuição no qual as editoras vendiam com segurança para lojas especializadas, que compravam as revistas no lugar de mantê-las em consignação. Em troca, as lojas mantinham as revistas encalhadas como números atrasados, recebendo um desconto maior para compensar o transtorno.

Livres do esmagador peso financeiro dos produtos encalhados e das restrições dos censores do Comics Code Authority* (ver capítulo 15), os criadores começaram a fazer experiências com enredos mais maduros e desafiadores. Na verdade, muitos dos temas que hoje levam milhões de fãs aos cinemas têm suas raízes nas histórias inovadoras da década de 1980. As vendas começaram a aumentar com o conteúdo mais sofisticado. Esses trabalhos maduros atraíram novos fãs, reconquistando ainda o interesse de leitores mais velhos que, no passado, costumavam deixar de lado as revistas em quadrinhos ao saírem da adolescência. As editoras mantiveram seus artistas e autores mais talentosos, que, de outro modo, teriam saído do ramo em busca de trabalhos mais

* Entidade de autocensura que procurava manter a ética nas histórias em quadrinhos; no Brasil, havia um selo estampado nas capas das revistas, dizendo "Aprovado pelo código de ética". (N. do T.)

lucrativos. *Royalties* e programas de distribuição de lucros fizeram com que os melhores criadores enriquecessem. Com tudo isso, a década de 1980 assistiu a uma renascença das histórias em quadrinhos norte-americanas.

Todo esse dinheiro, porém, foi também a principal causa de uma experiência de quase-morte das histórias em quadrinhos na década de 1990. Títulos como *Batman* e *Watchmen* venderam muito e atraíram o interesse da mídia tradicional. Surgiu uma nova safra de criadores, motivada quase que exclusivamente pelo dinheiro. Muitos eram talentosos e bem-intencionados; muitos, não. Mas um número expressivo de jovens sem talento aprendeu depressa a arte de vender seu peixe. Ao mesmo tempo, as editoras abandonaram padrões há muito estabelecidos que visavam impedir o excesso de exposição ou a apresentação distorcida dos personagens das histórias em quadrinhos. Combine essas tendências com a venda artificialmente inflada de números atrasados e o resultado foi a abertura das comportas.

No início da década de 1990, editoras como Image, Acclaim e Malibu produziam uma espécie de versão "*crack*-cocaína" de super-herói. O modelo foi criado por Rob Liefeld, antes contratado pela Marvel, que desenvolveu uma linguagem berrante de truques visuais a fim de excitar os leitores mais ingênuos. No lugar de atletas esguios e idealizados, com uniformes vistosos mas de bom gosto, os super-heróis tornaram-se um punhado de veias saltadas e músculos anabolizados, com trajes absurdos de influência *punk*, pernas cibernéticas e grotescas armas automáticas. Suas fisionomias estavam sempre imobilizadas em expressões distorcidas pelo ódio, e todos aparentavam querer causar morte e destruição sem nenhum propósito. As histórias nada mais eram do que amontoados incompreensíveis de poses de ação, cenas de luta mal coreografadas e explosões. A tendência se espalhou, e até os augustos heróis da Marvel e da DC Comics adotaram o estilo Liefeld. Então, o mercado se viu coalhado de truques promocionais – capas alternativas, capas cromadas, capas com recortes – com o único propósito de empurrar os produtos.

A virada aconteceu em 1993, com a história "A morte do Super-Homem" da DC Comics, publicada na edição nº 75 de *Superman* e que vendeu milhões de exemplares, levando milhares de novos leitores às lojas de revistas em quadrinhos. O plano malfadado de marketing deixou, porém, um gosto amargo. Os verdadeiros fãs sabiam que a DC jamais permitiria a morte de seu principal personagem, e acabaram compreendendo que estavam sendo ludibriados. Em meados da década, milhares de lojistas viram-se soterrados por pilhas de revistas encalhadas, e muitas lojas simplesmente fecharam. Mesmo assim, as editoras continuaram a despejar mais e mais exemplares desse lixo.

As coisas foram de mal a pior. *Batman e Robin*, o filme quase intragável de 1997 dirigido por Joel Schumacher, humilhou a franquia de Batman e quase causou a ruína do império da Warner Brothers. Seguiu-se a isso uma série de fracassos cinematográficos com heróis dos quadrinhos, como *Judge Dredd*, *Tank Girl – Detonando o futuro* e *O Fantasma*, ameaçando o futuro do gênero dos "filmes de histórias em quadrinhos". Há nisso uma irônica simetria, pois foi o sucesso do primeiro filme de Batman, em 1989, que provocou uma das mais febris ondas nos cinqüenta anos de história das revistas em quadrinhos, tal como aquela provocada pelo sucesso da série de tevê *Batman* em 1966.

CAPÍTULO 2

O REINO DO AMANHÃ

Em 1996, dois criadores decidiram que estavam fartos. Um era Alex Ross, pintor de extraordinário talento e filho de um pastor texano. Ross cresceu obcecado com o trabalho de ilustradores clássicos como Andrew Loomis e Norman Rockwell, e com a música da banda Queen, de formação clássica. Sua grande paixão, porém, eram os nobres e sacrificados super-heróis da chamada Era de Prata das histórias em quadrinhos (1957-1970). Ross explodiu no cenário das revistas em quadrinhos em 1994 com uma série chamada *Marvels*, na qual apresentava os heróis mais populares da Marvel Comics em seu estilo gracioso e impressionista, mas fotográfico. Os nobres personagens de Ross causaram efeito imediato, tornando todos os outros personagens de quadrinhos feios e cínicos quando comparados com aqueles.

Com a ajuda de outro irascível cidadão do Sul (Mark Waid, autor dos diálogos), Ross declarou guerra à Era de Cromo. Sua épica minissérie de 1996, *O Reino do Amanhã [Kingdom Come]*, não é nada menos do que um pedaço do apocalipse banhado por ígnea fúria bíblica. A história apresenta um mundo onde os super-heróis da velha escola (Super-Homem, Batman, Flash, Mulher Maravilha e outros) aposentaram-se à força ou agem às escondidas. Em seu lugar, surge uma nova geração de heróis – maníacos violentos que passam a maior parte do tempo dedicados a estéreis batalhas uns contra os outros. O principal deles é Magog, uma paródia não muito sutil da mais famosa criação de Rob Liefeld, Cable. Durante um desses embates, essa nova raça de heróis causa um acidente nuclear que se espalha pela região agrícola do Centro-Oeste norte-americano e a reduz a uma terra devastada. Os leitores mais atentos identificaram aí uma metáfora sobre aquilo que a nova geração de super-heróis dos quadrinhos estava fazendo com as revistas e com o mercado.

Alarmado por tudo isso, o Super-Homem sai da aposentadoria e reúne novamente a Liga da Justiça da DC Comics. Numa série de batalhas de encher os olhos, o Super-Homem e a Liga da Justiça descem do céu como arcanjos e esmagam a nova raça de lunáticos superpoderosos, colocando-os finalmente num enorme *gulag* na radiativa terra devastada do Kansas. No entanto, o arquiinimigo do Super-Homem, Lex Luthor, tem outros planos. Luthor reúne seu próprio grupo de heróis (liderados pelo Capitão Marvel, cuja mente está sob controle externo) para combater a Liga. O clímax se dá quando o Super-Homem e o Capitão, mais poderoso, entram em combate enquanto mísseis nucleares destinados a destruir todos os seres superpoderosos chovem do céu. No último instante, o Capitão Marvel se livra da influência do controle mental e convoca raios das nuvens para destruir os mísseis em pleno ar. Ao fazê-lo, ele morre. A história termina com a paz na Terra e a Mulher Maravilha grávida de um filho do Super-Homem. *O Reino do Amanhã* marcou o final da Era de Cromo, embora vários anos se passassem até o mercado dos quadrinhos se recuperar dos danos que essa Era causou. A história é notável, porém, por outro motivo. *O Reino do Amanhã* – talvez mais do que qualquer outra revista em quadrinhos na história – delineia o que são os super-heróis para seus fãs mais dedicados. Eles não são nada menos do que deuses.

O HERÓI COMO MESSIAS

Ross e Waid mostram claramente o Capitão – uma entidade incorpórea encarnada por meio de magia oculta – como o novo Cristo. Embora o Super-Homem seja o astro da revista, Marvel é o pivô da série, e sua morte é a salvação da humanidade. Em *O Reino do Amanhã*, o Capitão Marvel está dotado de um poder invulnerável, quase totêmico. De muitas maneiras, o

Capitão Marvel é o ícone supremo da realização dos desejos. Um jovem órfão, Billy Batson, encontra por acaso um grande mago numa câmara subterrânea. O mago lhe ensina um encantamento mágico que dá ao garoto os poderes de um deus. O Capitão Marvel não se macula com os defeitos e fraquezas dos heróis comuns. Seu uniforme, com detalhes régios e militares, é mais digno do que as ceroulas do Super-Homem. Tampouco se vê arqueado com a bagagem psicológica de figuras como Batman e Homem-Aranha. Por isso, não é de surpreender que fosse o personagem predileto do mais importante criador da história dos super-heróis de quadrinhos, Jack Kirby. Dois dos personagens icônicos de Kirby, o Poderoso Thor e OMAC, têm muito do Capitão Marvel, assim como o personagem principal de Kirby, o Capitão América. E provavelmente não é por coincidência que dois outros criadores importantes, Alan Moore e Neil Gaiman, tenham começado suas carreiras escrevendo para o equivalente inglês do Capitão Marvel, o Marvelman.

O Reino do Amanhã evocou o espírito do Capitão Marvel porque seus criadores acharam que sua ausência – ou melhor, a ausência daquilo que ele representava – estava destruindo algo que eles adoravam. Os tristonhos e duros super-heróis de Rob Liefeld e sua gangue de conspiradores – sombrios e violentos vingadores como Wolverine e O Justiceiro – não eram sequer afáveis, que dirá admiráveis ou dignos de imitação. O catalisador dessa tendência foi o romance gráfico de Frank Miller de 1986, *Batman: O Cavaleiro das Trevas.*

O Cavaleiro das Trevas foi uma visão implacável e brutal da violência urbana, temperada com grandes doses de propaganda criptofascista e imagens sexualmente transgressivas. A fúria apocalíptica da revista (que contava até com guerra nuclear) teve o impacto emocional de uma marreta, e não tardou para que todo o reino dos quadrinhos acompanhasse essa ira. Os super-heróis começaram a se despir de sua aura ingênua e amiga das crianças, e em pouco tempo se adaptou ao clima dos guerreiros urbanos. Isso era atraente para os jovens das áreas pobres das cidades, muitos dos quais negros e latinos que passavam por problemas semelhantes em seus próprios bairros. Na verdade, a maioria dos novos leitores do mercado de revistas em quadrinhos era urbana. As cidades norte-americanas estavam passando por uma crise existencial, e é em épocas assim que os deuses aparecem. De modo análogo, provavelmente não foi à toa que a explosão dos quadrinhos começou a amainar quando a proliferação do *crack* e a terrível violência armada que a acompanhou foram cedendo, em meados da década de 1990.

Porém, o cenário mudou com a tragédia de 11/9. Políticos e formadores de opinião reagiram ao acontecimento com uma série calculada de declarações e ações que pareciam tiradas diretamente das páginas de *Superman* ou de *X-Men.*

E a indústria dos quadrinhos não perdeu tempo em responder à altura. Uma série de revistas e histórias comemorativas inundou rapidamente as prateleiras, apresentando os principais personagens da Marvel reagindo à tragédia.

No verão seguinte, uma adaptação do Homem-Aranha chegou aos cinemas. Os danos causados a Manhattan pelo Duende Verde nesse filme tocaram no medo primevo libertado naquela bela manhã de setembro, e a vitória final do Homem-Aranha garantiu que o filme seria um colosso das bilheterias. O trauma de 11/9 explica por que o filme teve o impacto visceral que causou. Enquanto assistíamos ao Homem-Aranha triunfar sobre as forças do caos e do mal, de certo modo os danos emocionais causados naquele dia foram reparados. E esses medos primevos ainda estão entre nós. Prova disso foi o sucesso do filme de 2005, *Batman Begins*, que também apresentou atos semelhantes de catástrofe apocalíptica causada a Gotham City.

HERÓIS CRIADOS EM HOLLYWOOD

O sucesso dos super-heróis nas bilheterias levou muitos estúdios cinematográficos e empresas de animação a tentar criar seus próprios super-heróis a partir do zero. *Space Ghost*, o *Homem-Pássaro e o Galaxy Trio*, *A Poderosa Ísis*, *O Super-Herói Americano*, *Thundarr o Bárbaro*, *The Thundercats*, *Darkman*, *Dark Angel*, *Homem Meteoro* e *M.A.N.T.I.S.* são exemplos disso. A maioria dessas tentativas, porém, teve vida curta. Houve ainda personagens de cinema que tinham todas as características de super-heróis, exceto o nome – o Exterminador e Rambo, por exemplo. Mas há algo no veículo da revista em quadrinhos que parece ser a melhor incubadora para nossos deuses substitutos. As pessoas parecem farejar a insinceridade dessas criações hollywoodianas pré-fabricadas. E a insinceridade é a morte instantânea para um super-herói – ou para um deus.

Os dois filmes que conseguiram êxito na criação de super-heróis a partir do zero basearam-se fortemente nas histórias em quadrinhos para conseguir isso. Em 1999, *Matrix* foi criado por dois fãs de quadrinhos convertidos em diretores, Andy e Larry Wachowski. Os irmãos convidaram dois artistas extrovertidos de revistas em quadrinhos, Geoff Darrow e Steve Skroce, para ajudálos a desenvolver seus conceitos. Na verdade, Darrow e Skroce criaram essencialmente uma revista em quadrinhos a partir do roteiro. Depois, os diretores usaram a revista para produzir o filme. *Matrix* também se inspirou bastante no misticismo religioso e na literatura ciberpunk de ficção científica, criando com eficiência o primeiro super-herói gnóstico, zen-budista e hacker, Neo, representado por Keanu Reeves. Depois de escreverem e produzirem outro filme de grande sucesso baseado numa história em quadrinhos (*V de Vingança*) em 2006, os Wachowskis mergulharam fundo e lançaram sua própria linha de revistas em quadrinhos, Burlyman Entertainment.

Um grupo de heróis com mais ares de "família", Os Incríveis, foi criado pelo animador Brad Bird para o estúdio de animação computadorizada Pixar. Dependendo da nossa maneira de ver a historia, essa família de heróis era uma homenagem ao Quarteto Fantástico da Marvel ou um plágio evidente.

Também foram feitos esforços para apresentar super-heróis em filmes e na televisão sem todos os aparatos tradicionais (ou seja, o uniforme de tecido elástico). O filme de M. Night Shamalayan *Corpo Fechado* (2000) postulou a existência de super-heróis da vida real que não têm noção de seus poderes. Mais recentemente, a série de tevê *The 4400* apresentou uma nova raça de seres humanos que recebem superpoderes de cientistas do futuro para evitar um desastre previsto. A série, porém, inspira-se claramente nos X-Men, pois os 4400 são dotados de poderes individualizados e considerados uma ameaça em potencial pelo governo e pela sociedade em geral. Seguindo essa linha, a série bem-sucedida da NBC, *Heroes* (co-produzida pelo grande autor de quadrinhos Jeph Loeb) tornou sexy até esses super-heróis do cotidiano.

Contudo, a revista em quadrinhos impressa continua a ser, como há setenta anos, a principal incubadora de super-heróis, tanto para o cinema quanto para a televisão. O motivo para isso é duplo. Primeiro, as revistas em quadrinhos usam um modo muito eficiente de contar histórias, que ressoa diretamente com a mente inconsciente do leitor. Além disso, as revistas têm um custo baixo de produção e impressão. Um cartunista talentoso pode fazê-lo chorar com nada além de um lápis nº 2 e algumas folhas de papel.

Embora a tecnologia que dá suporte à criação de histórias em quadrinhos tenha melhorado significativamente – a colorização por computador permite que um artista crie cenas com detalhes quase fotográficos – tudo começa e termina com o mais simples dos recursos. Apesar de revistas populares terem sido impressas a custo muito baixo em preto e branco, a maioria dos leitores atuais espera que as revistas tenham boa qualidade, sejam criadas por talentos de altos salários e impressas em cores sobre papel sofisticado. Porém, em comparação com um filme ou mesmo com um videogame, o custo é desprezível. Com custos de produção mais baixos e reduzido risco financeiro inicial, criadores e editores podem, pelo menos em tese, experimentar e buscar temas bastante idiossincráticos, que resultem em material realmente inovador.

CAPÍTULO 3

O CULTO AO SUPER-HERÓI

A sólida paixão dos criadores de histórias em quadrinhos dá a seu trabalho uma convicção visceral, distinta daquela encontrada em qualquer outro meio de transmissão de narrativas. Os fãs dos quadrinhos costumam ser candidatos a criadores e os criadores de quadrinhos normalmente são ávidos fãs do gênero. De algum modo, a maior parte dos leitores ocasionais de revistas em quadrinhos se dedica a outros passatempos; aqueles que permanecem fiéis são um público muito especializado e sofisticado. Eles sabem do que gostam e do que não gostam, e levam seus personagens prediletos muito, mas muito a sério. Na verdade, artistas e escritores que não demonstram a mesma estima por seus heróis, ou que os retratam de um modo que pareça insuficientemente digno de adoração, acabam entrando na lista negra. Desde *O Reino do Amanhã*, espera-se que os artistas de quadrinhos tratem seus super-heróis com reverência semelhante.

Ademais, a acessibilidade da distribuição por venda direta aguça a competição entre criadores de quadrinhos. Isso resultou numa evolução constante do gênero, especialmente no que diz respeito ao modo de contar as histórias.

Os artistas de quadrinhos de hoje não são cartunistas, mas ilustradores, e supõe-se que a maioria respeite os mais elevados padrões de qualidade no traço. O trabalho do próprio Rob Liefeld e de outros do mesmo calibre raramente é visto hoje em dia nas bancas. Ele e outros como ele são vistos como infiéis na nova Igreja do Super-Herói.

É possível que o nível geral dc ansiedade provocado por 11/9 e pela Guerra do Iraque tenha estimulado o nível amplificado de devoção entre os fãs. No passado recente, paródias de super-heróis eram bastante procuradas, mostrando visões cômicas e autodepreciativas dos personagens mais famosos. Para dar um exemplo, a encarnação da década de 1980 da Liga da Justiça foi um título de comédia de super-heróis extremamente popular. Quando os autores e artistas dessa revista se reuniram recentemente para fazer uma minissérie chamada *Já Fomos a Liga da Justiça*, lidaram apenas com os personagens periféricos da lista "D" dessa série, digamos, como se personagens de terceiro escalão como Blue Beetle e Booster Gold fossem escolhas justas para uma paródia, enquanto estrelas como Super-Homem e Batman devessem ser tratados com a maior solenidade.

Foi exatamente esse nível de seriedade que alimentou as adaptações cinematográficas das histórias em quadrinhos e que é provavelmente o maior responsável por seu incrível sucesso. O Batman de Tim Burton era uma representação excêntrica mas essencialmente fiel do personagem. O filme revigorou Batman e deu início à era do moderno filme de super-herói. Em contraste, o Batman de Joel Schumacher era uma paródia sem graça que quase acabou com a franquia e com o gênero de filmes de super-heróis. *Batman Begins* (2005), de Christopher Nolan, recorreu bastante ao tom e ao contexto das revistas contemporâneas e levou o gênero de volta à sua antiga glória.

É exatamente o tratamento reverencial dado a esses personagens – o retrato essencialmente *religioso* feito deles – que ressoa com a massa de espectadores atuais. Temos testemunhado aí, com efeito, o surgimento de um estranho tipo de religião. Hoje, os super-heróis representam para nós o papel antes representado pelos deuses nas sociedades do passado. Hoje, os fãs não rezam para o Super-Homem ou para o Batman – ou pelo menos não admitem isso. Mas, quando vê fãs vestidos como seus heróis prediletos em convenções de histórias em quadrinhos, você está testemunhando o mesmo tipo de adoração que havia no antigo mundo pagão, onde os celebrantes se vestiam como o objeto de sua adoração e encenavam seus dramas em festivais e cerimônias.

Em pouquíssimos anos, as convenções de histórias em quadrinhos deixaram de ser reuniões tristes e pobres de gatos-pingados marginalizados e se tornaram celebrações de missas para os novos deuses e para a cultura popu-

DRAGON CON.
LINSNER
©2007.

lar em geral. "Cosplay" – contração de *costume play*, "brincadeira com trajes" – tornou-se uma atração importante dessas convenções, e nelas homens, mulheres, meninos e meninas encontraram um espaço seguro para vivenciar suas fantasias vestidos como seus super-heróis prediletos. Espetáculos como Dragon*com, em Atlanta, ficaram famosos por causa dos grupos de belas jovens que percorrem o local para exibir seus trajes minuciosamente elaborados, bem como seus corpos esculpidos em Pilates. Um romano ou egípcio antigo poderia não identificar os personagens, mas certamente compreenderia o impulso básico por trás de tudo aquilo. E embora alguns trajes possam ser inspirados em outros veículos, basicamente tudo emana de raízes profundas na cultura das revistas em quadrinhos.

Essa cultura é bem mais influente (e insidiosa) do que muitos imaginam. A maior parte dos filmes contemporâneos de ação extrai sua linguagem visual das histórias em quadrinhos. O ritmo de constante hiperviolência dos filmes de ação atuais vem diretamente de Jack Kirby. Do mesmo modo, o *rock & roll* sempre foi alimentado pela imagética dos quadrinhos. Muitos dos nomes mais influentes do *rock* foram bastante influenciados pelos personagens. Elvis Presley idolatrava o Capitão Marvel, a ponto de adotar seu penteado. Donovan declarou tolamente que "o Super-Homem e o Lanterna Verde" nunca o encantaram. O Black Sabbath cantava odes ao Homem de Ferro e ao Sr. Milagre. A banda Pink Floyd falava do Dr. Estranho, e os Kinks cantavam músicas sobre o Capitão América. Roqueiros espalhafatosos como David Bowie, Kiss, Alice Cooper, Marilyn Manson e Glen Danzig são fãs dedicados dos quadrinhos, e tiram muitas de suas idéias visuais das páginas das revistas da Marvel Comics. A Marvel retribuiu o favor publicando histórias onde aparecem Cooper e o Kiss, na década de 1970. Não foi por acaso que muitos desses artistas se tornaram bastante conhecidos, seja por sua devoção religiosa, seja por seu interesse pelo misticismo e pelo oculto.

Apesar de muitos não saberem disso, não há realmente nada de novo na devoção aos super-heróis. Seus poderes, seus trajes e às vezes até seus nomes foram tirados diretamente das religiões pré-cristãs do passado. Quando você analisa esses heróis em suas encarnações originais, não consegue deixar de se espantar com a clareza de seu simbolismo e com a intensidade com que refletem os sistemas de crenças da era pagã. O que ainda menos pessoas percebem é que isso não aconteceu por acaso, mas por influência direta das sociedades e cultos espirituais e místicos do final do século 19 – grupos como os teosofistas, os rosa-cruzes e a Golden Dawn. Esses grupos deram as costas para o culto estatal ao cristianismo e procuraram no passado as divindades elementares das antigas tradições. Inspirados pelo mesmo fermento cultural e espiritual que nos aflige no mundo pós-11/9, artistas e arquitetos desse movimento neoclássico retratam os deuses e crenças do mundo antigo em trabalhos que hoje sobrevivem nas principais cidades do Ocidente.

Só em Manhattan, temos Mercúrio, o mensageiro dos deuses, na Grand Central Station. Vemos Ísis, Rainha do Céu e Estrela do Mar, na Estátua da Liberdade[1] e diversas imagens e símbolos de deuses antigos no Rockefeller Center. Os jovens artistas que criaram os grandes super-heróis cresceram mergulhados nessa atmosfera. Nos melhores pontos de Manhattan, você encontra deuses espiando a cena – nos saguões de edifícios, sobre portas de entrada, nos elevadores e nos telhados. Esses jovens artistas – na verdade, garotos da cidade – pilharam os tesouros do mundo antigo das suas escolas de arte e museus e criaram nossos novos deuses.

Frank Miller, o superastro dos quadrinhos, percebeu que esses garotos aprenderam bem suas lições, dizendo que, nas primeiras histórias em quadrinhos, "o super-herói era um elemento incomum, geralmente *místico*, que focalizava e definia situações e problemas do mundo real de um modo mais claro e direto do que conseguiria com uma simples recitação dos fatos"[2].

No mundo antigo, a cultura era inseparável da religião. Assim, é adequado dizer que deuses como Mercúrio, Hércules e Hórus foram retirados das páginas da história e postos para trabalhar nas páginas das revistas em quadrinhos. Esses deuses sacudiram a poeira dos séculos e emergiram onde e quando eram mais necessários – na linha de frente de nossa cultura popular, numa era de alienação pessoal, incerteza econômica e guerras sem fim.

---

1 Ver Graham Hancock e Robert Bauval, *Talisman: Sacred Cities, Secret Faith* (Londres: Element, 2004), p. 440.

2 Entrevista, *The Comics Journal*, nº 101, 08/1985 (grifo do autor).

Parte II

MISTÉRIOS ANTIGOS

CAPÍTULO 4

AURORA DOS DEUSES

Toda cultura tem seus super-heróis. Em tempos remotos, quando força e coragem significavam a diferença entre a vida e a morte, os mais fortes e mais corajosos eram tidos na mais alta conta. Portanto, é natural que incentivassem histórias que exaltassem seus feitos e registrassem suas conquistas. As histórias mais excitantes e criativas eram passadas de geração para geração, e levadas para outras culturas por meio de migrações. A cada nova narrativa, as histórias ficavam mais fantásticas. Desses contos originais de super-heróis, surgiram as primeiras histórias sobre deuses.

SUMÉRIA E EGITO

Um dos mais antigos textos conhecidos conta a história do herói sumério Gilgamesh. Outros textos e tabletes sumérios detalham as façanhas de um panteão de deuses com atitudes suspeitosamente humanas. Esses mitos são contados com tantos detalhes que alguns observadores, como o lingüista Zecharia Sitchin, afirmam que não são mitos, mas relatos – alterados pelo tempo – sobre uma raça de extraterrestres que colonizou a Terra e criou a humanidade como sua raça de escravos[3]. Seja como for, é certo que essas histórias sobre deuses e heróis viajaram com os bens e tecnologias dos sumérios (como a escrita) para outras partes do mundo antigo. O Egito Antigo foi um dos parceiros comerciais mais importantes da Suméria, com um intercâmbio não apenas de bens e serviços, como de idéias e cultura.

O Egito Antigo era uma sociedade com mídia quase tão saturada quanto a nossa. Graças, em parte, ao clima seco e às areias do deserto, sempre em movimento, um espantoso número de artefatos sobreviveu aos tempos gloriosos do grande império, inclusive estátuas, relevos, papiros, estatuetas, amuletos, totens e jóias. Todos esses artefatos culturais eram inseparáveis de seu contexto religioso. De diversas maneiras, os hieróglifos e histórias ilustradas dos antigos egípcios podem ser vistos como precursores das modernas tiras em quadrinhos.

Os egípcios adoravam uma vasta coleção de deuses exóticos e pitorescos, à qual davam o nome de *Netjer*. Seus deuses controlavam todos os aspectos da criação e da existência, levando alguns estudiosos a acreditar que a palavra inglesa *nature* – natureza – seria uma adaptação latina de *netjer*. Como sua religião exotérica focalizava basicamente o "outro mundo" – ou seja, a morte, o julgamento da alma e o pós-vida –, os egípcios situavam o deus Osíris, senhor do mundo inferior, acima de todos os outros. Osíris ficava sentado julgando os mortos e determinava se seriam enviados ao paraíso ou se suas almas seriam destruídas. Mais tarde, Osíris foi preterido e sua irmã e esposa, Ísis, uma deusa com diversas funções, o suplantou e acabou absorvendo as funções de deusas mais antigas.

Ísis era a mãe de Hórus, o deus dos reis, de cabeça de águia. Hórus era o deus do Sol, do céu e dos horizontes ("Horus-zonas"). Alguns estudiosos acreditam que a palavra "herói" deriva de seu nome egípcio, *Heru* (Hórus era a grafia grega de seu nome)[4]. Hórus também era a estrela de um dos primeiros dramas de ação e aventura, *A Contenda entre Hórus e Set*. Nesses dramas, Hórus e seu tio malvado, Set (responsável por ter enviado Osíris para o mundo inferior), lutam pelo trono do Egito numa série de batalhas que deixariam orgulhoso qualquer autor de histórias em quadrinhos. Os dois deuses mudam de forma; correm em barcos de pedra; mutilam-se mutuamente; as partes

3 Ver Zecharia Sitchin, *The 12th Planet* (Nova York: Harper, 1999).

4 Atualmente, a Marvel está usando o Olho de Hórus como logotipo de sua bandeira Icon.

LINSNER
©2007

mutiladas transformam-se em flores de lótus. No final, Hórus ganha o trono e Set recebe o domínio do deserto ocidental. Assim, em vida, cada rei do Egito é uma encarnação de Hórus e, na morte, torna-se o novo Osíris.

Os egípcios tinham uma religião extremamente sincrética. Absorviam deuses e deusas de outras tribos e cidades, mesmo de outras nações. Acredita-se hoje que Hórus teria sido levado para o Egito por tribos de guerreiros condutores de carruagens provenientes da Mesopotâmia[5]. Hórus teria absorvido os papéis de deuses anteriores e passou a ser identificado muito de perto com Rá, o primitivo deus do Sol.

Até hoje, o poder que o Egito exerce sobre a imaginação popular não diminuiu. Desde a descoberta da Pedra de Roseta em 1799, foi traduzido um número extraordinário de textos deixados pelos antigos egípcios. Vemos a iconografia egípcia por toda parte, não apenas no verso da nota de um dólar. Porém, o maior legado do Egito está em seu papel como local de nascimento das religiões de mistério. As pirâmides e tumbas do Egito eram locais de iniciação para freqüentadores de todo o mundo antigo. Ísis acabou se tornando a deusa suprema de Roma. A trindade formada por Osíris, Ísis e Hórus tornou-se central nos cultos de mistérios helênicos, e alguns diriam que isso também se aplica a rosa-cruzes e maçons. Há milhares de anos, esotéricos têm procurado ressuscitar os mistérios egípcios para que o poder que construiu aqueles monumentos inexplicáveis possa novamente ser dominado.

GRÉCIA E ROMA

Os gregos e romanos primitivos adoravam praticamente o mesmo panteão que os egípcios, embora com outros nomes. Deuses como Zeus/Júpiter, Hera/Juno, Hermes/Mercúrio e Hélio/Apolo representavam dramas fantasiosos que decoravam murais, frisas, vasos, poemas e estátuas. Os deuses travaram batalhas épicas contra seus antecessores, os Titãs, e depois interagiram com seres humanos em parábolas alegóricas. Cada deus tinha o domínio sobre uma arte ou ciência específica, ou sobre uma faceta da natureza. Seus ícones e imagens persistem até hoje, especialmente em nossos modernos super-heróis.

Os mitos épicos dos gregos giravam em torno de super-heróis quase divinos. O resultado da guerra de Tróia não dependeu do exército da Grécia ou de Tróia, mas de poderosos guerreiros como Heitor e Aquiles. Odisseu em-

5 W. M. Flinders Petrie, *The Making of Egypt* (Londres: Macmillan, 1939), p. 77.

prestou seu nome ao título do poema épico de Homero, *A Odisséia*, que ainda é usada como sinônimo de grande aventura. Hércules e seus Doze Trabalhos eram famosos no mundo clássico, bem como as histórias do grande capitão dos mares, Jasão, e seu fraternal grupo de guerreiros, os Argonautas. Para os gregos, esses heróis eram basicamente semideuses. A reverência a Hércules como herói transformou-se depois numa adoração semelhante a um culto.

O mesmo se aplica a heróis da vida real. Alexandre (356-323 AEC), príncipe macedônio que conquistou a maior parte do mundo conhecido antes de morrer, com apenas 33 anos, tornou-se um super-herói no mundo antigo. Todo candidato a conquistador daquela época precisava confrontar-se com Alexandre. Júlio César (100-44 AEC) entrou em cena quando os historiadores estavam bem menos propensos a divinizar seus personagens, mas ainda criou um padrão ao qual os machos alfa certamente aspiravam.

Isso provoca uma dúvida: os mitos antigos que se desenvolveram em torno desses super-heróis deviam ser lidos tal como os cristãos liam suas Escrituras? Essas histórias deviam ser consideradas sagradas ou apenas entretenimento? O povo do mundo helênico não era ingênuo. Sua cultura produziu grandes pensadores, em torno dos quais construímos a sociedade moderna. É pouco provável que os gregos instruídos considerassem os deuses e seus mitos como fatos. É bem mais provável que essas histórias fornecessem simplesmente um contexto cultural que permitia aos helenos interpretar metaforicamente o sentido da vida e do mundo à sua volta, assim como as parábolas de Esopo ou de Jesus.

Pouco a pouco, gregos e romanos se afastaram desses deuses imperfeitos e procuraram divindades mais idealizadas, especialmente as grandes deusas-mãe como Cibele e Ísis, e deuses solares que morriam e ressuscitavam, como Mitra e Adônis. A fusão entre esses cultos pagãos, a filosofia platônica e o moralismo hebreu resultou no aparecimento do cristianismo, um culto que acabou dominando a maior parte do mundo ocidental. Em retrospectiva, tudo parecia inevitável. Os antigos deuses eram fantásticos demais e os cultos de mistério abstratos demais. Mesmo assim, helenos como Paulo e Lucas simplesmente se serviram dessa mesma mistura de mito e moralismo para criarem suas próprias histórias. E a história da religião sempre se resume em quem conta as melhores histórias, não é mesmo?

O POVO DO LIVRO

Os hebreus sempre foram grandes contadores de histórias, mesclando habilmente mito e parábola em sua história tribal. De várias maneiras, os grandes profetas do Antigo Testamento são os deuses com "d" minúsculo de sua cultura monoteísta. Eram super-homens dotados de um tipo de batfone para se comunicarem com o divino. Diferentemente dos heróis gregos, porém, seu poder não era próprio. Era-lhes concedido por Jeová, e suas façanhas serviam de testemunho de sua ira.

A contribuição dos judeus à mitologia ocidental foi a apresentação de heróis dignos de imitação por causa de sua moralidade, não apenas de sua força ou coragem. Heróis como Moisés, Davi e Saul eram guerreiros, libertadores e reis, mas levavam o fardo adicional de terem de aderir às leis mosaicas do Antigo Testamento, incrivelmente complexas.

Muitos teólogos sublinharam a natureza essencialmente solar de heróis como Elias e Sansão, ambos, imagina-se, derivados de histórias de Hércules. Como Hércules, Sansão (cujo nome significa, "Do sol") foi traído por uma mulher. Hércules criou os dois pilares com seu nome demolindo uma montanha que isolava o Mediterrâneo em Gibraltar. Sansão destruiu o Templo de Dagon derrubando dois pilares. Como Hércules, Elias usava peles de animais. Hércules era freqüentemente associado com o Sol, e Elias subiu ao céu numa carruagem de fogo semelhante a de Hélio, deus do Sol.

Após o cativeiro na Babilônia, os profetas foram retratados como videntes, o que, para alguns estudiosos, revela uma influência do zoroastrismo sobre o judaísmo[6]. Eles também expressam uma maior expectativa messiânica. Zacarias 9:9 profetiza que o Messias entraria em Jerusalém em dois burros, o que os cristãos mencionam como uma profecia sobre Jesus. A "manjedoura" (*Praesepe* ou presépio) e "os dois burros" (*Assellus Borealis* e *Assellus Australis*) são estrelas da constelação de Câncer, na qual o Sol entra no Solstício de Verão do Hemisfério Norte[7]. Isso pode mostrar que as tradições solares da Ásia causaram um impacto definitivo sobre a iconologia hebréia. Muitos historiadores alternativos acreditam que as tradições solares também exerceram uma influência particularmente forte sobre as histórias de Jesus.

AS SAGAS NÓRDICAS

Os nórdicos tinham um panteão que incluía uma divindade paternal (Odin), uma deusa-mãe (Frigga), uma deusa do amor e do sexo (Freya), um

---

6 Ver Paul Kriwaczek, *In Search of Zarathustra: The First Prophets and the Ideas that Changed the World* (Nova York: Knopf, 2002).

7 Ver Alice A. Bailey, *The Labours of Hercules: An Astrological Interpretation* (Nova York: Lucis Publishing, 2000). Trabalho IV, parte 2. Além disso, Storm, Dunlop, *Collins Atlas of the Night* (Nova York: Harper Collins, 2005), p. 66.

deus solar que morria e ressuscitava (Balder) e um deus guerreiro (Thor). Como os gregos, os grandes deuses e heróis do Norte eram belicosos, e sua grandeza era provada em batalha. Os mortais entravam no céu dos nórdicos, o *Valhalla*, provando sua coragem como guerreiros.

Os mitos nórdicos lidam com deuses e suas batalhas contra demônios, gigantes, bruxas e monstros mitológicos. Além de seus deuses, porém, os nórdicos reverenciavam heróis humanos como os matadores de dragões Sigurd e Siegfried, o rei martirizado, Volsung, e a grande virgem guerreira, Brunhilda. O herói nórdico Beowulf foi celebrado num poema épico que é tido como a primeira grande obra literária em língua inglesa. Mais tarde, o escritor inglês J. R. R. Tolkien valeu-se bastante das sagas nórdicas ao criar seu épico ciclo de histórias, *O Senhor dos Anéis.*

Como o judaísmo, a religião nórdica é apocalíptica e linear. Toda a história é uma progressão rumo a *Ragnarok*, ou o "Crepúsculo dos Deuses". Ragnarok é a batalha final entre as forças da ordem (lideradas por Odin) e as forças do caos (lideradas por Loki), seguida do fim da criação. Como as profecias hebréias, que prometiam um novo céu e uma nova Terra, *Ragnarok* deve ser seguida de uma era de ouro, na qual todos os homens e deuses viverão em paz.

As lendas nórdicas influenciaram muito os super-heróis das histórias em quadrinhos modernas. De vários modos, os antigos heróis nórdicos são o que temos de mais próximo em espírito dos super-heróis em seu *ethos* nobre e de auto-sacrifício. Dois dos mais importantes criadores dos quadrinhos, o escritor Stan Lee e o escritor e artista Jack Kirby, inspiraram-se muito nas antigas lendas e épicos nórdicos para criar seu herói, o Poderoso Thor. Muitos dos deuses – Balder, Sif, Odin, Loki e Heimdall – tornaram-se personagens regulares do universo Marvel, no qual representaram o mesmo tipo de papel que os deuses greco-romanos tiveram nas histórias do Capitão Marvel, da Fawcett.

Todos esses antigos deuses e heróis percorreram um longo e tortuoso circuito para voltarem ao primeiro plano na cultura do mundo moderno, quando as agitações sociais da Revolução Industrial finalmente os convocaram e despertaram de seu longo e merecido repouso.

CAPÍTULO 5

UM IMPÉRIO DA MENTE

No século 19, a Revolução Industrial estimulou uma rápida expansão do Império Britânico, comandado pela rainha Vitória, e lanças e espadas indígenas foram dominadas pelo poder de fogo mecanizado. A extensão do império britânico era tal que seu lema se tornou, "O sol nunca se põe no império britânico". No entanto, o cidadão britânico comum não se beneficiou muito com essa expansão imperial. Era difícil manter a ordem nas nações conquistadas, e o derramamento de sangue britânico foi necessário para manter os protetorados mais remotos. Recrutadores militares atiçavam os homens com a promessa de delícias exóticas em terras cálidas. Isso tinha um apelo particular para os trabalhadores presos nas frias, chuvosas, ventosas e reprimidas Ilhas Britânicas.

OS FRUTOS DO IMPÉRIO

Mesmo que nem sempre beneficiasse seus cidadãos em termos financeiros, o imperialismo ocidental teve frutos na forma dos tesouros culturais saqueados e levados para museus e universidades. Juntamente com o colonialismo, surgiu uma implacável campanha mundial de exploração arqueológica. As descobertas no Egito reacenderam o interesse pelo misticismo egípcio, especialmente na Inglaterra e na França. Um dos mais importantes egiptólogos, sir William Matthew Flinders Petrie (1853-1942), foi o responsável por escavações em lugares como Abydos e Amarna. Petrie descobriu a "Estela de Merneptah", um relato das conquistas militares do faraó Amenhotep III, que governou o Egito no século 14 AEC. Essa Estela é chamada de "Estela de Israel" porque é o mais antigo texto conhecido a mencionar o reino de Israel[8]. Outro egiptologista famoso foi sir Ernest Thompson Wallis Budge (1857-1934), responsável por muitas das traduções de antigos textos egípcios que ainda são publicados, inclusive o *Papiro de Ani*, também conhecido como *Livro Egípcio dos Mortos*. Budge também escreveu muito sobre a religião egípcia, influenciando escritores como William Butler Yeats e James Joyce, bem como grupos ocultistas que procuravam reviver as religiões de mistério do Egito. Sir James Frazer se valeu do trabalho de Budge em seu histórico trabalho sobre mitologia, *The Golden Bough*.

O mais importante evento da egiptologia moderna foi a descoberta da tumba do jovem rei Tutankhamon (mais conhecido como "rei Tut") no Vale dos Reis em novembro de 1922. Liderada pelo egiptólogo inglês Howard Carter, a escavação da intocada câmara mortuária de Tut produziu uma imensa riqueza de artefatos. A descoberta da tumba reacendeu a egiptomania, bem a tempo do surgimento das revistas em papel-jornal, ou *pulps*. A morte prematura do patrocinador de Carter, lord Carnarvon, e de outros envolvidos na escavação de Tut, teve forte influência sobre a literatura *pulp*, pois acreditava-se que isso tudo seria fruto da "maldição da Tumba do Rei Tut". Em pouco tempo, tumbas amaldiçoadas tornaram-se uma constante nas histórias em quadrinhos e nos livros baratos, e influenciaram a origem de super-heróis da Era de Ouro como o Gavião Negro e Dr. Destino.

A Era Vitoriana também conheceu a loucura por tudo quanto fosse "oriental". Na vanguarda desse movimento estava sir Richard Francis Burton (1821-1890), soldado, mercenário, explorador, escritor, tradutor (dizem que falava 29 línguas) e diplomata. Não é de surpreender que também fosse maçom. Burton ficou conhecido por suas longas viagens pela Ásia e pela África, viajando a Meca em trajes árabes e liderando uma expedição para encontrar a fonte do rio Nilo em 1856. Ele também ficou conhecido

8 Michael G. Hasel, "Israel in the Merneptah Stela", *Bulletin of the American Schools of Oriental Research*, nº 296, novembro de 1994, pp 45-61.

por ter traduzido *As Mil e Uma Noites.* Burton tornou o Oriente atraente e estimulante, e ao fazê-lo ajudou a aliviar o jugo que o puritanismo ainda exercia sobre a sociedade britânica. A promessa (implícita ou não) de Burton, de grandes aventuras em terras estrangeiras, tornou-se uma importante influência na criação de heróis da ficção popular que viajavam pelo mundo.

OS RADICAIS

Somando-se ao fermento social dos Estados Unidos, no final do século 19, havia diversos movimentos políticos radicais. O movimento pelo voto feminino, liderado por ativistas como Susan B. Anthony e Elizabeth Cady Stanton, bem como o movimento pelos direitos civis, liderado por homens como Frederick Douglass e Booker T. Washington, ganharam evidência na mesma época em que movimentos políticos como o anarquismo e o socialismo desembarcaram na Costa Leste dos Estados Unidos com as levas de imigrantes europeus.

Horrorizados com a pobreza generalizada e com a desigualdade econômica na Europa, os socialistas pediam a redistribuição da riqueza e a abolição da propriedade privada. Desse movimento surgiu o "Socialismo Científico", mais conhecido como comunismo, que considerava o socialismo como uma fase de transição – um mero prelúdio ao comunismo, que reorganizaria a sociedade de maneira científica, abolindo a pobreza, as oligarquias e a riqueza. Essa nova ordem, estabelecida por uma vanguarda revolucionária, acabaria dando lugar a uma ditadura do proletariado (as classes trabalhadoras). Nem é preciso dizer que, na prática, isso nunca funcionou.

O anarquismo, sistema que pregava a abolição de todo governo central, não é levado a sério nos dias atuais. Naquela época, porém, representava uma ameaça à ordem estabelecida, especialmente na Europa. Um dos primeiros pensadores anarquistas foi o filósofo inglês William Godwin (1756-1836), pai de Mary Shelley (autora de *Frankenstein*), que propunha um tipo de anarquismo que ele chamava de utilitarianismo. Outros pensadores anarquistas importantes do século 19 incluem o francês Pierre-Joseph Proudhon e os russos Mikhail Bakunin e o príncipe Peter Kropotkin, que defendia uma estranha mescla de comunismo e anarquismo.

No início do século 20, um grupo de imigrantes italianos chamados galeanistas (cujo nome evocava o líder anarquista Luigi Galleani) lançou uma campanha de ataques à bomba em diversas cidades americanas. Um galeanista chamado Mario Buda explodiu uma bomba em Wall Street em 16 de setembro de 1920 para protestar contra o indiciamento de Nicola Sacco e Bartolomeo Vanzetti, dois anarquistas acusados de um assalto com vítimas em Braintree, Massachusetts. Os galeanistas provocaram uma onda de ações repressivas contra vários grupos radicais no início da década de 1920, mais tarde conhecida como os Ataques Palmer.

Juntamente com esse ativismo político, vieram movimentos promovendo a liberdade sexual. A Comunidade Oneida, fundada em 1848 por John Humphrey Noyes, praticou um tipo incipiente de comunismo chamado de comunalismo. Entre outros ensinamentos, os membros da comunidade incluíam o "Casamento Complexo", segundo o qual todo homem estaria essencialmente casado com toda mulher, proibindo efetivamente a monogamia. Uma postura de liberdade sexual menos baseada na religião era defendida por Victoria Woodhull (1838-1927), que também lutou pelo voto feminino e tornou-se a primeira mulher a concorrer à presidência, em 1872. Woodhull também trabalhava como agente de cura pela fé e mais tarde se alinhou com o movimento espírita americano.

Outro pioneiro na luta pela liberdade espiritual e pessoal foi Pascal Beverly Randolph (1825-1875), que fundou o primeiro Templo Rosa-cruz em Boston, em 1858, e outro em San Francisco, em 1861. Randolph defendia a prática de magia sexual e pode ter exercido alguma influência sobre Theodor Reuss, que fundou a Ordo Templi Orientalis, e sobre Aleister Crowley, sucessor de Reuss como líder da OTO[9]. Era evidente, em meados do século 19, que os Estados Unidos estavam prontos para uma nova revolução, embora não necessariamente de natureza política.

ESPIRITISMO

Quando o espiritismo explodiu no mundo ocidental, assustou a cosmovisão cristã até a medula. Contudo, o movimento teve um início pouco auspicioso. Em 1848, três irmãs – Kate, Leah e Margaret Fox – relataram uma série de "batidas de espíritos" em sua casa em Nova York. Os sons não pareciam ter causa terrena, e não demorou para que – supostamente – respondessem a perguntas feitas a esses "espíritos". Mais tarde, duas das irmãs admitiram que forjavam as batidas com sons das articulações dos joelhos. Posteriormente,

9 Ver Catherine Yronwode, "Paschal Beverly Randolph and the Anseiratic Mysteries", *Sacred Sex* (*luckymojo.com*).

pelo menos uma das irmãs voltou atrás em suas confissões[10]. Fosse qual fosse o caso, as irmãs Fox desencadearam um incêndio que se alastrou pelo árido panorama espiritual dos Estados Unidos. Já propenso a renascimentos religiosos cíclicos conhecidos como "Grandes Despertares", o país reagiu com entusiasmo às alegações das irmãs, sem muita preocupação com sua autenticidade.

Assim que a história das irmãs Fox chegou aos jornais, os dois lados do Atlântico foram inundados por médiuns, clarividentes e outros espiritualistas. Se você quisesse conversar com sua querida e falecida tia Matilda, bastaria fazer uma pequena "doação" para um médium e este prontamente se disporia a fazer o contato. O movimento espírita ficou ainda mais conhecido após a dor e a carnificina da Guerra Civil, que deixou viúvas e órfãos desesperados para entrar em contato com seus maridos e pais mortos em combate.

O êxito do espiritismo dependeu de fatores além da credulidade de um público enlutado. É preciso levar em conta o descontentamento causado pela industrialização e os males sociais que esta acarretou. Se agora os espíritos podiam falar conosco sem a ajuda de feiticeiros, inúmeras premissas culturais, políticas e religiosas podiam ser analisadas. Perfurando o véu da eternidade, o espiritismo abriu as mentes para muitos movimentos boêmios, radicais e de livres-pensadores, que mudaram para sempre a sociedade tradicional. Ao mesmo tempo, Charles Darwin afastou premissas isoladas que datavam do Livro do Gênesis com seu tratado sobre evolução *A Origem das Espécies.* Sem querer, as teorias de Darwin plantaram uma dúvida nas mentes mais curiosas: O que viria depois da humanidade?

O espiritismo também provocou uma nova onda de interesse pela mágica. Usando a tecnologia mais recente, os mágicos encantavam as platéias com suas ilusões, convencendo muitos de que seus truques complexos eram prova de autênticos poderes sobrenaturais. E a mágica de palco, por sua vez, proporcionou aos médiuns espíritas diversos truques novos, com os quais os médiuns podiam convencer seus clientes de que realmente conseguiam entrar em contato com o mundo etérico. Como se isso não bastasse, a expansão colonial trouxe consigo o ocultismo e o misticismo oriental, especialmente as variedades desenvolvidas na Índia e na China. Todos esses fatores trabalharam juntos para preparar o público para a explosão de ocultismo e espiritualidade alternativa da era vitoriana.

---

10 Ver Ann Braude, *Radical Spirits: Spiritualism and Women's Rights in Nineteenth-Century America* (Bloomington: Indiana University Press, 2001).

ANNUIT COEPTIS
LINSNER
2007
©

CAPÍTULO 6

SEITAS SECRETAS

O ocultismo vitoriano sintetizou o espiritismo, a mágica de palco, o misticismo oriental e a maçonaria. No fermento daquela época, quando a ciência e a tecnologia floresciam numa escala sem precedentes, Londres tornou-se o centro de uma variedade de cultos e sociedades secretas. A meta desses novos ocultistas era transformar a mente, o corpo e a alma do ser humano, assim como as locomotivas e as invenções mecânicas estavam transformando a indústria e a agricultura. Cercados por máquinas superpoderosas que ameaçavam dominar a humanidade, esses ocultistas conjuraram uma raça de humanos superpoderosos para enfrentar o desafio. Encontraram amplos precedentes na mitologia e nas religiões antigas para justificar seus anseios por um "Novo Homem". Os ocultistas recorreram ao individualismo, à alquimia e ao hermetismo da Renascença para imaginar uma nova raça de homens-deuses que poderia transcender as fraquezas, os pecados e a corrupção da sociedade que viam à sua volta.

Esse fermento intelectual e espiritual proporcionou terreno fértil para o crescimento de novos movimentos religiosos e filosóficos. Essas sociedades ocultas e secretas recém-nascidas tinham raízes rituais nos antigos mistérios e tradições herméticas do passado.

OS ROSA-CRUZES

Um dos mais obscuros e menos compreendidos desses movimentos ocultistas é o Rosa-cruz. Ninguém sabe ao certo como a Ordem Rosa-cruz começou, quem pertence a ela ou no que acreditam seus membros. Para um grupo tão envolvido em mistério, porém, os rosa-cruzes têm exercido uma influência incalculável. A meta professada dessa fraternidade mística e iluminada foi, como escreveu Michael Howard em sua obra monumental *The Occult Conspiracy*, "a evolução da humanidade, do materialismo à perfeição espiritual"[11].

A mais antiga menção a uma Fraternidade da Rosa Cruz surge em 1604 num manuscrito intitulado *A Restauração do Templo em Ruínas de Palas.* Em 1614, aparece o *Fama Fraternitatis*, supostamente uma história da ordem. A este, seguiu-se o *Confessio Fraternitatis* em 1615 e *O Casamento Alquímico de Christian Rosenkreutz* em 1616. O *Casamento Alquímico* referia-se ao trabalho dos alquimistas, que procuravam casar as propriedades masculinas e femininas da criação para produzir o Hermafrodita Real, que alguns historiadores associaram a Harpócrates, ou "Hórus menino", nos antigos mistérios. Com efeito, um dos primeiros textos que pode ser chamado de revista em quadrinhos foi o *Mutus Liber*, um texto alquímico sem palavras, datado do século 17, que conta a história do *Casamento Alquímico do Sol e da Lua* na forma de imagens seqüenciais.

A Ordem Rosa-cruz alega que suas origens estão num peregrino alemão chamado Christian Rosenkreutz, que viajou ao Oriente Médio para estudar as artes ocultas. Ele voltou à Alemanha e fundou a Ordem, cuja meta seria produzir uma "reforma universal da humanidade". Pouco depois da publicação dos textos mencionados acima, surgiram diversas Ordens Rosa-cruzes, todas afirmando ser os verdadeiros herdeiros do manto de Rosenkreutz.

É importante notar que, na época da suposta fundação da ordem por Rosenkreutz, a Alemanha estava em meio a uma guerra religiosa entre a Igreja estabelecida e os príncipes protestantes do Império, pelos quais os rosa-cruzes teriam preferência. De fato, o selo pessoal de Martinho Lutero era uma cruz sobre uma rosa, levando alguns a especularem que a Reforma surgiu graças

---

11 Michael Howard, *The Occult Conspiracy* (Rochester, VT: Destiny, 1989), p. 49.

aos rosa-cruzes. Seja qual for a verdade, a combinação de ocultismo e alquimia antigos que encontrou expressão na Ordem Rosa-cruz exerceu forte influência sobre o desenvolvimento da Maçonaria, um movimento de conotação protestante que naquela época ganhou destaque na Grã-Bretanha.

Os historiadores que acreditam que a Rosa-cruz é anterior a 1604 dizem que a Ordem estava ativa na corte da rainha Elizabeth I, e que ocultistas como John Dee, Francis Bacon e Edward Kelley mantinham contato com os rosa-cruzes. Muitos especulam que estes eram, na verdade, um desdobramento dos Cavaleiros Templários[12]. Mesmo assim, é verdade que quando os maçons ficaram mais poderosos e militantes, os rosa-cruzes perderam sua proeminência e podem até ter sido absorvidos pela Maçonaria.

O advento da Teosofia, no século 19, produziu tentativas de ressuscitar a Ordem Rosa-cruz. Os teosofistas Annie Besant, Marie Russak e James Wedgwood estabeleceram uma Ordem do Templo da Rosa Cruz em 1912, mas esta, como era de se prever, não encontrou apoio. Russak então se associou a H. Spencer Lewis, que tinha fundado a Antiga e Mística Ordem Rosa Cruz (AMORC) em Nova York em 1915, mudando-a depois para San Francisco. A AMORC teve destaque no início do século 20, e Lewis fundou depois um templo rosa-cruz em San Jose, na Califórnia. A Ordem publicou muitos anúncios em jornais e revistas, especialmente em revistas baratas. Oferecia cursos sobre artes místicas por correspondência para os leitores, com chamadas do tipo, "Você já viveu antes desta vida?"

MAÇONARIA

Pouco depois do surgimento dos rosa-cruzes, surgiu outra sociedade secreta com um impacto imenso sobre o cenário social e político da Europa. Muitos acreditam hoje que esse grupo, a Ordem de Maçons Livres e Aceitos, descende diretamente dos Cavaleiros Templários da Idade Média, uma ordem monástica que teria sido fundada para garantir o livre acesso dos cristãos que iam a Jerusalém durante as Cruzadas. Os Templários instituíram um complexo sistema bancário enquanto guardavam o tesouro dos peregrinos europeus, e foram responsáveis pela invenção do sistema de crédito e das filiais bancárias. O rei Filipe IV da França cobiçava a vasta riqueza dos Templários para financiar seus sonhos de conquista, e usou seu títere, o papa Clemente V, para

12 Howard, *Occult Conspiracy*, p. 49.

declará-los hereges. Clemente ordenou a prisão e o confisco das propriedades dos Templários espalhadas pelo reino cristão. Segundo a lenda, embora o grande mestre templário Jacques de Molay tenha morrido na fogueira, diversos cavaleiros fugiram com a maior parte do tesouro da Ordem. Acredita-se que o rei escocês Robert Bruce teria lhes oferecido refúgio seguro[13].

As origens da Maçonaria são obscuras. Os maçons afirmam que sua ordem saiu das guildas dos pedreiros da Idade Média. Esses mestres artesãos costumavam viajar para longe de casa para construir catedrais, levando consigo os segredos zelosamente guardados de seu ofício. Esses segredos profissionais se transformaram num complexo sistema de rituais e de códigos secretos que protegiam os maçons enquanto percorriam uma rede de lojas freqüentadas por outros artesãos. Mais tarde, a própria guilda se transformou na "Maçonaria Especulativa", focalizando os aspectos simbólicos e espirituais do ofício. Essa nova fraternidade atraiu aristocratas e intelectuais de toda Europa e, em última análise, tornou-se uma força com méritos próprios.

A Maçonaria foi especialmente poderosa na Grã-Bretanha e em suas colônias. A primeira organização maçônica estabelecida foi a Grande Loja da Inglaterra, que se anunciou ao mundo em 1717. O ritual maçônico viajou com os colonizadores para o Novo Mundo – vários dos fundadores dos Estados Unidos, inclusive George Washington, eram maçons. A famosa Festa do Chá, em Boston, foi obra de uma loja maçônica, e o Grande Selo dos Estados Unidos está repleto de imagens e de numerologia maçônicas[14]. A Maçonaria ajudou a quebrar o poder do Vaticano, dando apoio ao fervor político que provocou a Revolução Francesa e a Revolução Americana. Tornou-se tão poderosa nos Estados Unidos que, no início do século 19, formou-se um partido político antimaçônico.

O contra-ataque ao poder da Maçonaria no início do século 19 fez com que o movimento se tornasse oculto, emergindo ainda mais poderoso no final da era vitoriana. Nos Estados Unidos, os maçons tornaram-se proeminentes nos negócios, nos esportes e na política, e exerceram forte influência sobre a cultura popular. Gigantes da mídia como Louis B. Mayer (MGM), Darryl Zanuck (20th Century Fox) e Jack Warner (Warner Bros.) eram maçons de alto escalão[15].

---

13 Bauval & Hancock, *Talisman*, p. 318.

14 Howard, *Occult Conspiracy*, pp. 82-86.

15 Louis B. Mayer foi iniciado na Loja St. Cecile nº 568, na cidade de Nova York, e Jack Warner na Loja Mount Olive nº 506 em Los Angeles. Ver "Famous Freemasons", Ellensburg Masonic Lodge nº 30, F&AM. E http://www.ellensburg.com/~masons39/index.html. Ver também Marlys

Muitos acham que a Maçonaria nada é além de uma encarnação moderna das antigas religiões de mistério, especialmente o mitraísmo e o culto a Osíris e Dionísio. Símbolos maçônicos como a pirâmide e o "Olho que tudo vê", ambos identificados com Hórus, vêm de fontes antigas. Com efeito, os maçons se referem a si próprios como "Filhos da Viúva", referência a Hórus, filho da viúva Ísis[16]. O emblema mais conhecido da Maçonaria, o esquadro e o compasso, representam os aspectos masculino e feminino da criação. Embora se acredite que a comunidade maçônica esteja hoje em declínio, é difícil superestimar sua influência sobre a cultura americana. Os ideais maçônicos são parte integrante do credo e da mitologia norte-americanas. Quando o Super-Homem defende a "verdade, a justiça e o modo [de vida] americano", ele também defende o modo maçônico. É quase impossível separar os dois de maneira definitiva.

OUTROS CRISTOS

O século 19 também viu o crescimento de importantes movimentos religiosos alternativos, especialmente nos Estados Unidos, mais especificamente na Nova Inglaterra. Três dos mais importantes desses movimentos – a Ciência Cristã, o transcendentalismo e o mormonismo – tinham fortes vínculos com a Maçonaria.

CIÊNCIA CRISTÃ

A Ciência Cristã baseia-se nas doutrinas apresentadas em 1875 por Mary Baker Eddy em *Science and Health with Key to the Scriptures.* Eddy (1821-1919) ensinou as virtudes da cura pela fé, pregando que a doença é uma ilusão. Para muitos, isso levou à desaprovação da ciência médica – que de fato, na época, era ciência apenas no nome. A Ciência Cristã era, em essência, uma fé mística que fazia ecoar os rituais maçônicos, que prestavam tributo a Eddy por ter erguido uma pirâmide de 3,30 m em seu local de nascimento, em New

---

J. Harris, *The Zanucks of Hollywood: The Dark Legacy of an American Dinasty* (Nova York: Crown, 1989), p. 233.

16 Howard, *Occult Conspiracy*, pp 15, 24.

Hampshire – monumento que os embaraçados diretores da Ciência Cristã mandaram destruir[17].

A Ciência Cristã atraiu a elite literária e artística graças a cujo apoio se ergueu uma imensa Igreja Matriz em Boston. Os fiéis também fundaram o influente jornal *The Christian Science Monitor*, bem como diversos outros periódicos de longa vida. Como a Cientologia de épocas mais recentes, a Ciência Cristã foi popular em Hollywood, atraindo um grande número de fiéis ativos na mídia[18].

MORMONISMO

A Igreja de Jesus Cristo dos Santos dos Últimos Dias, mais conhecida como Igreja Mórmon, situa suas origens em escrituras ocultas conhecidas como *Placas de Ouro*, que teriam sido reveladas por um anjo chamado Moroni a Joseph Smith. *As Placas de Ouro* afirmam que as tribos judaicas emigraram para os Estados Unidos após a queda de Jerusalém, e que Jesus tornou a aparecer para elas. A maioria das denominações cristãs considera o mormonismo um culto pseudocristão. Prega uma cosmologia mais próxima do gnosticismo do que o cristianismo convencional, ensinando que Deus já foi um mortal e que os homens têm potencial para se tornarem deuses.

Os mórmons foram muito impopulares no início de sua igreja, e viajaram para o Oeste a fim de escaparem às perseguições, pois, entre outras coisas, incentivavam a poligamia. Os mórmons acabaram se assentando nas margens do Great Salt Lake em Utah. Muitos acreditam que os rituais mórmons baseiam-se na Maçonaria. O fundador, Joseph Smith, foi iniciado como Mestre Maçom em 1842, e alguns dizem que ele aprendeu os ritos da magia cerimonial e da alquimia com o dr. Lumna Walter[19]. De fato, símbolos egípcios são comuns em Salt Lake City, incluindo uma estátua da Grande Esfinge com o rosto de Joseph Smith. Recentemente, as *Placas de Ouro* foram adaptadas para os quadrinhos pelo artista mórmon Mike Allred (*Madman*, *X-Factor*).

---

17 "Diretores ordenam a destruição diabólica do marco da Grande Pirâmide em Bow", *Mary Baker Eddy Letter*, nº 7, 25 de dezembro de 1997.

18 Entre eles, Frank Capra, Howard Hawks, Henry Fonda, Joan Crawford, Elizabeth Taylor e Doris Day. Michael Nesmith, membro da banda *The Monkees*, e o ex-Batman Val Kilmer são cientistas cristãos ativos e praticantes. Ver "Famous Christian Scientists (Members of the Church of Christ, Scientist)", *adherents.com*.

19 Ver Lance S. Owens, "Joseph Smith: America's Hermetic Prophet", *Gnosis*, primavera de 1995.

TRANSCENDENTALISMO

O transcendentalismo é uma mistura de cristianismo e de pensamento oriental que exerceu forte influência sobre a Teosofia. O movimento teve início em setembro de 1836, quando o poeta e ensaísta Ralph Waldo Emerson fundou o Clube Transcendental. Em janeiro de 1842, o Clube se anunciou ao mundo com uma palestra proferida por Emerson no Templo Maçônico de Boston. Emerson lia textos como *O Bhagavad Gita* e as escrituras budistas, bem como os trabalhos do místico cristão Emanuel Swedenborg. A partir dessas leituras, Emerson desenvolveu uma filosofia que ensinava a unidade da criação e as virtudes do misticismo sobre o racionalismo e a lógica. O círculo de Emerson incluía o escritor Nathaniel Hawthorne e o filósofo Henry David Thoreau. Houve até uma comunidade transcendental, embora de vida curta (como geralmente são as comunidades formadas por intelectuais).

CAPÍTULO 7

A EXPLOSÃO OCULTISTA VITORIANA

O aparecimento das sociedades secretas no século 18 e a proliferação de movimentos religiosos alternativos no século 19 prepararam o caminho para uma explosão de novos pensamentos religiosos no início do século 20. De várias maneiras, tudo começou com o político, novelista e ocultista inglês lorde Edward Bulwer-Lytton (1803-1873).

A RAÇA FUTURA: EDWARD BULWER-LYTTON E O VRIL

Membro reformista do parlamento e par hereditário do reino, Bulwer era aliado do lendário primeiro-ministro Benjamin D'Israeli. Ele representava

Hertfordshire, local da antiga sede britânica dos Cavaleiros Templários. Estudioso do ocultismo desde a juventude, Bulwer também era maçom ativo e membro do alto escalão da Ordem Rosa-cruz. Ele também formou um grupo com o lendário ocultista francês Eliphas Lévi para estudo de magia avançada. Bulwer concentrou seus interesses como escritor de ficção ocultista, afirmando que criava seus textos para lutar contra aquilo que chamava de "absorvente tirania da vida cotidiana".

Um de seus livros mais populares e influentes, *Zanoni**, tratava de um rosa-cruz de alto grau que toma o lugar de uma jovem na guilhotina durante o Reino de Terror na França. O livro fala muito da filosofia rosa-cruz, a ponto de poder servir de cartilha para a Fraternidade. Bulwer diria que "o sobrenatural é apenas algo nas leis da natureza que, até agora, ignorávamos"[20].

Considerado o Stephen King de sua época, Bulwer escreveu sucessos como *Paul Clifford* e *Os Últimos Dias de Pompéia*, populares no mundo inteiro. *Os Últimos Dias de Pompéia* trata da magia antiga e do culto a Ísis, bem como do fermento místico da Roma do primeiro século. Dois personagens místicos – a Bruxa do Vesúvio e um mágico egípcio que alega descender da linhagem de Ramsés – se destacam. O conto de 1857 "The Haunted and the Haunters" antecipa escritores como H. P. Lovecraft, explorando a metafísica no contexto da ficção gótica. Além dessas histórias, Bulwer escreveu diversos romances históricos como *Harald, Last King of the Saxons.* Nenhum deles, porém, teve parte da influência de seu trabalho de 1871, *Vril: The Power of the Coming Race.*

Apesar de toda influência que exerceu, *Vril* mal merece que suas páginas sejam viradas. O livro não tem um enredo digno de nota e consiste principalmente nas observações de um narrador americano a respeito da história e dos costumes dos *Vril-ya* (que significa "as nações civilizadas"). Os Vril-ya são uma raça de super-humanos que num passado distante foi obrigada a se refugiar sob a superfície, onde formaram uma nova sociedade à luz de um Sol interior. Os Vril-ya são bem mais avançados do que os habitantes da superfície, tendo descoberto um poderoso líquido chamado *vril*, que se assemelha a algum tipo de energia atômica e é extraído desse Sol interior.

Os Vril-ya são governados por um ditador benevolente. Mostram desdém por conflitos e por discussões, e igualam filosofia a "debates". Seu lema social é: "Não há felicidade sem ordem, não há ordem sem autoridade, não há autoridade sem unidade". As mulheres são maiores (algumas chegam a 2,10 m)

---

* Publicado pela Editora Pensamento, São Paulo, 1957 (fora de catálogo).

20 Citação extraída de "Introdução", Edward Bulwer-Lytton, *The Coming Race* (Middletown, CT: Wesleyan, 2006), pp. xxiv e xiv.

e mais poderosas do que os homens, mas como esposas "são as mais amáveis, conciliadoras e submissas". Robôs fazem a maior parte do trabalho. Os Vril-ya são vegetarianos, e desprezam os "carnívoros"; estão convencidos de sua superioridade sobre todos os outros povos. Bulwer os descreve como belos e exóticos, com "olhos azuis e cabelos de um profundo castanho dourado", com "pele de tom mais morno ou intenso do que os povos do norte da Europa". Como os membros da *Nova Era*, eles

> *... vivem numa atmosfera de música e fragrâncias. Cada recinto tem aparatos mecânicos que produzem sons melodiosos, geralmente restritos a notas suavemente murmuradas, que mais parecem doce sussurros de espíritos invisíveis... para eles, inspirar um ar sempre repleto de melodias e perfumes causa necessariamente um efeito repousante e que eleva a formação do caráter e os hábitos mentais*[21].

No entanto, o narrador sem nome lamenta o estado de aparente perfeição dos Vril-ya, afirmando que ele exerce um efeito paralisante sobre as artes e sobre o espírito criativo: "Sem sua antiga fonte de alimentação, com fortes paixões, crimes intensos, feitos heróicos, a poesia – se não morre de fome – se reduz a uma dieta muito minguada". Ele deplora sua falta de paixão e diz que, sem crises ou conflitos, não há oportunidade para heroísmos: "Onde não há guerras, não pode haver Aníbal, Washington, Jackson, Sheridan"[22].

Por baixo de seu exterior plácido, porém, os Vril-ya acalentam um plano sinistro. Eles se descrevem como exilados, "levados... a aperfeiçoar [sua] condição e... destinados a voltar ao mundo da superfície, suplantando todas as raças inferiores que lá habitam agora". E esse "suplantar" não será um processo pacífico. Os Vril-ya prevêem abertamente que irão exterminar os habitantes do mundo superior quando voltarem. A tranqüila presunção dos Vril-ya em seu eventual retorno e conquistas leva o narrador a esperar que "ainda decorram eras antes que surjam à luz do sol nossos inevitáveis destruidores"[23].

Para os vitorianos, a combinação de utopia, superioridade genética e irresistível poderio tecnológico formaram uma mistura inebriante. Os deslocamentos sociais causados pela Revolução Industrial e a ansiedade demográfica provocada pelo imperialismo tornaram a visão de Bulwer acerca de uma raça poderosa e altamente desenvolvida uma visão reconfortante do futuro. Esse novo tipo de utopia influenciou incontáveis legiões de escritores de ficção

21 Bulwer-Lytton, *The Coming Race,* capítulos 9, 10, 15.

22 *Idem,* capítulos 17, 26.

23 *Idem,* capítulos 25, 29.

científica e inspirou a propaganda do "Mundo do Amanhã", que ajudou muitas pessoas a suportarem a Grande Depressão.

H. G. Wells apresentou uma versão mais simpática dos Vril-ya em sua utópica novela *The Shape of Things to Come.* Aldous Huxley, por sua vez, usou os Vril-ya como uma advertência contra o excessivo controle governamental em sua novela *Admirável Mundo Novo.* De fato, com *Vril*, Bulwer deu início a uma evolução na criação de ficção, o que acabou levando às atuais histórias de super-raças como *X-Men* e *The 4400.*

Vril causou forte impacto sobre o ocultismo nascente do final do século 19. A fundadora da Teosofia, Madame Blavatsky, citou-o bastante e apresentou uma forma mais palatável dos Vril-ya em seu "Mestres Ascensionados". Blavatsky ficou tão impressionada com *Vril* que sugeriu que Bulwer deve ter tirado suas idéias de algum iniciado em tradições orientais[24]. Aleister Crowley também foi um dos fãs conhecidos de Bulwer, e recomendava a leitura das obras de ficção de Bulwer a seus seguidores[25]. O grande líder maçônico Albert Pike também pode ter sido influenciado por Bulwer ao falar, em seu texto fundamental *Morals and Dogma*, um ano depois de *Vril*, sobre uma poderosa força "por meio da qual um único homem, que conseguisse se apoderar dela e soubesse direcioná-la, poderia revolucionar e mudar a face do mundo". Ele descreveu a força como "um raio destacado da glória do Sol"[26].

Por outro lado, a obra de Bulwer é vista por muitos como uma crítica aos efeitos corrosivos de uma sociedade científica e à utopia socialista. É certo que o narrador do livro não morre de amores pelos Vril-ya, e a oposição de Bulwer ao marxismo e ao darwinismo, e a aquilo que ele enxergava como desvios e exageros da ciência, fica claro no livro. Em seu monumental livro de 1960, *The Morning of the Magicians*, Louis Pauwels e Jacques Bergier advertem que a ficção de Bulwer contém "a convicção de que há seres dotados de poderes sobre-humanos". Eles falam do perigo potencial dessa crença, mencionando a popularidade de Bulwer na Alemanha do final do século. Alguns estudiosos identificam as raízes da infame Sociedade Vril, que supostamente contava com membros como Adolf Hitler, Alfred Rosenberg, Heinrich Himmler e

---

24 H. P. Blavatsky, *Collected Writings of H. P. Blavatsky*, vol. 12 (Wheaton, IL: Theosophical Publishing, 1890), p. 636.

25 Crowley, Aleister, *Magick in Theory and Practice, Part III of Book Four* (Nova York: Castle Books, 1929), 1991, Apêndice I, "Bibliography and Curriculum of the A∴ A∴"

26 Albert Pike, *Morals and Dogma of the Ancient and Accepted Scottish Rite of Freemasonry* (publicado pelo Supreme Council of the 33rd Degree, Southern Jurisdiction of the US, 1871), p. 734.

Hermann Göering, numa sociedade secreta que antes se chamava Sociedade Alemã de Metafísica, que dizem ter sido baseada no trabalho de Bulwer[27].

Independentemente de aceitar esse argumento ou não, é difícil exagerar a influência de Bulwer em sua época. Usando a base da ficção científica, ele foi pioneiro no conceito de uma super-raça cujos poderes excederiam em muito os de homens comuns. Na agitação da era vitoriana, em que inovações científicas e tecnológicas continham a promessa de melhorar ou até de aperfeiçoar a máquina humana, isso não era pouco. Além disso, não foi à toa que esse conceito surgiu por meio de um ocultista praticante. A promessa de uma nova raça teve um impacto poderoso – positivo e negativo – no século seguinte. Primeiro, porém, um estranho grupo de excêntricos, liderados por uma opulenta emigrante russa fumante de cachimbo, ampliaria as idéias fantasiosas de Bulwer e criaria um movimento de âmbito mundial.

MADAME BLAVATSKY E A TEOSOFIA

Talvez o mais importante movimento religioso alternativo do século 19 tenha sido a Sociedade Teosófica, fundada por Helena Petrovna Blavatsky. Mulher peculiar e com uma biografia intrigante, Blavatsky revolucionou a contracultura de sua época e fundou um movimento cujo âmbito foi efetivamente internacional. Foi uma das primeiras pessoas a levar o misticismo oriental para o Ocidente. Entre seus ensinamentos básicos, encontra-se a unidade fundamental de tudo o que existe, a regularidade da lei universal e o progresso da consciência rumo a uma realização cada vez maior da unidade.

Blavatsky era uma mulher encorpada e simples, mas com intelecto irrequieto. Também era carismática, dominadora e voluntariosa. Nascida Helena von Hahn em 1831, casou-se com um burocrata chamado Nikifor Blavatsky aos 18 anos, mas deixou-o pouco tempo depois. Após uma curiosa odisséia que a teria levado pela Turquia, Grécia, Egito, França, Nova Orleans, México, América do Sul, Índias Ocidentais, Inglaterra e Canadá em busca de ilumina-

27 Willy Ley, cientista alemão exilado nos Estados Unidos, especializado em foguetes e membro da Los Angeles Science Fantasy Society, escreveu sobre a Sociedade Vril em seu ensaio de 1947 "Pseudoscience in Naziland", publicado originalmente na revista *pulp Astounding Science Fiction.* Posteriormente, Pauwels e Bergier aprofundaram as afirmações de Ley. Louis Pauwels e Jacques Bergier, *The Morning of the Magicians*, citados em *Grey Lodge Occult Review* nº 1, outubro de 2002.

ção espiritual, ela chegou ao Tibete em 1868, onde encontrou um grupo de mestres espirituais imortais – os Chefes Secretos, entre os quais estavam Jesus, Maomé e Buda – que a encaminharam nas artes e ciências espirituais. Sua natureza inquieta acabou levando-a aos Estados Unidos, onde conheceu Henry Steele Olcott, que teve um papel decisivo em sua vida.

Olcott, rico advogado de Manhattan, conheceu Blavatsky quando investigava os irmãos Eddy, dois caipiras de Vermont que tentavam faturar à custa da mania do espiritismo. Olcott ficou impressionado com o que ele acreditou serem os grandes poderes psíquicos de Blavatsky; esta ficou impressionada com a conta bancária de Olcott. Juntos, em 1875, os dois fundaram a Sociedade Teosófica em Nova York.

Em 1877, Blavatsky publicou sua *magna opus,* em dois volumes, *Isis Unveiled**. Ela e Olcott mudaram-se para a Índia, onde lançaram a revista *The Theosophist* em 1879. A Sociedade começou a estabelecer filiais nos Estados Unidos e na Europa, bem como em colônias européias. Eles recrutaram outros *tenentes,* inclusive Annie Besant (uma socialista, feminista e nacionalista irlandesa que morava em Londres) e o escandaloso C. W. Leadbeater (ex-pastor anglicano). Em 1887, a Sociedade lançou sua revista oficial, *Lucifer,* em Londres. No ano seguinte, Blavatsly publicou outra obra seminal, *The Secret Doctrine* **. Após a sua morte, Besant e Leadbeater assumiram o controle da Sociedade Teosófica, que continuou a crescer, contando entre seus membros o fundador do beisebol, Abner Doubleday, e o lendário inventor Thomas Edison[28]. Após uma série de escândalos, o movimento passou por maus momentos e sua influência reduziu-se rapidamente com o decorrer do tempo[29].

Em última análise, a Teosofia proporcionou um guarda-chuva sob o qual diversas tendências religiosas, espirituais, psíquicas e paranormais se reuniram na forma de uma filosofia relativamente coerente. Ela sincretizou os ensinamentos do Oriente e do Ocidente, preparando o cenário para muitos dos movimentos e cultos do século 20. O lema da Sociedade Teosófica é: "Não há religião maior do que a Verdade". Tal como ocorreu depois com o movimento Nova Era, a Teosofia ensinou que havia uma verdade eterna – o *Sanatana Dharma* – no centro de todos os ensinamentos religiosos. Entre esses ensi-

---

* *Ísis sem Véu: Uma Chave-Mestra para os Mistérios da Ciência e da Teologia Antigas e Modernas,* publicado pela Editora Pensamento, SP, em 4 volumes, em 1991.

** *A Doutrina Secreta,* publicado pela Editora Pensamento, SP, em 6 volumes, em 1980.

28 Sylvia Cranston, *H. P. B.: The Extraordinary Life and Influence of Helena Blavatsky* (Nova York: Putnam, 1993), p. 333. Ver também Peter Washington, *Madame Blavatsky's Baboon* (Nova York: Schocken, 1995), pp 59, 68.

29 James Webb, *The Occult Underground* (Chicago: Open Court, 1988), p. 95.

namentos principais estão a reencarnação, o karma, os planos de existência não-físicos, o panteísmo (a presença de Deus em toda matéria), a participação consciente da humanidade na evolução, a mente sobre a matéria e a apoteose (o processo de se adquirir a perfeição suprema).

Blavatsky foi uma escritora prolífera ao longo de sua vida, embora os críticos tenham observado que seus livros estão repletos de plágios, especialmente de fontes maçônicas, cabalísticas, gnósticas, orientais e outras. Um crítico que catalogou exaustivamente os textos de Blavatsky concluiu que "Não há um único dogma ou sustentáculo na Teosofia... cuja fonte não possa ser identificada na literatura mundial"[30]. Entretanto, na época em que ela escrevia, a maioria dos leitores não tinha a menor familiaridade com suas fontes. Malgrado sua propensão para o plágio, ou até por causa disso, ela foi responsável por levar um importante corpo de tradições ocultas para o público.

Outros comentaristas criticaram Blavatsky por ter sido muito influenciada por Bulwer-Lytton[31]. Mesmo sendo fato que seu encanto por Ísis tenha se iniciado após a leitura de *Os Últimos Dias de Pompéia*, o biógrafo Peter Washington afirma que "não seria injusto dizer que sua nova religião foi praticamente manufaturada a partir dessas páginas"[32]. E no segundo trabalho importante de Blavatsky, *A Doutrina Secreta*, os super-homens fictícios de Bulwer-Lytton começaram a se transformar em objetos religiosos.

A Doutrina Secreta explorou os mistérios profundos da ciência, da religião e dos poderes psíquicos, afirmando que as antigas civilizações da Lemúria e da Atlântida haviam ruído por causa de seu estado de evolução espiritual inferior. Naturalmente, a Teosofia levaria a humanidade a um estágio superior de evolução. Blavatsky postulou uma progressão da evolução humana em sete estágios, o que conduziria à apoteose. Ela dividiu as eras do Homem segundo uma série de "raças-raiz", descrevendo a atual raça como a quinta na seqüência após a autodestruição da Atlântida. A sexta raça seria superior à nossa em todos os aspectos, e viveria numa Nova Era de paz e iluminação.

É incalculável a influência da Teosofia. Ela criou ondas de pensamento esotérico que floresceram nos movimentos ocultistas vitorianos, na obra de Freud e Jung, no ressurgimento dos maçons e de outras sociedades secretas, e,

---

30 De William Emmette Coleman, "The Sources of Madame Blavatsky's Writings" ("As fontes dos textos de Madame Blavatsky"), citado *in* Vsevolod Sergyeevich Solovyoff, *A Modern Priestess of Isis* (Londres: Longmans, 1895), pp 353-366.

31 Michael Howard escreveu, em seu impressionante *The Occult Conspiracy*, que "Blavatsky leu os romances de Bulwer-Lytton e ficou muito impressionada com seu conteúdo ocultista, especialmente *Zanoni* e *Os Últimos Dias de Pompéia*", p. 108.

32 Washington, *Madame Blavatsky*, p. 36.

finalmente, na Era de Aquário e no movimento Nova Era. Ela proporcionou um canal espiritual para as mulheres do Ocidente, cada vez mais emancipadas. Teve diversos seguidores entre artistas, escritores e intelectuais, como Gauguin, Mondrian, Kandinsky, Klee e Pollock. Os compositores Gustav Mahler e Jean Sibelius também foram seus discípulos[33].

Alguns discípulos de Blavatsky formaram seus próprios grupos de influência. Rudolph Steiner, teosofista alemão com grande interesse pelo misticismo cristão, fundou a Escola de Ciência Espiritual, que depois se desdobrou em diversas "Escolas Steiner" na Europa e nos Estados Unidos. O Lucis Trust, fundado por Alice Bailey, propôs uma filosofia global de "Boa Vontade Mundial". O grupo de Bailey ainda está ligado às Nações Unidas e participa ativamente de suas causas.

Apesar da natureza excêntrica de Blavatsky, seu impacto é inegável. A Teosofia e seus derivados geraram uma expectativa quanto a um maior potencial humano. E como os ensinamentos de Blavatsky a respeito de super-homens e Chefes Secretos eram bem mais otimistas do que os profetizados Vril-ya de Bulwer-Lytton, as idéias apresentadas em *A Doutrina Secreta* dão-nos um precedente significativo para um movimento religioso baseado em superpoderosos seres fictícios. De várias maneiras, a conjunção entre ocultismo popular e arte popular apresentada pela Teosofia e movimentos associados reestruturou as próprias bases da cultura ocidental. O primeiro fruto dessa conjunção emergiria com um grupo cujo próprio nome acabou se tornando sinônimo de ocultismo.

A GOLDEN DAWN

A Hermetic Order of Golden Dawn [Ordem Hermética da Aurora Dourada] foi um lendário grupo ocultista de curta duração, fundado em 1886, no auge do fermento espiritual da Inglaterra vitoriana, por um médico legista londrino chamado William Wynn Westcott. Ele alegava ter obtido textos ocultos chamados *Cipher Manuscripts*, que descreviam rituais e ensinamentos extraídos da Cabala, da astrologia, tarô, geomancia e alquimia. Westcott "decodificou" os manuscritos e apresentou-os a um maçom excêntrico chamado S. L. McGregor Mathers. Pouco depois, ele e Mathers criaram o "Templo Ísis-Urania da Ordem Hermética da Aurora Dourada" para disseminar os ensina-

33 Sylvia Cranston, *H. P. B.: The Extraordinary Life and Influence of Helena Blavatsky* (Nova York: Putnam, 1993).

mentos dos manuscritos para adeptos do ocultismo. Lojas dedicadas a Osíris, Hórus, Amon-Rá e Hathor brotaram rapidamente pela Inglaterra, Escócia e França. Em 1892, Mathers afirmou que teria entrado em contato pessoal com os próprios Chefes Secretos de Blavatsky.

É difícil estabelecer exatamente de que tratava a Golden Dawn. No entanto, ela se tornou moda entre os *vips* da Londres vitoriana. A Maçonaria, embora em ascensão na época, não admitia mulheres, e tinha um ar convencional, antiquado. Mas o espiritismo e a Teosofia tinham posto a mesa, e aqueles que tinham vontade de saborear uma experiência ocultista mais profunda – e eram muitos – procuraram a Golden Dawn para jantar. O poeta William Butler Yeats, a atriz Florence Farr, a produtora teatral Annie Horniman, o pioneiro do cinema Charles Rosher, a revolucionária irlandesa Maud Gonne, ocultistas famosos como Israel Regardie e A. E. Waite, bem como os escritores Arthur Machen, Arnold Bennett e Algernon Blackwood, eram iniciados. Aleister Crowley e Dion Fortune juntaram-se a eles pouco depois[34]. Embora a maioria desses nomes não nos seja familiar atualmente, eram todos personagens importantes em sua época.

A Golden Dawn teve uma história breve e atribulada. Apesar de exercer um encanto imediato sobre os aspirantes ao caminho espiritual – ou talvez por causa disso – não demorou para que surgissem dissensões em seu meio. Mathers, importante personagem do movimento, era considerado pomposo e indiferente. Em pouco tempo, os iniciados desejaram passar por cima dele para entrarem pessoalmente em contato com os Chefes Secretos. O aparecimento do controvertido Aleister Crowley na Ordem, em 1898, fraturou ainda mais a Golden Dawn. O grupo original se dividiu, e Mathers estabeleceu o Templo Alfa e Omega, enquanto A. E. Waite assumiu o comando do que restou da diretoria original. A amizade entre Mathers e Crowley, que muitos iniciados consideravam inaceitável, azedou em pouco tempo, e os dois e Yeats se viram presos numa batalha ocultista com três pólos, que consumiu as energias do movimento.

Por fugaz que tenha sido a Golden Dawn como movimento espiritual, seu impacto foi duradouro. Tal como se deu com os rosa-cruzes, a simples idéia de uma Ordem mística ligada a tradições antigas mostrou-se mais importante e duradoura do que a própria organização. Uma sociedade secreta formada pelos estudiosos da época, revivendo aquilo que, segundo acreditavam, seriam os mistérios autênticos do ocultismo do passado, numa das cidades imperiais mais poderosas do mundo, projeta um *glamour* e encanto até os nossos dias.

---

34 Ver Gary Lachman, *Turn Off Your Mind: The Mystic Sixties and the Dark Side of Aquarius* (Nova York: Disinfo, 2001), pp. 11-12.

CAPÍTULO 8

SUPERASTROS OCULTISTAS

Os personagens sobre-humanos que povoam as revistas em quadrinhos podem ter suas raízes na mitologia, mas seus antecedentes mais próximos podem ser encontrados nos pensamentos e ações de um grupo de personalidades que aparecem no cenário mundial num momento crucial do desenvolvimento do ocultismo ocidental. Personalidades como Friedrich Nietzsche, Aleister Crowley, Edgar Cayce e Harry Houdini ajudaram a preparar o palco para que os super-heróis ocupassem a imaginação popular.

FRIEDRICH NIETZSCHE

Em seu trabalho lendário, *Assim Falou Zaratustra*, Friedrich Nietzsche falou dos *übermensch*, um novo "sobre-homem" pós-cristão que restauraria os antigos valores do mundo clássico. Em português, "übermensch" se traduz como "super-homem". Provavelmente, foi aqui que Jerry Siegel encontrou a expressão.

Nietzsche nasceu na Prússia em 1844. Após a morte do pai, um clérigo, ele foi educado pela avó e por tias, cuja pomposidade dominadora devem tê-lo inoculado contra a religiosidade, o nacionalismo e a respeitabilidade de classe média da Alemanha. Nietzsche tornou-se amigo do compositor Richard Wagner (1813-1883), obcecado pelos mitos, cujos trabalhos musicais sobre heróis ressuscitados influenciaram bastante seus textos – embora ele acabasse rejeitando o anti-semitismo de Wagner e sua afinidade com o nacionalismo alemão.

Nietzsche escreveu textos filosóficos contra a moral convencional, entre os quais seus três trabalhos seminais, *Assim Falou Zaratustra, A Gaia Ciência* e *Além do Bem e do Mal.* Ele descarta o ideal cristão, dizendo que "havia apenas um cristão, e ele morreu na cruz"[35]. Ele rejeitou o ideal platônico como uma ilusão, e proclamou que o homem deveria se elevar rumo a seu destino como o *übermensch.* Ele questionou a moralidade absoluta e aconselhou os homens a escolherem sua própria moral. Profetizou o Super-Homem mais como superindivíduo do que como super-raça, preparando o caminho para um novo tipo de salvador que se tornou super-herói. "O Super-Homem", proclamou, "é o significado da terra. Que sua vontade diga, o Super-Homem deve ser o significado da terra!"[36]

Nietzsche exerceu uma influência significativa sobre grupos esotéricos e sobre o desenvolvimento do super-herói moderno. As profecias da "Era de Hórus", feitas por Aleister Crowley, tiveram grande influência dele, e alguns acreditam que a obra de Carl Jung foi simplesmente uma tentativa de sistematizar a filosofia de Nietzsche[37]. Uma das trágicas ironias da vida é que algumas das idéias de Nietzsche foram apropriadas pelos nacional-socialistas para promover sua Raça de Mestres, algo que o próprio Nietzsche teria deplorado, com certeza[38].

ALEISTER CROWLEY

Um dos mais notórios membros da elite ocultista vitoriana foi Edward Alexander Crowley, também conhecido como Aleister Crowley, ou "o Homem mais Perverso do Mundo". Não apenas Crowley exerceu uma imensa

35 Friedrich Nietzsche, *The Antichrist* (Amnherst, NY: Prometheusm 2000), parte 4, v. 39.

36 Friedrich Nietzsche, *Thus Spake Zarathustra* (Whitefish, MT: Kessinger, 2004) Prólogo, seções 1-6.

37 Ver Richard Noll, *The Aryan Christ: The Secret Life of Carl Jung* (Nova York: Random House, 1997), pp. 51, 126, 222.

38 O próprio Nietzsche afirmou "o conceito do 'puro sangue' é o oposto de um conceito inofensivo", em *Twilight of the Idols* (Indianapolis: Hackett, 1997), p. 41.

influência sobre o ocultismo, como preparou o caminho para nossa cultura moderna, voltada para as celebridades, com sua máxima, "Todo homem e toda mulher é uma estrela"[39], e por sua firme crença em que não existe algo como propaganda negativa.

Crowley nasceu em 1875 na Inglaterra. Seus pais eram de uma seita cristã chamada Plymouth Brethren, os "Irmãos de Plymouth", uma seita repressiva que declarava que todo prazer mundano (exceto o dinheiro, naturalmente) seria instrumento do demônio. Colin Wilson afirma que "[Crowley] passou o resto de sua vida reagindo violentamente contra essa visão, e pregando – e praticando – o evangelho da completa liberdade sexual"[40]. Crowley era um aventureiro sexual que acabou lidando com o ocultismo, declarando-se a reencarnação de Éliphas Lévi.

Em 1898, Crowley foi iniciado na Golden Dawn e tornou-se uma celebridade no cenário ocultista de Londres. Naquela época, porém, a Ordem estava desmoronando e Crowley a deixou após uma série de batalhas "mágicas" com McGregor Mathers. Mais tarde, transformou seus conflitos com Mathers em ficção em sua novela ocultista seminal, *Moonchild*. Crowley fez uma tentativa fracassada de formar uma ordem rival, a *Argentium Astrum* [Estrela de Prata]. Foi nessa época que ele idealizou seu famoso lema, "Faz o que tu queres, tudo será da Lei", que se tornou a base de uma filosofia religiosa global que ele chamou de *Thelema*, da palavra grega que significa "verdadeira vontade".

Em 1912, Crowley foi recrutado por Theodore Reuss, chefe da Ordo Templi Orientis (OTO), para participar da debilitada fraternidade semimaçônica. Ele assumiu o nome mágico Baphomet (famoso entre os Templários) e tornou-se mestre do ramo britânico da OTO. Em pouco tempo, Crowley transformou a OTO à sua maneira, desenvolvendo um complexo conjunto de cerimônias mágicas e sexuais que culminava num ritual entre dois homens iniciados. Na década de 1920, ele fundou a infame Abadia Telêmica de Cefalu, na Sicília, sendo expulso pelo ditador italiano Benito Mussolini. Mais tarde, passou algum tempo nos Estados Unidos, onde tentou estabelecer a OTO como uma organização maçônica autêntica.

No final, o comportamento aberrante de Crowley e sua notoriedade o derrubaram. Viciado em heroína e álcool, perpetuamente falido e – o mais cruel de tudo – sexualmente impotente, passou seus últimos dias num asilo, onde morreu em 1947. A OTO quase desmoronou após sua morte, mas des-

---

39 Aleister Crowley, *Book of the Law* (York Beach, ME: Red Wheel/Weiser, 2004), cap. 1, v. 3.

40 Prefácio a Sandy Robertson, *The Illustrated Book of the Beast: The Aleister Crowley Scrapbook* (York Beach, ME: Red Wheel/Weiser, 2002), p. 7.

LINSNER
©2007.

frutou de um ressurgimento na década de 1960, firmando-se em 1971 sob a liderança de um ávido fã de ficção científica chamado Grady McMurtry[41].

Crowley afirma ter entrado em contato com o super-herói original, Hórus, enquanto ele e sua esposa, Rose, moravam no Cairo, em 1904. Dizem que Rose entrou subitamente em transe e começou a murmurar frases sem sentido como "É a respeito da Criança", e "Estão esperando por você". Crowley a questionou sobre essa criança e concluiu que ela falava de Hórus. Afirmando estar possuído por um espírito chamado Aiwass, Crowley escreveu o *Liber Al*, ou *O Livro da Lei*, no qual ele profetizou que a Era de Osíris – a era dos reis e das igrejas – estava passando e que a Era de Hórus nasceria em fogo e sangue. Nela, apareceria uma nova raça de super-homens de vontade férrea, que purgaria o mundo dos fracos e medíocres. "Compaixão é o vício dos reis; elimine os miseráveis e os fracos", escreveu Crowley, "esta é a lei do forte: esta é nossa lei e a alegria do mundo"[42].

Embora a profecia de Crowley esteja mais relacionada com sua leitura da filosofia de Nietzsche do que com qualquer compreensão real da teologia egípcia, é difícil discutir com seus argumentos. Dez anos depois do lançamento do *Livro da Lei*, o mundo ocidental foi mergulhado numa guerra cuja selvageria e devastação só seriam superadas 25 anos depois, quando Hitler invadiu a Polônia. Ao mesmo tempo, uma nova raça de super-homens de vontade férrea entraria na cultura popular por meio das páginas de *Action Comics*, *Whiz Comics* e *Detective Comics*. Crowley viveu o suficiente para ver seu Hórus anunciar a Nova Era, usando muitas máscaras diferentes e lutando sob diversos nomes diferentes. Infelizmente, Crowley morreu doze anos antes da invenção dos uniformes de tecido elástico.

HARRY HOUDINI

Ehrich Weisz, mais conhecido como Harry Houdini (1874-1926), era um mágico de palco que se tornou super-herói na vida real. Inspirando-se no lendário mágico francês Robert Houdin, Houdini começou sua carreira com apenas 17 anos, apresentando-se em parques de diversão e no circuito do teatro Vaudeville. Em pouco tempo, levou seus números para a Europa, onde se tornou um superastro. Houdini não era apenas um brilhante prestidigitador;

---

41 George Pendle, *Strange Angel: The Otherwordly Life of Rocket Scientist John Whiteside Parsons* (Orlando, FL: Harcourt, 2005), p. 171.

42 Crowley, *Book of the Law*, cap. II, v. 21.

LINSNER
©2007

era incrivelmente forte e usava sua capacidade física em complexas seqüências de fuga, escapando de algemas, correntes e camisas-de-força. Era tido em tão elevada conta que foi nomeado presidente da Sociedade de Mágicos Americanos, fundando uma sociedade parecida em Londres. Em *The Secret Life of Houdini: The Making of America's First Superhero*, William Kalush e Larry Sloman revelam que Houdini também era agente do serviço secreto britânico[43]. Ele também se tornou uma estrela de cinema no filme de 1920 *The Master of Mistery*.

Pouco após seu triunfo, porém, Houdini sofreu a perda de sua querida mãe, Cecilia. Abalado com a morte, ele procurou conforto no espiritismo. Encontrou-se com Arthur Conan Doyle (criador de Sherlock Holmes), que estava fascinado com as proezas de Houdini, acreditando que eram fruto de talentos sobrenaturais. Houdini negou isso, mas Doyle não desistiu e publicou depois suas teorias num livro de 1930 *The Edge of the Unknown*. A amizade deles terminou de maneira desagradável, pois Doyle continuou a defender o espiritismo e Houdini se propôs a desmascarar essa religião.

Inicialmente, Houdini ficou entusiasmado com as possibilidades do espiritismo, mas em pouco tempo percebeu que os truques de sua própria arte estavam sendo usados por falsos médiuns e sensitivos – sua própria esposa, Bess, tinha sido "médium". Houdini ficou irritado com essa enganação e deu início a uma cruzada individual contra o espiritismo. Deu palestras expondo os métodos empregados por falsos sensitivos, chegando a oferecer dez mil dólares a quem comprovasse fenômenos psíquicos autênticos. Em 1924, ele escreveu um libelo notável contra médiuns fraudulentos, chamado *A Magician Among the Spirits*. Ele até testemunhou sobre o assunto perante o Congresso, dizendo que tudo "era uma fraude, do começo ao fim"[44]. Houdini voltou aos palcos em 1926, mas perdera o jeito. Morreu – apropriadamente – no Dia das Bruxas em 1926, mas não antes de prometer à esposa que fugiria dos grilhões da morte e voltaria para ela.

EDGAR CAYCE

Edgar Cayce (1877-1945), conhecido como o "Profeta Adormecido", foi uma das mais famosas celebridades do ocultismo americano. Ficou famoso

43 Ver William Kalush e Larry Sloman, *The Secret Life of Houdini: The Making of America's First Superhero* (Nova York: Atria, 2006), caps. 6 e 7.

44 Ver Kalush, Sloman, *The Secret Life of Houdini*, p. 484.

por suas profecias, por diagnósticos médicos e por considerações religiosas e filosóficas, ditadas para sua assistente enquanto, segundo se supõe, ele dormia ou entrava em transe. Cayce afirmou que a mente inconsciente tinha meios de percepção de que a mente consciente não dispunha. Seus seguidores diziam que um garoto do interior, com educação precária, não poderia ter o conhecimento de culturas antigas, de medicina e de filosofia que ele demonstrava, mas os céticos retrucaram, alegando que Cayce havia trabalhado em livrarias e lido um bom número de obras sobre ocultismo e ciência[45].

Cayce ficou famoso por suas previsões sobre o reaparecimento da Atlântida em 1968 (o que não aconteceu) e sobre o Salão de Registros dos atlantes, que estaria situado sob a Grande Esfinge de Gizé (pode estar). Ele também afirmou que a Atlântida era a terra de uma sociedade cientificamente avançada e que, após sua destruição, seu povo foi para o Egito e para a América do Sul[46].

A Association for Research and Enlightenment [ARE, ou Associação para Pesquisa e Conhecimento] criada em 1931 para preservar e difundir as profecias e leituras psíquicas de Cayce, teve forte influência sobre o emergente movimento Nova Era, popularizando fenômenos ocultos como percepção extra-sensorial, medicina alternativa, meditação, cura mediúnica e reencarnação. A ARE, no entanto, é mais do que um parque de diversões para turistas espirituais. Dois dos mais importantes e influentes egiptologistas, o americano Mark Lehner e o ministro de Antigüidades do Egito, Zahi Hawass, estão intimamente relacionados com ela. Levando em conta as posições excêntricas que Cayce defendia com relação ao Egito, essas ligações parecem curiosas, até serem vistas no contexto de toda a intriga esotérica que, até hoje, gira ao redor do Egito.

45 James Randi, *An Encyclopedia of Claims, Frauds, and Hoaxes of the Occult and Supernatural* (Nova York: St Martins, 1997), p. 17.

46 Gregory Little e John van Auken, *Edgar Cayce's Atlantis* (Virginia Beach: ARE, 2006).

Parte III

PULP FICTION

CAPÍTULO 9

LUMINARES LITERÁRIOS

Enquanto o ocultismo se infiltrava pela cultura popular, o progresso na tecnologia de impressão criava novos tipos de entretenimento de massas. As "folhas largas" [*broadsheets*], tablóides ingleses com ênfase nas ilustrações feitas com xilografia e que tratavam de assuntos e fofocas da época, dirigiam-se a um público que era predominantemente analfabeto. Esses tablóides evoluíram e se tornaram "folhas de histórias" [*story sheets*], prosa fictícia sensacionalista impressa numa única folha de tamanho gigante. E estes, por sua vez, transformaram-se nos "terríveis de um centavo" [*penny dreadfuls*], assim chamados por causa do seu baixo custo e de sua qualidade editorial. Os "terríveis de um centavo", que apareceram em algum momento da década de 1830, tinham oito páginas e eram vendidos para um público operário, com títulos maliciosos como *O Rei Contrabandista* e *As Alegres Esposas de Londres.* O assassino serial Sweeney Todd recebeu uma edição própria em 1846, e outras edições pitorescas surgiram em breve, inclusive o ocultista *Varney, o Vampiro*, que antecedeu *Drácula*, e o detetive Jack Calcanhar-de-Mola, primeiro personagem com identidade secreta, que apareceu em 1867.

Variações sobre os "terríveis de um centavo" apareceram nas cidades americanas, onde tornaram a modificar seu formato e se transformaram em prosa extensa, como o romance de dez centavos. Esse formato, geralmente com ilustrações toscas acompanhando o texto grosseiro, foram inicialmente publicados pelos editores Beadle & Adams na época da Guerra Civil (início da década de 1860), e ficaram bastante populares junto aos soldados do exército da União, ávidos por entretenimento barato e acessível.

Os primeiros romances de dez centavos levavam para a ficção personagens da vida real como Davy Crockett, Daniel Boone, Kit Carson e Búfalo Bill, e a *cowgirl* da vida real Calamity Jane. A ascensão de bandidos como Billy the Kid e o Bando James, bem como as façanhas subseqüentes dos implacáveis membros da Agência de Detetives Pinkerton, elevou o prestígio dos homens da lei e dos detetives na imaginação americana, e tornou-os participantes regulares das revistas baratas. O primeiro herói de romance de dez centavos foi Frank Merriwell, um estudante saudável que era dublê de detetive. Outro era o educado Nick Carter, que apareceu inicialmente no *New York Weekly* em 1886 e depois se tornou um importante personagem dos livros *pulp*.

A ascensão desse novo veículo de massas criou uma nova categoria de escritores, especializados na ficção para público da classe trabalhadora. A nova estética *junk* – violenta, gritante, picante e até racista – encontrou sua apoteose no século 20 com o surgimento das revistas em quadrinhos. Antes, porém, o gênero foi refinado nas mãos de mestres da ficção – luminares como Edgar Allan Poe, Arthur Conan Doyle, Júlio Verne, H. G. Wells e Bram Stoker, muitos dos quais eram fascinados pelo ocultismo.

EDGAR ALLAN POE

Edgar Allan Poe (1809-1849) é, provavelmente, o mais importante e influente personagem no desenvolvimento do moderno gênero da ficção. Nascido em Boston, filho de atores itinerantes, Poe morreria jovem. Depois de ter sido expulso da University of Virginia por causa de jogos, foi para o exército e acabou recebendo baixa desonrosa de West Point. Malgrado esse início pouco auspicioso, porém, Poe tinha um dom prodigioso para escrever e não demorou para iniciar uma carreira como crítico literário.

A tragédia abateu Poe ao longo de sua carreira. Seu casamento com uma prima de 13 anos terminou com a morte prematura desta, o que o teria inspirado, segundo alguns críticos, a escrever seu poema épico *O Corvo*, publicado em 1845. Uma coleção de contos de 1840 incluía seu *A Queda da Casa de Usher*, um clássico no gênero do terror gótico.

No ano seguinte, Poe foi pioneiro das histórias de detetive com *Os Assassinatos na Rua Morgue*, apresentando o detetive francês C. Auguste Dupin. Sua obra teve grande influência sobre Arthur Conan Doyle, criador de Sherlock Holmes, que afirmou, "Cada uma [das histórias de detetive de Poe] é uma raiz da qual toda uma literatura se desenvolveu... Onde estava a história de detetive antes de Poe instilar nela o hálito da vida?"[47] O trabalho de Poe também causou impressão duradoura em Júlio Verne, H. G. Wells e H. P. Lovecraft. Com efeito, apesar de sua vida ter sido breve e triste, seu legado tem exercido uma influência incalculável sobre quase todo escritor de ficção que surgiu depois dele.

ARTHUR CONAN DOYLE

Arthur Conan Doyle (1859-1930) foi não apenas o criador do mais famoso detetive fictício da língua inglesa, como também o mais destacado defensor do espiritismo. Nascido em Edimburgo de pais irlandeses, Doyle foi educado em escolas jesuítas. Porém, quando entrou na faculdade, renunciou à fé de seus pais e tornou-se um turista espiritual, flertando com a Teosofia, os rosa-cruzes, o hermetismo e o mormonismo. Ficou até interessado em fadas, e em 1921 escreveu um livro inspirado pelas fotos de fadas de Cottingley, chamado *The Coming of the Fairies*. Mais tarde, Doyle tornou-se oftalmologista e foi iniciado na Maçonaria.

Em 1887, Doyle fez sua primeira incursão na ficção popular com *Um Estudo em Escarlate*, no qual Sherlock Holmes estreou. Doyle escreveu, no total, sessenta histórias com o detetive aristocrático. De intelecto brilhante, mestre do disfarce e fisicamente destro nas artes e lutas cavalheirescas, Holmes foi o próprio super-herói. Foi tamanho o sucesso de Holmes que Doyle sentiu-se obrigado, em 1893, a criar um supervilão prototípico chamado professor Moriarty, digno de atuar como seu inimigo figadal (*A Aventura do Problema Final*).

Após a morte da esposa em 1906 e a perda do filho e de vários parentes nos campos de massacre da Primeira Guerra Mundial, Doyle voltou-se para

47 "Discurso feito no jantar de comemoração do Centenário de Poe na Sociedade dos Autores, março de 1909", extraído de Frank S. Frederick, *The Poe Encyclopedia* (Westport CT: Greenwood Press, 1997), p. 103.

LINSNER
©2007.

o espiritismo à procura de consolo. Escreveu diversos livros sobre o assunto, inclusive *The New Revelation* (1918), *The Vital Message* (1919) e *The History of Spiritualism* (1926). Foi colaborador regular da revista espírita *The Light* e viajou pelo mundo associando-se a médiuns, contribuindo financeiramente para organizações espíritas como a Society for Psychic Research, da qual se tornou membro. Mais tarde, incluiu temas espíritas em suas obras de ficção, mais notadamente em seu romance de 1926, *The Land of Mists*. A celebridade de Doyle foi tamanha que acabou nomeado presidente de honra do Congresso Espírita Internacional de 1925, em Paris. Após sua morte, o pesquisador paranormal Harry Price escreveu, na revista espírita *Psychic Research*: "O passamento de sir Arthur Conan Doyle... tira de nós a maior personalidade que o espiritismo já teve – ou pode esperar ter"[48].

JÚLIO VERNE

O escritor francês Júlio Verne (1828-1905) é uma figura central na história da ficção científica. Seus romances mesclam grandes aventuras com fantasias heróicas, e anteciparam a tecnologia moderna e as viagens espaciais com tantos detalhes que alguns consideram-no hoje um profeta. Ray Bradbury, uma lenda da ficção científica, observa que "somos todos, de um modo ou de outro, filhos de Júlio Verne"[49].

Verne começou estudando Direito, mas ficou fascinado pelas descobertas científicas da época e passava a maior parte de seu tempo livre lendo sobre geologia, engenharia e astronomia. Em 1863, publicou seu primeiro romance, *Cinco Semanas em um Balão*, seguida rapidamente por aqueles que muitos consideram seus maiores clássicos: *Viagem ao Centro da Terra* (1864), *Da Terra à Lua* (1866), *Vinte Mil Léguas Submarinas* (1870) e *A Volta ao Mundo em Oitenta Dias* (1873).

A ciência ficcional de Verne é estranhamente precisa. *Da Terra à Lua* conta a história de um grupo de cientistas que idealiza um canhão capaz de enviar uma cápsula até a lua. Os tiros à lua saem da Flórida, não muito longe do Cabo Canaveral, e, como ocorreu com as missões Apolo, a nave de regresso cai no Oceano Pacífico. Em 1886, Verne previu a viagem aérea e uma nova

48 Harry Price, "Sir Arthur Conan Doyle's Obituary", *Psychic Research*, agosto de 1930.

49 Prefácio de Ray Bradbury a *Verne's Journey to the Centre of the Self: Space and Time in the "Voyages extraordinaires"*, de William Butcher (Nova York: Macmillan and St Martin's Press, 1990), p. 8.

ordem mundial de cunho militar em *Robur, o Conquistador*. Sua obra inédita *Paris no Século 20*, escrita em 1863, antevia arranha-céus de aço, trens-bala, automóveis, calculadoras e até algo semelhante à Internet. Não é preciso dizer que o manuscrito causou grande rebuliço quando foi descoberto, em 1989. É importante lembrar que, segundo se acredita, Verne teria sido maçom, com trânsito entre os rosa-cruzes e na Golden Dawn[50].

H. G. WELLS

Cem anos depois de escritas, as obras de ficção científica de Herbert George Wells continuam a atrair o público para as grandes produções de Hollywood. Nascido em 1866 na Inglaterra, Wells cresceu na pobreza, mas destacou-se como aluno brilhante. Aos 17 anos, tornou-se professor e obteve uma bolsa para a Normal School of Science, de Londres, onde estudou biologia com T. H. Huxley, apelidado de "Buldogue de Darwin" por defender zelosamente a teoria da evolução. Wells escreveu muito sobre temas políticos e científicos antes de experimentar a ficção.

O poder constante de atração da ficção de Wells está em sua presciência. Em 1895, seu primeiro romance, *A Máquina do Tempo*, antecipou a teoria da relatividade de Einstein ao retratar o rompimento da barreira do tempo. Ele também apresentou uma inversão do Vril-ya, mostrando uma Terra futura habitada por duas raças: os gentis Eloi, que vivem na superfície, e os bestiais canibais Morlocks, que vivem sob ela. Em 1896, Wells publicou *A Ilha do Dr. Moreau*, que antecipou a engenharia genética e a recombinação de DNA. No ano seguinte, foi a vez de um personagem com um tipo de superpoder em *O Homem Invisível*. Um ano depois, *Guerra dos Mundos* tornou-se o primeiro romance popular a lidar com o tema da guerra interplanetária, depois um tema básico nas revistas em quadrinhos com super-heróis.

Os Primeiros Homens na Lua (1901) foi profético ao descrever a metodologia dos vôos espaciais, e *A Guerra no Ar* anteviu a importância das forças aéreas nos combates. Wells combinou esses dois temas no romance *The Shape of Things to Come* (1933), adaptado para o cinema de maneira notavelmente avançada e profética em 1936. *Things to Come* fala de uma desastrosa guerra mundial que mergulha a Europa numa nova Idade das Trevas. A civilização é salva por um punhado de militares da Força Aérea que ficaram escondidos durante a guer-

50 Os contatos de Verne estão explorados em *The Secret Message of Jules Verne: Decoding His Masonic, Rosicrucian, and Occult Writings*, de Michael Lamy (Rochester, VT: Destiny, 2007).

ra, e voltam para impor uma nova ordem mundial de cunho tecnocrático. No filme, o militar Oswald Cabal (Raymond Massey) proclama uma nova ordem baseada na "Maçonaria da Ciência". Os militares da Força Aérea são retratados como super-heróis e salvadores da humanidade, e a salvação surge na forma de um federalismo global. "Um governo global já estava a caminho, havia algum tempo", escreveu Wells, "e embora tivesse sido sempre temido e mal falado, não encontrou oposição alguma"[51]. Wells não viveu para ver a sua predição realizar-se, e foi severamente desanimado pela segunda guerra mundial.

A maior paixão de Wells era a idéia de uma nova ordem mundial que oferecesse a ciência como a nova religião. Ele manteve contato com diversos espiritualistas, como os teosofistas e radicais políticos como os socialistas fabianos. Em pouco tempo, porém, afastou-se dos fabianos, e defendeu uma "conspiração aberta" dos federalistas mundiais. Em 1928, Wells escreveu: "O mundo político da Conspiração Aberta deve enfraquecer, desfazer, incorporar e superpor-se aos governos existentes... Será uma religião mundial"[52]. A ficção científica era apenas o veículo para que Wells popularizasse suas idéias científicas e políticas radicais. Embora afirmasse ser agnóstico ao longo de sua vida, livros como *Things to Come* revelam os deuses que ele reverenciava.

BRAM STOKER

Um dos mais conhecidos ocultistas da era vitoriana foi o novelista irlandês Bram Stoker (1847-1912). Stoker foi criado em Dublin e depois cursou o Trinity College. Enquanto trabalhava em Londres administrando o Lyceum Theatre, Stoker foi iniciado tanto na Golden Dawn como na The Societas Rosicruciana. Talvez tenha sido maçom, mas isso não ficou documentado.

Stoker ficou conhecido pelo seu romance clássico de 1897, *Drácula*, que popularizou o mito do vampiro. Esse romance tornou-se uma metáfora em si mesmo. Stoker retratou seu conde Drácula como um charmoso aristocrata com forte apelo sexual, e não como um fantasma babão. Toda uma subcultura foi criada ao redor do mito do vampiro, alimentado pelo trabalho da romancista americana Anne Rice, que se apropriou do tema. Foram feitas diversas

51 H. G. Wells, *The Shape of Things to Come: The Ultimate Revolution* (Nova York: Corgi, reimpressão de 1979), p. 327.

52 W. Warren Wagar, *The Open Conspiracy: H. G. Wells on World Revolution* (Westport, CT: Praeger, 2001), p. 122.

peças teatrais e adaptações para o cinema desse romance e na década de 1970 surgiu uma série popular da Marvel Comics chamada *The Tomb of Dracula.*

Embora *Drácula* seja o romance ocultista mais famoso de Stoker, ele também escreveu dois trabalhos bastante influentes – *The Jewel of Seven Stars* (1903) e *Lair of the White Worm* (1911). O primeiro tratava da possessão de uma jovem inglesa pelo espírito maléfico de uma antiga rainha egípcia. Esse tema de transmigração espiritual e de feitiçaria egípcia surgiu com o envolvimento de Stoker com grupos como a Golden Dawn. O romance tornou-se base para muitas adaptações cinematográficas, e a melhor delas foi *Sangue no Sarcófago da Múmia*, de 1971. O segundo foi um romance de revanchismo pagão que antecedeu Lovecraft, falando de um culto, liderado pela aristocrática lady March, que idolatra um verme subterrâneo gigante. O livro também foi transformado num filme de Ken Russell, de forte conotação sexual, em 1988.

A atmosfera gótica de Poe, do herói detetive de Doyle, das fantasiosas tecnologias de Verne, da ciência presciente de Wells e do espiritualismo declarado de Stoker se reuniram em meados do século seguinte, proporcionando um pano de fundo ficcional para os super-heróis dos *pulps.*

CAPÍTULO 10

OS PULPS — QUADRINHOS EM PAPEL-JORNAL

Os "pulps", chamados assim por causa do papel de baixa qualidade no qual eram impressos, eram descendentes diretos dos "terríveis de um centavo" e dos romances de dez centavos. De fato, a expressão "pulp fiction" passou a definir o gênero de ficção de baixa qualidade em geral. Revistas em quadrinhos, filmes "B" e programas de TV de conotação chauvinista têm raízes temáticas nas revistas *pulp*.

Frank Munsey costuma receber o crédito por ter inventado a "revista de polpa de madeira" no final do século 19. Munsey foi do Maine para Nova

York a fim de entrar no mercado editorial, que se expandia rapidamente. Sua primeira produção foi uma revista de histórias de aventura chamada *The Golden Argosy* (mais tarde, apenas *Argosy*), que surgiu em dezembro de 1882. Os romances de dez centavos também eram o formato preferido para histórias de aventuras, mas os *pulps* tinham a vantagem de poder ser enviados por remessa postal de segunda classe, mais econômica. O novo formato evoluiu rapidamente para se tornar uma revista padrão de 128 páginas, com lombada grampeada ou colada e uma capa de papelão envernizado. Os primeiros *pulps* apresentavam histórias de faroeste ou de detetives, com algumas com temas de guerra ou de grandes aventuras.

Diversos editores entraram nesse mercado florescente, entre os quais Street and Smith, Popular Publications, Culture Publications e A. A. Wynn Group (mais tarde renomeada como Ace). Duas editoras de *pulps* tornaram-se depois importantes editoras de gibis – a Dell, fundada por George Delacorte, e a Fawcett, de Wilford e Roscoe Fawcett. Os *pulps* estabeleceram o pano de fundo para a expansão dos quadrinhos, difundindo os "fã-clubes" organizados. Os fãs formavam clubes em torno de títulos, gêneros e heróis. As páginas onde eram publicadas as Cartas dos Leitores tornaram-se sedes *de facto* de clubes desses fãs. Mais adiante, os fãs dos *pulps* de ficção científica formaram grupos influentes como a Los Angeles Science Fantasy Society, que ajudou a formar uma aliança entre a ficção *pulp* e o ocultismo.

Os editores de *pulps* compensavam a má qualidade do papel e da impressão estampando em suas capas ilustrações coloridas e que chamavam a atenção. Capistas como Virgil Finlay, Margaret Brundage, Frank R. Paul, Frank Kelly Freas e H. J. Ward foram astros nessa arte, capazes de vender uma revista unicamente com base em suas ilustrações. Os editores costumavam encomendar primeiro a ilustração, contratando depois um escritor para escrever uma história em torno dela.

Os *pulps* não surgiram no vácuo. A cultura popular americana sempre esteve às voltas com sua herança puritana. Em 1919, a 18ª Emenda constitucional proibiu a venda de álcool numa tentativa de inibir a rápida expansão de liberalismo social e cultural que surgiu após a Primeira Guerra Mundial. A Lei Volstead, como ficou conhecida, teve uma reação explosiva, expressada no *jazz*, nas bebidas ilegais e em ficção de conteúdo sexual explícito. Como regra, os *pulps* tornaram-se o veículo para toda sorte de expressão proibida, inclusive para temas ocultistas. Muitos escritores de *pulps*, como Talbot Mundy, estavam ativamente envolvidos no ocultismo; outros se encantavam com ele[53]. Os heróis dos *pulp* viviam no limite do que seria culturalmente correto, e pareciam se deleitar ao porem à prova as normas sociais.

DURÕES

Um dos primeiros heróis dos *pulps* foi o aristocrático detetive Nick Carter, que surgiu no *Nick Carter Weekly*, em 1886. Carter tornou-se o principal detetive da Street and Smith. Seus textos costumavam envolver o salvamento de alguma jovem rica das garras de gângsteres, lunáticos, pervertidos e membros de cultos obscuros. Carter sobreviveu em algumas encarnações e chegou até a década de 1960, quando tornou-se um personagem do tipo James Bond. Street e Smith lançaram a *Detective Story Magazine* em 1915, e esta ficou tão popular que mereceu um cronograma de lançamento semanal, dando origem a um monte de clones.

Em 1920, estreou *Black Mask*, um dos mais importantes *pulps* de histórias de detetives, criado, embora pareça estranho, pelo lendário crítico social H. L. Mencken. *Black Mask* anunciava a chegada do detetive durão – de heróis de punhos nus como Race Williams, de Carroll John Daly – e abriu caminho para os super-heróis mais agressivos da DC Comics. A novela clássica de Sam Spade (criado por Dashiel Hammett), *O Falcão Maltês*, e as primeiras histórias de Philip Marlowe (criado por Raymond Chandler), apareceram nessa revista[54].

TARZÃ

O primeiro herói que pode ser chamado de superastro a emergir dos *pulps*, porém, foi Tarzã, de Edgar Rice Burroughs, que surgiu na edição de *All Story* de outubro de 1912. Tarzã era, na verdade, o jovem lorde Greystoke, herdeiro de uma aristocrática família que se perdeu na selva após um motim no mar. Tarzã, cujo nome significa "menino de pele", tornou-se filho adotivo de

53 Ver Ron Goulart, *Cheap Thrills: An Informal History of the Pulp Magazine* (New Rochelle, NY: Arlington House, 1972), p. 37.

54 Hammett criou em 1934 a tira em quadrinhos *Agente Secreto X-9*, tendo como desenhista Alex Raymond, mais tarde criador de *Flash Gordon*, apresentando um ousado super-espião e mestre do disfarce. De várias maneiras, X-9 foi um protótipo direto de James Bond.

LINSNER
©2007.

uma gorila chamada Kala, cujo próprio bebê tinha morrido. A série *Tarzã* fez imenso sucesso, dando origem a mais de 88 adaptações cinematográficas, começando por uma série de filmes mudos em 1918. A série definitiva de filmes de Tarzã começou em 1932 com *Tarzã, o Homem-Macaco,* com Johnny Weismuller – nadador olímpico – no papel-título[55].

Tarzã também foi um personagem importante dos quadrinhos desde 1931. Tanto a Marvel como a DC o apresentaram, entre várias outras. Alan Moore o incluiu (embora com outro nome) em sua série de super-heróis vitorianos *A Liga Extraordinária.*

Dizem que Burroughs inspirou-se no mito de Rômulo e Remo, fundadores lendários de Roma, para criar Tarzã. Ele apresentou o personagem como um homem idealizado, um nobre selvagem livre da corrupção da civilização – na verdade, quase um Cristo. Burroughs inseriu temas religiosos e esotéricos em muitos de seus outros personagens, e temas ocultistas também surgem nas histórias de Tarzã. O artista Hal Foster introduziu explicitamente temas dos mistérios antigos em sua tira diária de quadrinhos, na famosa história "Egyptian Saga", na qual o herói encontra um "mundo perdido" de descendentes dos antigos egípcios. Ferido, Tarzã é curado milagrosamente por uma sacerdotisa de Vênus, que acredita ser ele a encarnação de Thoth, deus dos macacos. Ele passa por uma iniciação ocultista no templo de Ísis, submete-se a uma série de provas para demonstrar seu parentesco com as feras sagradas, e é finalmente recebido pelos egípcios como um avatar do deus[56]. A tira que Foster criou em seguida, *Príncipe Valente,* é publicada até hoje. Cavaleiro na corte mítica do rei Arthur, Valente tem como mentor Merlin, o mago mais famoso da história. Naturalmente, o mito arturiano era de grande interesse para os ocultistas do século 19.

GLADIADORES: OS SUPER-HERÓIS PULP

A década de 1930 foi terrível para os Estados Unidos. Violência urbana, imigrações em massa, a Depressão e radicalismo político em casa e no Exterior

---

55 Weismuller representou Tarzã em doze filmes, sendo substituído depois por atores menos conhecidos. Mais recentemente, a Disney fez sucesso com uma adaptação para desenho animado. Duas seqüências produzidas diretamente para a TV se seguiram. Finalmente, a Disney adaptou o filme como musical da Broadway.

56 Hal Foster, *Tarzan,* 20 de novembro de 1932–5 de março de 1933.

LINSNER
©2007.

mantiveram os americanos num estado de medo e de ansiedade. A Lei Seca deu poder ao crime organizado. Corrupção e suborno comprometiam as autoridades locais e estaduais. Os tentáculos dos sindicatos iam até o fundo nos grupos trabalhistas e municipais, instituições sociais e até na Igreja Católica. À medida que o público americano ficava mais e mais preocupado, aumentava também a necessidade de fantasias reconfortantes de homens decididos e poderosos que podiam consertar as coisas. Os heróis *pulp* foram ficando mais poderosos e mais incríveis, pois os editores competiam em busca de leitores. Como escreveu Les Daniels, "a aparição de super-heróis como o Sombra, Doc Savage, Spider e outros coincidiu com a queda de personalidades públicas na Depressão"[57].

De certo modo, o super-herói tornou-se uma necessidade histórica nos Estados Unidos. Como escreveu Les Daniels: "A ascensão do crime nos Estados Unidos e o surgimento de ditadores na Europa também foram considerados pelos editores e escritores dos *pulps* como forças que só poderiam ser combatidas por homens dotados de poderes sobre-humanos"[58]. O modelo para o herói que podia salvar esse mundo frágil foi oferecido pelo escritor de ficção científica e crítico social Philip Wylie em seus romances *The Gladiator* (1930) e *The Savage Gentleman* (1932).

The Gladiator conta a história de Hugo Danner, filho de um professor que se sujeita às experiências genéticas de seu pai. Hugo ganha superpoderes – consegue pular "mais alto do que uma casa" e correr "mais depressa que um trem" (compare com "capaz de pular sobre altos edifícios num único salto" ou "mais poderoso do que uma locomotiva") –, mas não consegue encontrar um canal construtivo para esses poderes. Danner é ótimo no futebol americano e nos campos de batalha da Primeira Guerra Mundial, mas é perseguido quando demonstra seus poderes ao salvar uma pessoa presa no cofre de um banco, e se sente desencorajado quando trabalha com política. Seu isolamento o leva a se juntar a uma expedição arqueológica na América do Sul, onde é atingido por um raio e morre após amaldiçoar Deus.

A ficção de Wylie é um pouco pessimista, refletindo sua visão sombria da sociedade americana. Ele parece pensar que a sociedade humana não estaria pronta para aceitar um super-homem, e que superpoderes só levariam ao isolamento. Embora *The Gladiator* não se pareça muito com os dias atuais, eletrizou os jovens leitores em 1930, especialmente os futuros criadores de *Superman*.

---

57 Les Daniels, *DC Comics: A Celebration of the World's Favorite Comic Book Heroes* (Nova York: Billboard Books, 2003), p. 14.

58 Les Daniels, *Marvel: Five Fabulous Decades of the World's Greatest Comics* (Nova York: Abradale, 1991), p. 21.

Depois de *The Gladiator*, os heróis dos *pulps* começaram a ganhar poderes sobre-humanos. Alguns os obtiveram por meios científicos, outros pelas artes ocultas. O tempo dos talentos humanos normais tinha passado; o mesmo aconteceu com os trajes normais. O tédio diante de detetives de aparência quase igual levou ao desenvolvimento de uniformes espalhafatosos, o que também ajudou a distinguir, e a comercializar, cada herói. Ninguém confundiria personagens como o Sombra, Doc Savage, o Avenger, o Spider ou Black Bat com Nick Carter ou com Philip Marlowe. Uma rápida espiada na capa dizia exatamente aos leitores o tipo de aventura que poderiam esperar.

O SOMBRA

Foi nessa atmosfera que o primeiro superastro do combate ao crime, o Sombra, apareceu. O Sombra surgiu em 1930 como um narrador ou apresentador de um programa radiofônico de suspense, mas em pouco tempo tornou-se um personagem com suas próprias aventuras no rádio e uma revista *pulp* publicada pela Street e Smith. O Sombra era uma espécie de variação gótica de personagens fantasiados, como o Pimpinela Escarlate e o Zorro. O Sombra se vestia de preto, com alguns toques ameaçadores de vermelho. Um chapéu e uma echarpe ocultavam a maior parte de seu rosto, de modo que as únicas características visíveis eram seus olhos penetrantes e seu nariz aquilino. Ele não tinha pena dos inimigos, despachando-os para o Além com duas pistolas .45 automáticas. Semeou o terror no coração dos criminosos fictícios, saciando a necessidade de vingança de sangue que muitos norte-americanos sentiam durante o caos da Depressão. Ele também tinha poderes místicos, aprendidos durante suas viagens pelo Oriente, inclusive a capacidade de "turvar a mente dos homens".

O Sombra foi criado por Walter Gibson, que escrevia com o pseudônimo de Maxwell Grant. Autor prolífico, Gibson tinha um interesse profundo e permanente pelo ocultismo, e escreveu material de palco para mágicos como Houdini, Blackstone e Thurston, além de obras sobre misticismo e predições. Reuniu elementos de todos esses temas para criar o Sombra, moldando um personagem que era "um mistério em si mesmo". O Sombra combinava o pendor para fugas de Houdini com os poderes hipnóticos dos místicos tibetanos, bem como o talento dos mágicos de palco para criar ilusões. "Esses personagem", disse, "tinha abrangência universal quando se defrontava com situações de surpresa, mas podia ser mantido dentro do limite da credibilidade."[59] Gibson também se inspirou em René Lupin, mestre de disfarce dos *pulps* franceses.

O Sombra apareceu em dois filmes, em 1937 e 1938, bem como numa série de 1940 estrelando Victor Joy. Street e Smith lançaram uma revista *Shadow* já tarde (1949) e a DC Comics reviveu o personagem em 1972 e novamente em 1985. Um filme de poucos méritos feito em 1994 mostrou que ele era um herói para uma época passada. Mas na época de seu surgimento, o Sombra inspirou uma horda de vingadores mascarados e/ou superpoderosos. É seguro dizer que sem o Sombra nunca teria existido um Batman.

DOC SAVAGE

Assim como o Sombra é o mais óbvio precursor do Batman, Doc Savage é a mais próxima inspiração para o Super-Homem. Doc Savage também foi inspirado por um romance de Philip Wylie, *The Savage Gentleman*. Apelidado de "Homem de Bronze" (veja a analogia com "Homem de Aço"), o personagem surgiu na primeira edição de *Doc Savage Magazine*, de 1933. O roteirista Lester Dent (usando o pseudônimo de Kenneth Robeson) descreveu-o adequadamente como capaz de "seguir pistas de Sherlock Holmes, o talento para pular de árvore em árvore de Tarzã... e a moral de Jesus Cristo"[60]. A capa do primeiro número mostra o herói numa ruína maia, reforçando o tom oculto e místico de seu ambiente.

A origem de Doc Savage é de natureza pseudocientífica. Como o Gladiador, ele foi treinado pelos cientistas para funcionar no máximo da eficiência humana. Mas ele também viaja para o Tibete a fim de estudar – como pré-requisito – ioga e hipnotismo. Depois, Savage herda uma grande fortuna e estabelece seu quartel-general no 86º andar do Empire State Building. Como o Sombra, ele e seu grupo combatem o mal. Ele também usa sua fortuna para inventar toda sorte de aparatos tecnológicos, inclusive itens fantásticos para a época, como secretárias eletrônicas, óculos de visão noturna e pistolas automáticas. Doc Savage foi popular na década de 1930 e ressurgiu na década de 1960 com uma série de reimpressões. Apareceu esporadicamente em outros veículos – quadrinhos, rádio, até um filme em 1974. Mas, como o Sombra, Savage é basicamente uma relíquia da Era dos *Pulps*, tornado irrelevante pelas

---

59 William V. Rauscher, *Walter B. Gibson: Wizard of Words* (Woodbury, NJ: Mystic Light Press, 1996).

60 Citado *in* Goulart, *Cheap Thrills*, p. 78.

LINSNER
©2007

viagens aéreas comerciais e pela mídia de massa. O Sombra e Doc Savage foram seguidos por heróis semelhantes, como o Whisperer, o Avenger, o Spider (citado por Stan Lee como inspiração para a criação do Homem-Aranha), o Detetive Fantasma, o Fantasma, Black Hood, Captain Satan e até uma super-heroína chamada Domino Lady. Com o aumento da concorrência, esses heróis dos *pulps* ficaram ainda mais extravagantes.

Ironicamente, todos esses heróis mascarados existiam na periferia da sociedade convencional que eles procuravam salvar – as máscaras eram feitas para bandidos, não para homens da lei. Os super-heróis dos *pulps* eram perigosos, em marcante contraste com os super-heróis das revistas em quadrinhos que surgiram depois, todos íntegros. Geralmente, eram cientistas que lutavam contra inimigos ocultos, apesar de seus próprios "poderes mentais" ocultos. Feiticeiros e curandeiros eram inimigos comuns do Sombra e de Doc Savage. Em contraste, os super-heróis da década de 1940 eram criaturas de poderes ocultos que passavam a maior parte do tempo combatendo cientistas malvados. A Segunda Guerra Mundial trouxe tanto uma destruição inimaginável quanto um progresso tecnológico sem precedentes. Os toscos heróis dos *pulps*, com suas divagações teosóficas e aparatos pseudocientíficos, não eram mais relevantes. Chegara a hora de novos deuses.

AMAZING STORIES

A ficção científica estava sendo publicada nos *pulps* "anos antes de saberem como chamá-la"[61]. Hugo Gernsback, rico imigrante judeu formado em engenharia elétrica, foi o pioneiro do gênero em seu *pulp Amazing Stories* em 1926. Ele chamava essas histórias de "Scientifiction", e as descrevia como "um tipo de história de Júlio Verne, H. G. Wells e Edgar Allan Poe"[62]. A formação em engenharia de Gernsback permitiu que *Amazing Stories* enfatizassem bastante os aparatos, o que, por sua vez, influenciou outras revistas de *geeks* de tecnologia, como *Mecânica Popular*. Gernsback é considerado tão importante para o desenvolvimento da ficção científica que o maior prêmio literário do gênero, o Hugo, tem seu nome.

Para jovens sonhadores que cresceram na miséria da Grande Depressão, *Amazing Stories* proporcionava uma visão inspiradora do futuro. Propagandas

61 Goulart, *Cheap Thrills*, p. 159.

62 Peter Haining, *The Classic Era of American Pulp Magazines* (Chicago: Chicago Review Press, 2001), p. 156.

que diziam algo como "Mundo do Amanhã" tornaram-se importante recurso governamental para fazer com que as pessoas enxergassem além dos tempos difíceis da década de 1930. As histórias de *Amazing Stories* e seus imitadores costumam mostrar um futuro livre da pobreza e da doença, deixando os leitores livres para se preocuparem com perigos mais exóticos, como alienígenas espaciais e cientistas loucos.

Em 1928, *Amazing Stories* apresentou a primeira história de Buck Rogers, e, mais tarde, as primeiras histórias de outro pioneiro da ficção científica, E. E. "Doc" Smith (*The Skylark of Space*). As histórias de Smith, com suas fraternidades espaciais, tiveram uma influência significativa sobre os quadrinhos da década de 1950, especialmente *Lanterna Verde* e *A Legião dos Super-Heróis*. Gernsback lançou *Scientific Detective Monthly* em janeiro de 1930, apresentando o primeiro dos modernos combatentes invencíveis do crime, "Miller Rand, o Homem Elétrico", um claro progenitor do Homem de Ferro da Marvel Comics, surgido depois.

Muitos escritores famosos de ficção científica – Arthur C. Clarke, Robert Heinlein, Isaac Asimov e Ray Bradbury – começaram nos *pulps* de *sci-fi* e depois influenciaram tanto os quadrinhos como o cinema. As imagens e a arte dos *pulps* do gênero causaram forte impacto sobre os artistas dos quadrinhos, que geralmente reciclavam imagens diretamente dos *pulps* para os gibis. Os homens espaciais voadores costumavam aparecer nas capas dos *pulps* de *sci-fi* como *Amazing*, *Startling Stories* e *Thrilling Wonder Stories*, prefigurando super-heróis como Super-Homem e Capitão Marvel. Com a crescente popularidade dos habitantes do Olimpo dos quadrinhos, porém, eles o fizeram à custa dos *pulps* de *sci-fi*.

WEIRD TALES

Enquanto os quadrinhos iam arrebatando leitores, os *pulps* de *sci-fi* reagiam acrescentando sexo e terror à mistura. As capas dessas revistas iam desde futuras maravilhas tecnológicas até um bando de beldades atacadas por monstros de olhos esbugalhados. Com efeito, a indústria descobriu que *pulp* e *terror* eram duas palavras que iam bem juntas – ou, mais precisamente, iam assustadoramente juntas. O terror e a ficção *pulp* consumaram seu hediondo casamento em *Weird Tales*, publicada inicialmente em 1922 por Clark Henneberger, fã obcecado por Edgar Allan Poe que via oportunidades para a fantasia e o terror no mercado *pulp*.

Weird Tales era, no mínimo, transgressora. Histórias com temas ocultistas, temperadas com forte conteúdo sexual e contracultural, eram sua marca registrada. A revista tinha uma aura decadente, com nudez e ilustrações de atividades ocultistas nas capas. *Weird Tales* não se saiu bem em termos comerciais no início, mas depois ganhou notoriedade quando uma história sobre necrofilia ("The Loved Dead", de C. M. Eddy) causou a suspensão da revista em 1924.

Weird Tales popularizou o subgênero do detetive ocultista com séries como as histórias de Jules De Grandin, de autoria de Seabury Quinn. Também deu origem ao gênero espada-e-bruxaria, especialmente com as histórias de Conan, de Robert E. Howard, e um novo tipo de terror ocultista ritualizado, exemplificado pelos textos arcanos de H. P. Lovecraft e de Clark Ashton Smith. Como se não bastasse, atuou ainda como plataforma de lançamento para a carreira de Fritz Leiber (*Fahfrd and the Grey Mouser*) e de Robert Bloch (*Psycho*).

Weird Tales ficou famosa por suas capas sensuais e surrealistas, especialmente aquelas produzidas por Margaret Brundage, dona de casa de Chicago. O prefeito de Nova York Fiorello LaGuardia procurou eliminar as mulheres nuas de Brundage das capas de *Weird Tales*, o que ocasionou um desfile de imagens de cunho ocultista mais nocivas às mentes impressionáveis do que trechos de pele nua. Hannes Bok decorou as capas da publicação com cenas ocultistas que pareciam fotos tiradas nas profundezas do inferno. J. Allan St. John, que tinha um estilo luxuriante e impressionista de fantasia semelhante ao de lendas como Arthur Rackham e Edmund Dulac, apareceu logo em seguida.

Como qualquer outro *pulp* bem-sucedido, *Weird Tales* inspirou uma série de imitadores. *Ghost Stories*, da MacFadden Co., dizia que suas histórias de fantasmas eram "autênticas"; *Tales of Magic and Mystery* (1927) especializava-se em histórias sobre temas ocultos e artigos de Howard Thurston[63]; *Strange Tales* (1931) e *Strange Stories* (1939) publicavam histórias escritas de qualquer maneira sobre terror e ocultismo[64] e *Unknown* (Street e Smith) tratava o oculto como "uma espécie de ciência que opera segundo suas próprias leis"[65]. Embora

---

63 O editor de *Tales*, Walter Gibson, em pouco tempo ficaria famoso por seu trabalho com *O Sombra*. Ver Haining, *Classic Era*, p. 116.

64 *Strange Stories*, liderada pelo futuro editor de *Superman*, Mort Weisinger, tinha uma coluna regular intitulada "As Artes das Trevas", escrita por um tal de Lúcifer, que alegava ser uma "Famosa autoridade em feitiçaria e magia negra". *Strange Tales* incluía uma coluna de cartas chamada "O Caldeirão", que funcionava como "Ponto de Encontro para Feiticeiros e Aprendizes". Haining, *Classic Era*, p. 121.

65 Haining, *Classic Era*, p. 124. Escribas de ficção científica como Robert A. Heilein (*Starship Troopers*) e Theodore Sturgeon (*Jornada nas Estrelas*) também lidaram com as artes das trevas nas páginas de *Unknown*, assim como o futuro cronista de *Conan*, L. Sprague de Camp.

Weird Tales e sua prole orientada para o ocultismo tenham ficado marginalizadas nos idílicos anos do presidente Eisenhower, exerceram uma influência incalculável sobre a literatura de terror, de ficção científica e sobre histórias em quadrinhos, bem como sobre o neopaganismo e o oculto em geral.

Como as histórias em quadrinhos (bem como o *rock-and-roll* e os videogames), os *pulps* entraram na mira dos censores. No início da década de 1930, o presidente Herbert Hoover procurou distrair a atenção do público de suas desastrosas políticas econômicas formando o Comitê sobre Recentes Tendências Sociais, que se propunha a investigar a imoralidade nos *pulps*. O público americano estava mais preocupado em evitar a ruína financeira, e por isso, quando esse esforço não levou a parte alguma, guardiães morais como Fiorello LaGuardia assumiram a causa e tiveram mais êxito. "No início da década de 1940, com a nação à beira da guerra, havia uma espécie de ataque moral", diz Harry Steeger, "e foi a pressão social que liquidou com os *pulps*"[66]. Mas a pressão econômica também contribuiu para isso. Os *pulps* foram tirados das prateleiras por revistas em quadrinhos destinadas a leitores mais jovens, e por livros em brochura destinados aos mais velhos.

Os *pulps*, no entanto, nunca sumiram. Eles simplesmente se transformaram em revistas do pós-guerra como *Man's Life* e *Stag*, muitas das quais se transformaram, por sua vez, nas revistas de nu feminino do final da década de 1960, inspiradas nos esforços de um jovem de Chicago chamado Hugh Hefner. E vestígios dos *pulps* ainda permanecem na forma de revistas de histórias em formato de bolso, como *Analog*, *Asimov's Science Fiction* e *Ellery Queen's Mystery Magazine*.

---

66 Haining, *Classic Era*, p. 152.

CAPÍTULO 11

NARRADORES

Em seu apogeu, os *pulps* atraíram uma vasta gama de autores, com talentos variados e diversos graus de interesse pelo ocultismo. Entre eles, havia luminares como Edgar Rice Burroughs, gigantes da fantasia como H. P. Lovecraft e Robert E. Howard, e ocultistas sérios como Dion Fortune e Sax Rohmer. Todos contribuíram espiritual e materialmente para a futura mania pelos quadrinhos, combinando ficção heróica com temas emprestados dos mistérios antigos.

EDGAR RICE BURROUGHS

Edgar Rice Burroughs (1875-1950) foi uma figura central no desenvolvimento do super-herói. E, embora não estejam claras as associações diretas que ele possa ter tido com grupos ocultistas ou esotéricos, é certo que sua obra está repleta de temas místicos[67]. Herdeiro de uma família maçônica de classe mé-

67 Quaisquer que fossem os entusiasmos de Burroughs, ele os parece ter mantido em seus livros. Burroughs não tinha associações conhecidas com qualquer grupo ocultista ou sociedade secreta (a menos que fossem, de fato, sociedades secretas). Contudo, o famoso ativista anticulto Carl

dia, Burroughs saiu de casa após o colegial em busca de aventura. Trabalhou num rancho de criação de gado, ficou algum tempo no exército e trabalhou numa série de atividades simples, até que o tédio e a pressão financeira o inspiraram a tentar escrever. Ele vendeu sua primeira história, "Sob as Luas de Marte", para a *All-Story Magazine* em 1912.

As histórias de Burroughs sobre Marte também são conhecidas como a série *John Carter, Warlord of Wars*, ou, entre fãs mais sérios, a série *Barsoom*. O mais notável na história é que Carter chega ao planeta vermelho, não por foguete, mas por meio da arte ocultista da projeção astral. Ele descreve esse processo místico: "Fechei os olhos, estendi meus braços na direção de meu deus vocacional e me senti puxado na velocidade do pensamento através da imensidão sem pistas do espaço"[68]. Não só Carter se projeta astralmente no espaço, como é um super-homem lá, e se torna um senhor da guerra quando se casa com a princesa marciana Dejah Thoris.

Fritz Leiber comentou sobre as raízes esotéricas do herói espacial de Burroughs, dizendo, "Fiquei com a impressão de que Edgar Rice Burroughs encontrou na Teosofia uma rica fonte de material de fundo para seus livros sobre Marte; seu principal trabalho parece ter sido acrescentar canais e plantas na atmosfera"[69]. Leiber também observa outros temas nas histórias de Marte que foram popularizadas inicialmente na literatura teosofista, incluindo "viagem interplanetária instantânea pelo poder do pensamento; cada planeta tem seu raio característico... e os aviões são mantidos suspensos por tanques com esses raios; a vida é semelhante à de Matusalém, com mil anos... a criação de matéria fantasma e de matéria viva pelo poder do pensamento... e finalmente a opressão e a perseguição de livres-pensadores sábios por sacerdotes maléficos". O lendário autor de histórias de espada e feitiçaria L. Sprague de Camp acrescentou que "embora a vida na Atlântida teosófica não se parecesse nem um pouco com a vida em Marte, tal como a descrevem as histórias marcianas de Edgar Rice Burroughs"[70], o próprio Burroughs afirmou que todas as

---

Raschke, reitor de Estudos Religiosos na University of Denver, chega a afirmar que escritores como "Edgar Rice Burroughs, progenitor das histórias de Tarzã e de Jane, eram ocultistas praticantes". Ver Carl Raschke, *Painted Black: From Drug Killings to Heavy Metal Music* (San Francisco: Harper & Row, 1990), p. 183.

68 Edgar Rice Burroughs, *A Princess of Mars* (Nova York: Modern Library, edição de 2003), capítulo 2.

69 Em um artigo intitulado "John Carter: Sword of Theosophy", que apareceu no fanzine *Amra* em 1959, Leiber observou que um panfleto sobre a história alternativa da Teosofia "pareceu-me muito com a boa e velha Barsoom, com seus homenzinhos verdes, sacerdotes brancos, naus de guerra que levitam, princesas que botam ovos e tudo o mais".

70 Extraído de Dale R. Broadhurst, "John Carter Beginnings?" *ERB Zine*, vol. 1107, sem paginação.

raças de Marte descendiam da "Árvore da Vida", uma expressão emprestada da Cabala.

Mais tarde, no mesmo ano em que apareceram as histórias de Marte, Burroughs revirou o mundo dos *pulps* com a publicação do seu romance *Tarzã dos Macacos.* Tarzã foi um grande sucesso e trouxe a Burroughs toda sorte de oportunidade de comercialização. Ele criou sua própria empresa e licenciou seus personagens para o rádio, cinema, quadrinhos e outros empreendimentos. Pioneiro no marketing de saturação, ele proporcionou o modelo para empresas surgidas posteriormente, como a Disney e a DC Comics. Como disse o *New York Times*, "antes de Tarzã, ninguém entendia como uma estrela poderia ser tão grande, tão onipresente, tão comercializável"[71].

Após o sucesso de Tarzã e de John Carter, Burroughs apresentou os romances de *Pellucidar*, começando com *No Centro da Terra* em 1922. Nessa história, um grupo de cientistas descobre Pellucidar, um mundo habitado por dinossauros e – acredite ou não – pterodátilos psíquicos sob a crosta terrestre[72]. Burroughs chegou a enviar Tarzã a Pellucidar em 1930, em *Tarzã no Centro da Terra.* Mais tarde, lançou os livros *Carson of Venus*, começando com *The Pirates of Venus*, que apareceu em capítulos na *Argosy* em 1932. Essa série é estrelada pelo astronauta Carson Napier, que, como Carter, tem poderes ocultos – nesse caso, telepatia. Todos esses super-homens psíquicos parecem refletir o anseio de Burroughs por uma nova raça, uma raça fisicamente poderosa e moralmente correta, e dotada de poderes extra-sensoriais e ocultos que os destacam do resto da humanidade.

SAX ROHMER

Por algum motivo bizarro que poderia ser analisado por sociólogos, os chineses tornaram-se os vilões prediletos dos *pulps.* Bandidos como Shu Ling, Yow Sum Gay, Wu Fang e Chang Ch'ien costumavam aprontar todas em revistas como *Dime Detective* e *Spicy Mistery.* O avô de todos os arquivilões asiáticos, Fu Manchu, foi criado pelo inglês Arthur Sarsfield Ward (1883-1959), que escrevia com o pseudônimo de Sax Rohmer. Fu Manchu é um personagem de

---

71 John Talieaferro, "Tarzan Forever: The Life of Edgar Rice Burroughs, Creator of Tarzan", *The New York Times*, 4 de abril de 1999.

72 Em 1924, Burroughs escreveu um livro parecido, *The Land That Time Forgot*, uma história sobre uma ilha oculta da Antártida chamada Caprona. A ilha é aquecida por águas termais e também é habitada por dinossauros e outros animais pré-históricos.

orientação ocultista, cuja existência Rohmer descreve como um perigo para toda a raça branca[73]. Ele lidera uma rede de sociedades secretas chinesas que visam destruir a civilização ocidental. Seu inimigo, sir Denis Nayland Smith, é um evidente clone de Sherlock Holmes, tendo seu próprio Watson, o dr. Petrie. Por mais que tenham hoje uma conotação racista, os livros de Fu Manchu foram um imenso sucesso em sua época e inspiraram muitos imitadores, diversas adaptações para o cinema, um seriado da Republic Pictures, uma tira em quadrinhos e até uma série para a TV, embora de breve duração. Porém, Rohmer não era um nacionalista extremado ou um nativista etnocêntrico. Era um homem viajado, erudito, completamente mergulhado no ocultismo. Elevando-se acima de suas origens humildes, desenvolveu seu interesse pela escrita ainda jovem, e, em 1903, aos 20 anos, vendeu sua primeira história ("A Múmia Misteriosa", *Pearson's Magazine*). Adotou seu nome artístico das palavras inglesas *sax*, que significa "espada", e *rohmer*, que significa "perâmbulo".

Quando jovem, Rohmer, como muitos de sua época, tinha um profundo fascínio pelo antigo Egito. Na verdade, Peter Haining registra que Rohmer "é bem lembrado por seu conhecimento de egiptologia e como praticante de seus ritos"[74]. Rohmer foi apresentado aos ritos egípcios pelo médico de sua família, o dr. R. Watson Councell, que, segundo se diz, iniciou-o na Sociedade Rosa-cruz. Em 1925, Rohmer escreveu uma introdução para o livro de Councell, *Apologia Alchymiae*, aparentemente a única introdução que escreveu para livros de outros autores.

O envolvimento de Rohmer com o ocultismo foi profundo[75]. Ele se uniu à Golden Dawn e escreveu sobre temas ocultistas, incluindo-se aí histórias como "Brood of the Witch Queen" (1918), "Grey Face" (1924) e "The Green Eyes of Bâst" (1920), e livros como *The Romance of Sorcery* (1913). Por todos os seus contatos com o ocultismo, Rohmer passou a acreditar que "um novo e grande adepto" estaria chegando – alguém que iria "lançar a luz do Oriente sobre as Trevas do Ocidente"[76].

---

73 Sax Rohmer, *The Insidious Dr. Fu Manchu* (Nova York: Dover, reedição de 1997), capítulo 13.

74 Peter Haining, org., *The Magicians: The Occult in Fact and Fiction* (Nova York: Taplinger, 1972), p. 149.

75 Segundo um biógrafo, a esposa de Rohmer "era sensitiva e o próprio Rohmer parecia atrair fenômenos metafísicos – segundo uma história, ele consultou sua esposa por meio de um tabuleiro Ouija sobre a melhor maneira de ganhar a vida. A resposta foi "C-H-I-N-A-M-A-N". Rohmer também passou um bom tempo com Harry Houdini, tentando, como Doyle, descobrir se o mágico possuía poderes sobre-humanos. Os dois ficaram amigos, mas Houdini achava os estudos de Rohmer invasivos. Ver "Sax Rohmer, Classic Reader Biography", *classicreader.com.*

76 Haining, *The Magicians*, p. 150.

Naturalmente, esse fascínio com poderes sobre-humanos nos leva de volta às revistas em quadrinhos. E foi por meio da Marvel Comics que o trabalho de Rohmer chegou a uma nova geração. Em 1972, a Marvel adquiriu os direitos sobre Fu Manchu e designou dois de seus criadores mais místicos para atualizar o personagem. Aproveitando-se da mania do Kung Fu inspirada por Bruce Lee, Steve Englehart e Jim Starlin criaram "Shang Chi, the Master of Kung Fu" em 1973 (*Marvel Special Edition* nº 15). Shang Chi, filho de Fu Manchu, revolta-se contra o pai e se associa ao serviço secreto britânico para combater os planos de seu pai vilão para dominar o mundo. A série, que atenua sensivelmente o tom racista das histórias originais de Rohmer, foi um grande sucesso e durou dez anos. Shang Chi sobreviveu como personagem Marvel, embora a empresa tenha aberto mão dos direitos sobre os personagens originais de Rohmer[77].

A feitiçaria sempre foi um tema presente nos *pulps*, mas uma nova geração de escritores superaria a tendência de falar de curandeiros ou cultos assassinos e tornaria o ocultismo o foco de sua produção. Por coincidência, as três principais luzes desse movimento – H. P. Lovecraft, Robert E. Howard e Dion Fortune – tiveram vidas infelizes e morreram cedo. Mas seus trabalhos tornar-se-iam o ponto de entrada para a exploração séria de temas místicos na ficção popular.

H. P. LOVECRAFT

Nenhuma investigação sobre as raízes ocultistas da ficção nos *pulps* seria completa sem alguma menção a Howard Phillips Lovecraft (1890-1937). Lovecraft tinha jeito para transmitir um terror puro, existencial, algo nunca igualado por qualquer outro escritor do gênero. Nascido como último representante de uma antiga família aristocrática, Lovecraft viveu e trabalhou na obscuridade. Deixado sem um tostão por seu pai, que enlouqueceu por causa da sífilis, e por um avô que dilapidou a fortuna da família, ele foi atormentado por imagens de decadência e degeneração ao longo de sua vida.

Lovecraft foi uma criança prodígio que devorou na juventude a biblioteca de seu avô. Primeiro, escreveu artigos de não-ficção para diversas revistas, e depois histórias para revistas *pulp*. Sua carreira nos *pulps* levou-o a contactar escritores como Clark Ashton Smith e Robert E. Howard, com os quais

77 Dizem que o diretor de *Hulk*, Ang Lee, está desenvolvendo um filme sobre Shang Chi enquanto escrevo este livro.

LINSNER
©2007.

se correspondeu. Ficou famoso como escritor de histórias de terror para a *Weird Tales*.

Lovecraft foi bastante influenciado por Edgar Allan Poe e por um escritor de fantasia anglo-irlandês, o lorde Dunsany. No que diz respeito ao puro poder da imaginação, porém, Lovecraft não tem rival. Ele construiu um "mythos" coerente e abrangente que cobre todas as suas histórias não-seriadas, incluindo uma fictícia bíblia satânica, *The Necronomicon*, que até hoje muitos leitores acreditam ser um livro autêntico[78]. Entrar no mundo imaginativo de Lovecraft é entrar num mundo de pesadelos incessantes, cristalino em sua lucidez e luminoso em sua claridade.

Embora Lovecraft afirmasse que era um racionalista científico, ele construiu uma complexa cosmologia de horrendos seres extraterrestres que um dia teriam dominado a Terra. Com o aparecimento do homem, essas quimeras se ocultaram e começaram a se preparar para o dia em que reapareceriam e tomariam novamente posse do planeta. Criaturas com nomes como Chthulu e Nyarlathotep reuniriam acólitos para adorá-las como deuses, em rituais repletos de blasfêmia e depravação. A capacidade de descrição de Lovecraft é tão eficiente que muitos leitores questionam seriamente seu suposto ateísmo mecanicista.

Muitos pesquisadores especulam que Lovecraft teve contato intenso com organizações esotéricas e ocultistas como os teosofistas ou a OTO. Para citar um exemplo, Kenneth Grant, discípulo de Aleister Crowley, escreveu muito sobre os paralelos entre o trabalho de Lovecraft e o de Crowley[79]. Lovecraft aparece com destaque nas teorias de conspiração ocultista, e alguns autores dizem que ele esteve efetivamente em contato com espíritos demoníacos, escrevendo seus contos numinosos sob a orientação deles. A ocultista Tracy Twyman afirma que as histórias de Lovecraft são adaptações das histórias dos Nefilim, ou anjos caídos, do antigo Livro de Enoque[80]. E o mercenário que se tornou escritor de *pulps*, E. Hoffman Price, apresentou Lovecraft a diversos conceitos ocultistas e teosóficos em sua intensa correspondência[81].

---

78 Diversas falsificações de *Necronomicon* apareceram, na verdade, ao longo dos anos. Ver Alan Cabal, "The Doom that Came to Chelsea", *New York Press*, vol. 16, 23º.

79 Ver Kenneth Grant, *Hecate's Fountain* (Londres: Skoob Books, 1995).

80 Tracy Twyman, "Dead but Dreaming: The Great Old Ones of Lovecraftian Legend Reinterpreted as Atlantean Kings", de *The Arcadian Mystique: The Best of Dagobert's Revenge Magazine* (Portland, OR: Dragon Key Press, 2005).

81 John Carter, *Sex and Rockets: The Occult World of Jack Parsons* (Los Angeles: Feral House, 2004), p. 60.

Lovecraft exerceu grande influência sobre os gêneros do terror e da ficção científica, e muitos escritores populares tentaram replicar o *mythos* de Cthulu em suas histórias. Ele também influenciou bastante autores de quadrinhos como Gardner Fox e Alan Moore. É interessante observar que Julius Schwartz, o lendário editor da DC Comics, começou sua carreira como agente literário de Lovecraft.

ROBERT E. HOWARD

Robert Ervin Howard (1906-1936) foi o único filho de um médico do interior do Texas e de sua esposa enfermiça. Leitor voraz, desenvolveu um interesse precoce por boxe e por halterofilismo, e esses dois esportes encontraram expressão em suas histórias para *pulps* de aventura e revistas de pugilismo. Seu interesse por história antiga o conduziu a um fascínio permanente por tribos bárbaras, como os pictas da antiga Escócia. Ele também foi fã da ficção ocultista publicada em revistas como *Weird Tales* e começou a se corresponder com H. P. Lovecraft – algo que fez durante toda a sua vida –, associando-se ao Círculo Lovecraft, grupo precursor das sociedades e organizações de ficção científica que surgiram mais tarde.

Howard tornou-se um escritor bem-sucedido de histórias para *pulps*, contribuindo para revistas como *Argosy*, *Spicy Adventure* e *Strange Detective*. Inventou heróis guerreiros como Bran Mak Morn, Kull o Conquistador e Solomon Kane, personagem que enfrentaria as maquinações e conjurações de magos e guerreiros, bem como uma hoste de demônios, monstros e espíritos. Seu personagem principal, Conan, o Cimério, apareceu na história "The Phoenix on the Sword", na edição de dezembro de 1932 de *Weird Tales*.

Não se sabe ao certo por que Conan tornou-se muito mais popular do que seus outros personagens, basicamente expressões do mesmo *ethos* nietzscheniano. Numa carta, Howard explicou a um fã que "Conan simplesmente cresceu em minha mente... Ele saiu das sombras já formado e me pôs a trabalhar, fazendo-me registrar a saga de suas aventuras". Ele escreveu para Clark Aston Smith: "Às vezes, eu me pergunto se seria possível que forças não-identificadas do passado ou do presente – ou mesmo do futuro – trabalhem por meio dos pensamentos e ações dos vivos". Com efeito, escrever as aventuras de Conan tornou-se uma preocupação absoluta para Howard. "O personagem", afirma-

MOM
LINSNER
2007
©

va, "tomou posse completa de minha mente[82]." Conan foi um grande sucesso, mas Howard não aproveitou o fruto de seu trabalho por muito tempo. Transtornado pela morte de sua mãe, ele se suicidou em 1936.

Conan, porém, ainda vive, e o trabalho de Howard exerceu um efeito incalculável sobre a cultura popular. O espírito de Conan formou muitos outros super-heróis rústicos, e até J. R. R. Tolkien admite ter sido influenciado por ele. No entanto, o gênero espada-e-feitiçaria só entrou de vez nos quadrinhos no início da década de 1970. Com super-heróis derrapando no mercado, a Marvel licenciou os personagens de Howard na esperança de aproveitar a onda de fantasia do final da década de 1960. Como antes, foi Conan o que mais rendeu. Em 1982, o filme de John Milius *Conan, o Bárbaro* fez deslanchar a carreira do musculoso austríaco Arnold Schwarzenegger. O filme foi um sucesso, mas sua fraca seqüência de 1984, *Conan, o Destruidor*, matou a franquia em seu início. Surgiram duas séries de desenhos animados totalmente infiéis ao original na década de 1990, seguidas de uma série de ação de curta duração em 1997, que tentou se aproveitar do sucesso da série melodramática *Hércules: As Jornadas Lendárias.*

DION FORTUNE

A escritora britânica Dion Fortune é o vínculo mais forte entre o *underground* ocultista e os *pulps*. Nascida Violet Mary Firth em 1890 em Wales, numa família de seguidores da Ciência Cristã, Fortune dizia que tinha visões místicas desde pequena. Na juventude, estudou ocultismo com o dr. Theodore Moriarty e se interessou pela psicanálise, especialmente os ensinamentos com matizes ocultistas de Carl Jung. Era "sensitiva natural", segundo diziam, creditando-lhe poderes como clarividência e projeção astral, bem como a capacidade de ler os Registros Akáshicos, tal como fazia Edgar Cayce. Ela também afirmava que tinha contato direto com os Mestres Ascensionados, que a auxiliariam em seus textos.

Fortune foi iniciada na Golden Dawn em 1919, mas depois se desencantou com a "minguada" abordagem do ocultismo ensinada por McGregor Mathers. Em 1922, formou uma nova sociedade chamada The Society of the Inner Light [Sociedade da Luz Interior], e depois associou-se à Sociedade Teosófica. Foi uma escritora prolífica de textos que ela considerava práticos e

82 Citações extraídas de "A Short Biography of Robert E. Howard", de Rusty Burke, *The Official Robert E. Howard Site*, p. 11, rehoward.com.

acessíveis sobre ocultismo, dentre os quais *The Esoteric Philosophy of Love and Marriage**, *Sane Occultism*, *The Training and Work of na Iniciate*** e *Practical Occultism in Daily Life*. Ficou amiga de Aleister Crowley, correspondendo-se longamente com ele, e escreveu com eloqüência sobre essa amizade em *The Mystical Qabalah**** (1935), que muitos consideram sua obra-prima.

Fortune também experimentou a ficção e criou o dr. Taverner, detetive ocultista, que surgiu inicialmente no *pulp* inglês *Royal Magazine* no início da década de 1920, baseando seu detetive em seu próprio mentor, o dr. Moriarty. Mais tarde, essas histórias foram novamente impressas na coleção *The Secrets of Dr. Taverner*. Ela também escreveu uma série de novelas ocultistas, incluindo *The Demon Lover*, uma história que acautela contra o lado sombrio do ocultismo, *The Sea Priestess*****, *The Winged Bull*, sobre magia sexual e ocultismo no exército britânico, e *Moon Magic*, no qual ela incluiu muitos feitiços e rituais efetivamente usados na Society of the Inner Light.

Como se isso tudo não bastasse, Fortune afirmava ter se tornado uma espécie de super-herói da vida real com sua participação na "Batalha Mágica da Grã-Bretanha" durante a Segunda Guerra Mundial. Na época, Fortune reuniu um grupo de magos e ocultistas do Reino Unido para lançar feitiços de proteção e afastar uma invasão alemã[83]. Dizem que esse esforço, que se tornou lendário no folclore ocultista, deixou-a debilitada. Ela morreu de leucemia em Londres, em janeiro de 1946.

JACK PARSONS: ROCKETMAN

O surgimento dos fãs-clubes de ficção científica e de fantasia teve um papel crucial no desenvolvimento da cultura das revistas em quadrinhos. Diversos clubes seriam formados, permitindo que fãs e criadores se encontrassem e trocassem idéias, o que mais tarde levaria à criação do circuito de convenções de ficção científica e de revistas em quadrinhos. O surgimento dessa rede refletiu a ascensão dos movimentos neopagão e ocultista de meados do século 20. Na verdade, muitas das principais figuras do mundo dos fãs-clubes também

* *A Filosofia Oculta do Amor e do Matrimônio*, publicado pela Editora Pensamento, SP, 1982. (fora de catálogo)

** *Preparação e Trabalho do Iniciado*, publicado pela Editora Pensamento, SP, 1982. (fora de catálogo)

****A Cabala Mística*, publicado pela Editora Pensamento, SP, 1984. (fora de catálogo)

**** *A Sacerdotisa do Mar*, publicado pela Editora Pensamento, SP, 1988.

83 Ver Dion Fortune, Gareth Knight, orgs., *The Magical Battle of Britain* (Oceanside, CA: Sun Chalice, 1993).

estavam envolvidas em atividades ocultistas. Como disse a autora ocultista e antiga editora da Eclipse Comics, Catherine Yronwode, "O neopaganismo nunca teria começado sem o surgimento dos fã-clubes de Ficção Científica e de quadrinhos"[84]. Uma figura que se situava nos dois mundos também desempenharia um papel fundamental no desenvolvimento do "Mundo do Amanhã" da vida real.

Jack Parsons (1914-1952) combinou seu amor pela ficção científica com uma prodigiosa habilidade para a química, tornando-se um dos fundadores do programa espacial norte-americano. Parsons foi um leitor ávido de *pulps* como *Amazing Stories* e gostava particularmente das histórias de John Carter, de Burroughs. Desde cedo, fez experimentos com explosivos, um passatempo que depois o levaria a inventar o foguete movido a combustível sólido. Teve importante papel no desenvolvimento do programa espacial Apolo e na formação do Jet Propulsion Laboratories – com efeito, alguns brincam que as iniciais do nome em inglês, JPL, significam "Jack Parsons' Laboratories".

Jack Parsons praticava seriamente a Thelema e se correspondia regularmente com Aleister Crowley. Alguns afirmam que ele recitava o "Hino a Pã", de Crowley, antes do lançamento de cada foguete. A propriedade de sua família em Pasadena tornou-se a sede da Loja Ágape da OTO; oferendas recolhidas nesse local proporcionaram a Crowley uma de suas poucas fontes de renda em seus dias de declínio.

Além de seu trabalho com a OTO e de seus interesses científicos, Parsons também manteve contato com a Sociedade de Ciência e Fantasia de Los Angeles [LASFS, sigla em inglês], precursora do moderno fã-clube. A LASFS surgiu da Liga de Ciência e Ficção de Hugo Gernsback, e manteve reuniões semanais onde escritores e fãs se misturavam. Parsons deu palestras sobre foguetes nos encontros da LASFS e fez amizade com diversos autores de *sci-fi* que se tornariam lendários no futuro, como Ray Bradbury, Robert A. Heinlein, Fritz Lang (pioneiro da ficção científica na Alemanha) e o teórico da Sociedade Vril Willy Ley.

O círculo de escritores de ficção científica de Parsons cresceu e incluiu L. Ron Hubbard, com quem ele realizou o infame "Trabalho Babalon" em janeiro de 1946. Esse ritual, que granjeou a ambos um lugar no folclore da teoria da conspiração ocultista, foi inspirado nos textos de Crowley, especialmente em seu livro *Moonchild*. Hubbard e Parsons procuraram invocar a Mulher Escarlate, que Parsons via como encarnação da Prostituta da Babilônia. Sua

84 Entrevista telefônica com Catherine Yronwode feita por este autor em 26 de outubro de 2006.

meta era copular com ela e conceber o Filho da Lua – o futuro Anticristo[85]. Quando foi informado do trabalho, o próprio Crowley teria exclamado, "Fico realmente furioso quando vejo como esses bodes são idiotas"[86]. Não muito depois do Trabalho Babalon, a amizade entre Parsons e Hubbard enfraqueceu, e Hubbard fundou sua própria religião oculta, a Cientologia, em 1950[87]. Mais tarde, Parsons se viu em dificuldades, e suas atividades na OTO fizeram com que o governo federal prestasse atenção nele. Tornou-se viciado em metanfetaminas e cocaína, perdendo inclusive seu acesso de segurança* no trabalho. Parsons morreu num acidente de laboratório que, segundo dizem alguns, teria sido assassinato.

O livro predileto de Parsons, *Darker Than You Think*, de Jack Williamson, foi serializada em 1940 na revista *Unknown*. Até hoje um trabalho poderoso e assustador, o livro conta a história do jornalista Will Barbee, que descobre um culto mundial de magos que alteram suas formas e que desejam dominar o mundo. Os poderes do próprio Barbee são despertados por uma sedutora ruiva chamada April Bell, e em pouco tempo ele descobre que é o profetizado "Filho da Noite" – o "Messias das Trevas", que liderará os bruxos para fora das sombras e os levará aos salões do poder. A história termina, não com a obrigatória derrota das forças das trevas, mas com sua ascensão ao poder. Parsons ficou fascinado com a descrição que o livro faz de uma raça mágica que não deseja coexistir com a humanidade, mas sim dominá-la completa e veladamente. Não é difícil encontrar ecos do tema de Williamson na super-raça oculta – que, em si, é um eco do *Vril* de Bulwer – nos textos telêmicos de Parsons.

Em meados do século, a transpolinização entre ficção científica, fantasia e ocultismo tinha florescido e frutificado, mas os *pulps* começavam a perder força. Os super-heróis que surgiam precisariam de um novo lugar para crescer e também de um novo público. As tristes páginas monocromáticas de *Amazing Stories* e de *Weird Tales* teriam de dar lugar a um novo e colorido formato para que os deuses pudessem realmente se manifestar.

Ah, antes de prosseguirmos, acho que é importante observar que o nome de batismo de Jack Parsons era "Marvel".

---

85 Os dois foram para o deserto e murmuraram cânticos baseados nos textos de Crowley. Não demorou para que uma ruiva chamada Marjorie Cameron aparecesse na Loja Ágape, o que Parsons viu como prova de que o ritual funcionara. Parsons e a Mulher Escarlate nunca tiveram filhos, porém – muito menos filhos da Lua.

86 Lawrence Sutin, *Do What Thou Will: A Life of Aleister Crowley* (Nova York: St. Martin's, 2000), p. 414.

87 Para a história definitiva sobre Parsons e Hubbard, ver Pendle, *Strange Angel*, PP. 252-279. Ver também Miller Russell, *Bare-Faced Messiah* (Nova York: Henry Holt, 1988), p. 132.

* Autorização para ter acesso a questões que afetam a segurança nacional. (N. do Ed.)

OS NOVOS DEUSES

CAPÍTULO 12

HISTÓRIAS EM QUADRINHOS FAMOSAS

Como tantas "invenções exclusivamente americanas", a moderna tira em quadrinhos surgiu na Inglaterra. Já em 1731, o cartunista transformado em artista plástico William Hogarth usava imagens seqüenciais para contar histórias, primeiro em seu conto que acautelava contra os excessos da vida fácil, *A Harlot's Progress*, e depois, com uma seqüência de oito painéis intitulada *A Rake's Progress*, que advertia sobre os perigos da bebida e dos bordéis. Na verdade, os cartuns, bem como as modernas charges políticas e os balões com dizeres, apareceram na Inglaterra do século 18. Originalmente, os cartuns eram usados para fazer propaganda política nos jornais, mas muitos cartuns e tiras eram impressas em folhas soltas e vendidos na rua[88].

88 Para a história definitiva dos primeiros quadrinhos ingleses, ver Denis Gifford, *International Book of Comics* (Londres: Crescent Books, 1984).

Os cartuns migraram para os Estados Unidos e apareceram no *The New York World* em 1893. Dois anos depois, a tira pioneira de Richard Outcault, *Hogan's Alley*, apareceu no *Sunday World*, inaugurando os modernos quadrinhos dominicais[89]. Outcault, considerado o pai da moderna tira em quadrinhos, foi o primeiro a usar painéis e balões de textos em conjunto, introduzindo ainda a cor nas tiras[90].

As tiras em quadrinhos tiveram um início turbulento nos Estados Unidos. Grupos cristãos atacaram-nas por promoverem o riso no sabá[91]. *Hogan's Alley* também foi criticada por retratar a fraqueza do imigrante, o que levou Outcault a criar Buster Brown (que no Brasil se chamaria *Chiquinho*), um personagem de classe média, mais aceitável, que mais tarde foi usado como logotipo da Brown Shoe Company. Apesar desses revezes iniciais, as tiras em quadrinhos sobreviveram e prosperaram. *Mutt and Jeff*, a primeira tira diária em quadrinhos de grande sucesso, criada por Bud Fisher em 1907, apareceu ininterruptamente por inacreditáveis 75 anos. Mutt e Jeff eram os personagens de capa da *Famous Funnies* nº 1, série que costuma ser erroneamente citada como a primeira revista norte-americana em quadrinhos. A dupla também apareceu com destaque na All-American Comics Co., empresa que depois tiraria os deuses pagãos dos livros de história e os levaria para as revistas em quadrinhos.

Outras tiras clássicas incluem *Pafúncio e Marocas*, de George McManus; *Blondie*, de Chic Young; *Gasoline Alley*, de Frank King; *Krazy Kat*, de George Herriman, e *Os Sobrinhos do Capitão*, criados por Rudolph Dirks. Essas tiras foram imensamente populares, e desde então tornaram-se ícones americanos. Foram logo procuradas para merchandising, um processo que acabou levando à criação da moderna revista em quadrinhos. Os cartunistas eram celebridades importantes nessa época, e muitos apareciam no circuito do Vaudeville. Winsor McCay, criador de *Little Nemo in Slumberland* e um dos animadores do primeiro filme, era tão talentoso que, segundo se conta, podia desenhar imagens detalhadas e desenhos animados simples enquanto se dirigia ao público. Só para sua informação, ele era um dedicado maçom[92].

---

89 Numa estranha sincronicidade, o nome Outcault (originalmente Altgelt) tem uma incrível semelhança etimológica com "oculto".

90 A estrela de Outcault, *O menino amarelo*, foi a fonte da expressão *imprensa amarela* [no Brasil, "imprensa marrom"], que descreve um tipo de prática jornalística sem ética do jornal *The World*.

91 Na mesma época, esses grupos procuraram proibir a venda de sorvetes no sabá, o que levou à invenção do Sundae – adaptação da palavra inglesa *sunday*, "domingo".

92 John Canemaker, *Winsor McCay: His Life and Art* (Nova York: Abbeville, 1987), p. 32.

Como as primeiras tiras em quadrinhos, aquelas que chamamos de "revistas em quadrinhos" [*comic books*] se desenvolveram originalmente na Inglaterra, reunindo-se painéis e tiras de historinhas. Revistas de caricaturas como *McLean's Monthly Sheet of Caricatures* apareceram no início do século 19. *The Comic News* foi lançada na década de 1860 e *Funny Folks* surgiu em 1874, seguidas por *Comic Cuts* (1890) e *Illustrated Chips* (1891). *Ally Sloper's Half Holiday* tornou-se a primeira verdadeira revista em quadrinhos, publicada em maio de 1884[93].

Nos Estados Unidos, os personagens de tiras em quadrinhos tornavam-se veículos de licenciamento assim que apareciam, e, no início, as revistas em quadrinhos eram parte desse fenômeno. A maioria das primeiras revistas em quadrinhos era de coleções de tiras apresentadas anteriormente, usadas como lucrativos itens promocionais para postos de gasolina, lojas de brinquedos e fábricas de sabonetes. Quando a Depressão se instalou, a indústria editorial levou um golpe. Um vendedor esforçado chamado Max Gaines fez um acordo com a Eastern Color Printing Co. para produzir uma revista em quadrinhos chamada *Famous Funnies*, que ele apresentou como um item promocional para lojas e fabricantes. A primeira edição vendeu bem, inspirando outros editores a agarrar qualquer tira em quadrinhos disponível para publicação.

As revistas em quadrinhos eram ótimas para quase todos os envolvidos com elas. Tinham baixo custo de impressão e davam às gráficas um modo lucrativo de manter as impressoras de jornais trabalhando nas épocas mais difíceis. Deram à indústria um novo canal de receita e aos anunciantes um novo modo de atrair clientes. As crianças adoravam o conteúdo e os pais gostavam porque mantinham as crianças ocupadas nas tardes de domingo.

GRANDES AVENTURAS

Apesar de a maior parte das primeiras tiras em quadrinhos ser de humor, as tiras de aventuras não demoraram a surgir. Uma das primeiras, *Little Orphan Annie*, de Harold Gray, surgiu em 1924. Popeye, o marinheiro cuja boca parecia cheia de batatas, era um protótipo de super-herói que estreou na tira *Thimble Theatre* de E. C. Segar em 1929. *Wash Tubbs*, de Roy Crane, começou como tira de humor em 1924, tornando-se uma tira de grandes aventuras que dava a volta ao mundo quando foi acrescentado o Cap'n Easy, em 1929.

93 Gifford, *Book of Comics*, c.b. 14-15.

LINSNER
©2007.

Dick Tracy, detetive durão de Chester Gould, apareceu em 1931, repleto de elementos de ficção científica e de vilões extravagantes que depois inspirariam os supervilões dos quadrinhos.

Super-heróis de identificação mais fácil encontraram caminho nos quadrinhos. Buck Rogers saiu dos *pulps* e se tornou o astro da primeira tira de ficção científica em 1929. Flash Gordon, criado por Alex Raymond, surgiu cinco anos depois. Ambos causaram grande impacto sobre os super-heróis, especialmente no final da década de 1950, e foram bastante usados em outras mídias. Mandrake, o Mágico – que costuma ser considerado o primeiro super-herói – foi conjurado no plano físico por Lee Falk em 1934. Dois anos depois, Falk invocou O Fantasma, que criou o modelo visual do super-herói com sua roupa justa, logotipo de caveira e máscara. O Fantasma, chamado "O Fantasma que Anda", era basicamente uma versão de Tarzã com roupa de circo – o filho de um capitão de navio que quase morreu num naufrágio e que foi salvo por uma tribo de pigmeus. Arauto de tempos futuros, O Fantasma estabelece uma sociedade secreta hereditária cujos membros juram "combater toda forma de pirataria, cobiça e crueldade".

NEGÓCIOS ESCUSOS

A fantasia idealista dos primeiros heróis dos quadrinhos se defronta com o vício durante a Lei Seca. Os gângsteres procuravam novas fontes de receita. Em virtude de seu grande volume e baixo custo, as revistas em quadrinhos se tornaram o instrumento ideal para que o crime organizado lavasse dinheiro, numa época em que os negócios nas bancas de jornal eram estritamente na base do pague e leve. O crime organizado também estendeu seus controles sobre os distribuidores. Como escreve Jones: "O volume de produtos e de dinheiro abriu novas oportunidades para muitos dos benefícios residuais de plantão – lavagem de dinheiro, caixa dois, contrabando"[94]. Com efeito, políticos como Thomas Dewey e Fiorello La Guardia foram atrás dos *pulps* não só por sua transgressão moral, como por causa de seu relacionamento financeiro com as gangues. Muitos editores tinham bom relacionamento com o crime organizado, tanto nos negócios como em ambientes sociais. Muitos outros administravam seus negócios com padrões éticos muito pouco superiores ao dos gângsteres. A ironia é que, enquanto os quadrinhos e os *pulps* ajudavam

---

94 Gerard Jones, *Men of Tomorrow: Geeks, Gangsters and the Birth of the Comic Book* (Nova York: Basic, 2004), p. 163.

financeiramente as gangues criminosas, também popularizaram os heróis justiceiros que os prendiam[95]. Esse paradoxo criou um estranho relacionamento simbiótico entre os gângsteres e os novos deuses.

PIONEIROS

Os *pulps* não só proporcionaram aos quadrinhos a maioria de seus heróis e temas, como também proporcionaram à indústria a maior parte de sua equipe, dentre os quais os mais notáveis foram Harry Donenfeld, padrinho da DC Comics, e Martin Goodman, fundador da Marvel Comics.

Donenfeld começou sua carreira como vendedor de uma gráfica e depois passou para o mercado editorial. Formou uma aliança com a distribuidora Eastern News, que tinha conexões tanto com interesses comerciais legítimos quanto com o crime organizado. A Eastern vendia revistas femininas e espíritas, bem como jornais supostamente dedicados à saúde, como *Sex Monthly*, dirigidas aos prazeres proibidos de uma cultura popular americana hipócrita que não aceitava seu próprio apetite por bebidas, pornografia, política radical e espiritualidade alternativa. Donenfeld usou seus amplos contatos comerciais, governamentais e mafiosos para manter seus negócios em expansão, a ponto de Gerard Jones escrever que "as camisinhas de Margaret Sanger, a ficção científica de Hugo Gernsback e o uísque de Frank Costello podiam viajar juntos em caminhões e trens, passando pelos postos dos correios, onde os inspetores já estavam no bolso"[96].

Donenfeld construiu um império que incluía *Paris Nights* e *Pep!*, dandolhe a fama de pornógrafo numa época em que qualquer sinal de nudez fazia com que uma revista fosse tirada das bancas e seu editor levado a julgamento. Quando os editores começaram a testar esses limites sociais, Donenfeld ficou, previsivelmente, na linha de vanguarda. Ele pagava bem seus artistas e eles produziam aquilo que os cavalheiros de bom gosto queriam.

O ataque do governo ao crime organizado em 1936 estimulou os editores com conexões duvidosas a legalizar seus empreendimentos. Donenfeld ficou numa posição particularmente vulnerável por causa de sua relação com o crime organizado e pela alta visibilidade de seus *pulps* maliciosos. Convencido

---

95 O mesmo se aplica à pornografia. As *Tijuana Bibles*, revistas em quadrinhos pornográficas que usavam personagens famosos das revistas e tiras em quadrinhos, eram produzidas e impressas por artistas e editores de quadrinhos, e depois distribuídas pelos sindicatos do crime.

96 Jones, *Men of Tomorrow*, p. 163.

de que precisava de uma linha de trabalho mais segura, Donenfeld viu nas revistas em quadrinhos uma alternativa segura e lucrativa.

Se Harry Donenfeld era um oportunista dissoluto, Martin Goodman, fundador da Marvel Comics, era um crente – um fã de *pulps* que virou vendedor de *pulps* e depois editor de *pulps*. Formou sua primeira empresa, Western Fiction Publishing Co., com o futuro editor da Archie Comics, Louis Silberkleit. Sua estratégia de negócios era capitalizar títulos populares publicando cópias deles. Em 1936, lançou uma série chamada *Ka-Zar*, um Tarzã loiro. Em 1938, inspirou-se nas *Amazing Stories* para criar sua *Marvel Science Stories*. O sucesso de *Unknown* e de *Weird Tales* levou-o a lançar dois *pulps* de "sustos" – *Mistery Tales* e *Uncanny Tales*, com incontáveis variações da história da moça-torturada-pelo-pervertido.

Quando os *pulps* começaram a afundar, Goodman, convencido de que as "revistas em quadrinhos" eram a onda do futuro, começou a colocar tiras em seus *pulps* a fim de testar o mercado. Em 1939, lançou a *Marvel Comics* nº 1, cujo sucesso daria início a um império[97]. Alarmado pela ascensão do fascismo na Europa, Goodman pediu a seu jovem editor Joe Simon e ao parceiro deste, Jack Kirby, que dessem uma reciclada patriótica no popular herói, Capitão Marvel. Eles o chamaram de Capitão América. Após um breve problema legal entre esse herói e um personagem anterior chamado de Escudo, o Capitão tornou-se um grande sucesso. O mundo estava pronto para novos deuses – e os novos deuses estavam prontos para o mundo.

97 Muitos historiadores se referem à empresa de Goodman na década de 1940 como Timely. Entretanto, Timely era apenas uma das muitas empresas de fachada que Goodman comandava. A título de simplicidade, a empresa de Goodman será chamada aqui de Marvel, qualquer que seja sua encarnação – década de 1940, de 1950 ou de 1960.

CAPÍTULO 13

QUEM IRÁ NOS SALVAR?

Todos os super-heróis são, basicamente, salvadores. Diferentemente dos salvadores religiosos, porém, os super-heróis oferecem a salvação como um acontecimento concreto e nada ambíguo. Eles existem simplesmente para salvar as pessoas de perigos físicos – o que explica seu encanto permanente. Histórias sobre suas façanhas lidam com a ansiedade real e satisfazem uma necessidade profunda. A necessidade infantil de um pai ou irmão mais velho que nos proteja de agressões e resolva nossos problemas é um impulso que todos nós sentimos. É por isso que os super-heróis têm grande popularidade – entre crianças *e* adultos – em épocas de *stress* nacional. As crianças são particularmente sensíveis a ameaças existenciais e costumam interiorizar a ansiedade dos pais. E os adultos costumam se sentir tão vulneráveis quanto as crianças quando enfrentam o medo da guerra ou crises econômicas.

As crianças pequenas têm uma visão mágica do mundo. Como não compreendem os processos físicos do mundo cotidiano, costumam entender seu ambiente como sendo algo sobrenatural. Isso se aplica até a crianças mais velhas, embora muitas possam negá-lo caso sejam pressionadas. Como os super-heróis eram originalmente destinados a um público infantil, todos são essencialmente *mágicos*, sem base na ciência ou na realidade cotidiana. Mesmo que heróis como o Homem-Aranha ou o Lanterna Verde obtenham poderes pela tecnologia, a verdadeira explicação científica para esses poderes é simplesmente decorativa. Se você for picado por uma aranha radioativa, é bem provável que fique com uma terrível irritação, entre em choque tóxico e depois morra – e não que acorde na manhã seguinte e comece a subir pelas paredes. Temas como mutantes, andróides e cyborgs relacionam-se com impulsos sociais e espirituais, e não com ciência.

Quando os Estados Unidos se esforçaram para sair da Grande Depressão, os símbolos e histórias dos antigos deuses retornaram à cultura americana. Nas revistas em quadrinhos, esses deuses e heróis do passado ganharam vida e ajudaram a inspirar os Estados Unidos a recuperar suas forças. Esse retorno dos antigos deuses bateu de frente com grandes progressos na ciência e na tecnologia. Ao mesmo tempo, a genética levou os cientistas a pensar na possibilidade de melhorar a raça mediante manipulação genética. Idéias críveis sobre viagem espacial foram apresentadas ao público, mas muitas pessoas ainda acreditavam que havia vida inteligente em Marte e Vênus. Ciência, filosofia, religião e ocultismo se fundiram numa estrutura geral para superar problemas humanos de difícil trato e melhorar o futuro da humanidade.

Entretanto, esse anseio também teve seu lado sombrio, manifestado em políticas etnocêntricas, ódio racial e fascismo. Esses impulsos sombrios transformaram o anseio oculto pelo "Novo Homem" em movimentos políticos assassinos que, infelizmente, procuraram justificativas nos mesmos textos que deram origem ao super-herói moderno. Os paralelos foram percebidos e alguns críticos sociais sentem hoje que o mito do super-herói é irremediavelmente fascista.

Foi esse anseio que inspirou os jovens escritores que criaram os super-heróis a partir de antecedentes nos *pulps*, mitologia, religião e folclore. Na verdade, a maioria das figuras de super-heróis se encaixa num punhado de categorias arquetípicas extraídas de suas origens nos mistérios antigos.

OS MAGOS

Arquétipos de magos são tão antigos quanto a própria ficção. Thoth, deus lunar egípcio e patrono da magia e da ciência, foi provavelmente o primeiro arquétipo de Mago. Thoth também era a divindade-patrono da *magnum opus* de Aleister Crowley sobre o Tarô, que ele chamava de *The Book de*

Thoth. A fusão entre Thoth e seu equivalente grego Hermes deram ao mundo Hermes Trismegistus, "Hermes três vezes grande", patrono de todas as artes e ciências mágicas do mundo pagão. Essa tradição, conhecida simplesmente como hermetismo, foi poderosa e influente a ponto de sobreviver a séculos de brutal e sangrenta repressão por parte da igreja católica e desfrutar de um ressurgimento nos alquimistas da Idade Média, que se viam como herdeiros da tradição hermética.

Poucas pessoas se dão conta, porém, de que personagens explicitamente mágicos são, na verdade, os mais antigos exemplos de super-heróis modernos. Com efeito, podemos dizer que todo super-herói é essencialmente mágico, pois a maior parte de seus poderes não tem base na ciência real. Os primeiros super-heróis, como o Capitão Marvel, Phantasmo e Lanterna Verde, tiveram origens indiscutivelmente mágicas, baseadas em temas tirados diretamente dos *pulps*.

Os magos agiam como xamãs e curandeiros, professores e sacerdotes, e até como chefes nas antigas sociedades tribais. Três dos mais famosos magos da cultura ocidental são os Três Reis Magos, citados no Evangelho de Mateus. Esses magos eram astrólogos zoroastristas que teriam profetizado a vinda de Cristo, que encontraram numa manjedoura em Belém. O mais famoso feiticeiro de todos os tempos, porém, é Merlin, o mago dos mitos do rei Arthur.

Geralmente, Merlin é retratado como o sábio mago da corte de Uther Pendragon, que serve de tutor para Arthur como rei dos bretões. Muitos dos romances arturianos são narrados do ponto de vista de Merlin, e este parece ter sido o arquétipo tanto para Gandalf, o Branco, na trilogia *O Senhor dos Anéis*, de J. R. R. Tolkien, como para Obi-Wan Kenobi nos dramas de *Guerra nas Estrelas*. Um herdeiro menos identificado do manto de Merlin é Q, o mestre das maravilhas tecnológicas dos filmes de James Bond, cujo papel é muito parecido com o de Merlin nas histórias arturianas – uma figura paterna que dá broncas, mas que é a fonte dos engenhosos truques e artefatos que acabam salvando o dia. Do mesmo modo, Obi-Wan Kenobi pode ser visto como um Merlin crístico, de ficção científica, que se sacrifica para salvar Luke, Leia e seus companheiros. Obi-Wan e Q (assim como Gandalf) são membros de uma fraternidade – no caso de Obi-Wan, os extintos Jedi, e no de Q, o Serviço Secreto.

Naturalmente, o mago mais popular da atualidade é Harry Potter, criado por J. K. Rowling. Numa época em que a maioria das crianças não dá a mínima para a leitura, Rowling criou uma série de sucessos esmagadores de vendas, devorados por milhões de jovens leitores do mundo todo. Sociólogos gastaram volumes inteiros tentando explicar o sucesso sem precedentes de Harry Potter, quando nem precisavam ter se dado a esse trabalho. A resposta está no coração e na imaginação de toda criança (e adulto) insegura que quer acreditar que ela – como Harry, Ron e Hermione – tem poderes mágicos latentes com os quais podem superar os horrores da adolescência (e da vida). E, como veremos mais adiante, Harry tem um ancestral direto nos quadrinhos.

MANDRAKE, O MÁGICO

O personagem que costuma ser considerado o primeiro super-herói dos quadrinhos é Mandrake, o Mágico. Criado por Lee Falk em 1924, Mandrake só apareceu nas tiras uma década depois. Fiel ao modelo, Mandrake estudou com mestres ascensionados no Tibete, e voltou ao Ocidente para viver como mágico de palco. No caminho, arrumou um auxiliar chamado Lothar, um príncipe africano que cumpria o papel de guarda-costas pessoal de Mandrake, e que geralmente é considerado o primeiro personagem negro realmente heróico das tiras em quadrinhos americanas.

Em suas primeiras aventuras, Mandrake é um mágico ocultista que usa sugestão hipnótica para convencer os outros de que é um verdadeiro conjurador. Falk incorporou muitos temas ocultistas interessantes em suas histórias. Mandrake enfrenta um culto da morte em 1935, em *Reino de Assassinos,* e domina a antiga arte da viagem interdimensional um ano depois em *Mandrake na Dimensão X.* Em *Mandrake na Lua* (1938), o mago descobre que os antigos atlantes fugiram e construíram uma nova civilização de cidades cobertas por domos no lado escuro da Lua. A partir de 1939, as tiras de Mandrake foram apresentadas em formato de revista em *Magic Comics.* Mandrake nunca fez muito sucesso fora das revistas, porém, malgrado tentativas de uma série de filmes (1939), um programa de rádio (1940), uma série de TV (1954), um filme para a TV (1979) e um desenho animado para a TV (1986).

No entanto, Mandrake inspirou muitos bruxos, tanto nos quadrinhos como nas tiras de jornal. O primeiro personagem fantasiado que pode ser chamado efetivamente de super-herói é o Phantom Magician, que apareceu inicialmente na tira sindicalizada de Mel Graff chamada *The Adventures of Patsy* em 1935. Como observa o historiador dos quadrinhos Dick O'Donnell, o Phantom Magician "aparecia vestido com roupas justas, capa e máscara 'dominó', preferida por diversos heróis de aventuras posteriores, como o Fantasma, Super-Homem e Batman"[98]. Embora o Phantom Magician aparecesse apenas numa história de *Patsy*, chamou a atenção do criador de *Mandrake*, Lee Falk, cujo próximo herói também usaria máscara e fantasia.

Outro supermago inspirado por Mandrake foi Zatara, da DC Comics, criado por Fred Guardineer. Como o Super-Homem, Zatara estreou na primeira edição de *Action Comics*. A DC parecia ter grandes expectativas para Zatara e permitiu-lhe tirar o Super-Homem da capa de *Action* por diversos números. Como Mandrake, Zatara é basicamente um hipnotizador que lança feitiços "odnalaf ed sárt arap a etnerf"[99]. Ele desapareceu numa nuvem de fumaça em 1950, substituído por sua sensual e quase despida filha Zatanna. Talvez procurando os favores de alguma divindade das trevas, o autor Alan Moore sacrificou ritualmente Zatanna nas páginas de *Swamp Thing* nº 50, em 1986.

A primeira super-heroína a aparecer nas páginas em quadrinhos deve ter sido Fantomah, a Mulher Misteriosa da Selva. Criada por Barclay Flagg, Fantomah apareceu pela primeira vez nos *Jungle Comics* nº 2 de 1940, publicada pela Fiction House. Como tantos personagens, Fantomah adquiriu seus poderes mágicos numa encarnação anterior no Egito antigo. Ela mudava de forma, e seu truque preferido consistia em se transformar numa aberração loira com cabeça de caveira sempre que algum perigo a ameaçava. Aparentemente, os leitores de Fantomah se sentiram ameaçados por essa desconcertante e feia metamorfose, pois mais tarde ela passou a se transformar num personagem mais sensual e felino. Mesmo assim, ela é fiel ao modelo, pois magia e ocultismo são vitais para seu *status* de super-herói.

DR. OCULTO

Talvez o mais claro progenitor do super-herói moderno seja o herói místico de Jerry Siegel e Joe Shuster, Dr. Oculto, que estreou em *New Fun* nº 6 em 1935. O Dr. Oculto apareceu como um detetive fantasma tradicional, mas passou por uma impressionante transformação em 1936. Como diz o historiador Les Daniels, o Doutor "desenvolveu uma força imensa e começou a voar para lá e para cá num uniforme vermelho e azul".

---

98 Dick O'Donnell, "It's Magic", *The Comic Book Book* (New Rochelle, NY: Arlington House, 1973), p. 146.

99 (falando de trás para a frente).

LINDNER
©2007.

Com isso, serviu de protótipo para o Super-Homem, ainda inédito[100]. Por algum motivo, Siegel e Shuster mudaram depois o seu nome para "Dr. Místico", menos sujeito a discussões.

Eis, portanto, nosso elo perdido na evolução entre a Teosofia e a Golden Dawn, até chegar ao Homem-Aranha e The Flash. No *The Comic Book Book*, Dick O'Donnell afirma inequivocamente que "estudantes da história dos quadrinhos devem considerar a figura Oculta-Mística como o protótipo definitivo do Super-Homem, realizando muitos dos feitos posteriores do Super-Homem, mas fazendo-o graças a meios sobrenaturais e não a meios supercientíficos"[101]. É muito importante lembrar que o personagem que se torna o arquétipo definitivo do super-herói moderno foi trazido ao mundo pelos mesmos homens que criaram o obscuro "Dr. Oculto", e que o Super-Homem tem uma forte semelhança – embora não seja admitida – com seu progenitor místico. Na verdade, o nome do planeta natal do Super-Homem, "Krypton", deriva da palavra grega *kryptos*, que significa "escondido" ou "secreto". A tradução latina de *kryptos* é "oculto".

---

100 Les Daniels, *DC Comics: A Celebration of the World's Favorite Comic Book Heroes* (Nova York: Billboard Books, 2003), p. 44.

101 O'Donnell, "É mágica", p. 157.

CAPÍTULO 14

OS MESSIAS

Alguns historiadores dizem que o Messias judeu, tão esperado, era um rei da Terra – um homem do mundo, não necessariamente do espírito. A própria expressão, que significa simplesmente "ungido", esteve relacionada com diversos personagens do Antigo Testamento. Os judeus acreditavam que o Messias seria um descendente do rei Davi que os tiraria do cativeiro e restauraria o governo judeu na Palestina. A julgar por essa descrição, o primeiro dos primeiros-ministros de Israel, David Ben Gurion, poderia ser uma figura messiânica como qualquer outra pessoa. Mas pronuncie a palavra "Messias" e a primeira coisa que aparece na mente das pessoas é "Jesus Cristo".

O Messias dos quadrinhos é um nobre herói que se sacrifica em nome do altruísmo para salvar os outros. Naturalmente, o Super-Homem é o primeiro e mais evidente herói desse tipo; o Homem-Aranha é outro. O super-herói messiânico torna-se muito popular porque lida com ansiedades profundamente arraigadas na vida americana. Fascismo, corrupção empresarial e crime organizado aumentaram tanto que, no final da década de 1930, pareciam problemas insuperáveis e insolúveis. O Super-Homem saiu das fileiras do homem comum para combater essas ameaças. Naturalmente, os editores de DC rapidamente o suavizaram e inspiraram milhares de salvadores impotentes que diluíram a força do arquétipo.

O arquétipo, mesmo assim, ainda é uma figura popular. Embora os autores contemporâneos tenham se esforçado para tornar interessantes e relevantes o Super-Homem e outros personagens messiânicos, geralmente é difícil para o leitor identificar-se com um personagem que usa seus poderes com finalidades puramente altruístas, e não para obter vantagens pessoais. Com efeito, a salvação por causa do sacrifício de Jesus na cruz só faz sentido para quem se compromete plenamente com a fé cristã. Para muitos, é difícil não enxergar esses personagens como pessoas iludidas, ou, no mínimo, muito desorientadas. No reino mítico dos quadrinhos, porém, as leis da natureza humana costumam ser suspensas, e podem surgir Messias que não precisam ser ungidos por Deus para salvar seu povo ou a humanidade de modo geral.

SUPER-HOMEM

O Super-Homem, que estreou em *Action Comics* nº 1, de 1938, é um dos mais populares e duradouros personagens messiânicos. Criado por dois jovens cartunistas de Cleveland chamados Jerome Siegel e Joseph Shuster, o Super-Homem tem aparecido em milhares de revistas e tiras em quadrinhos, uma série de filmes, um show de rádio bastante popular, diversos desenhos animados para a TV e histórias de ação, brinquedos, jogos e lembrancinhas suficientes para fazer uma reta da Terra à Lua.

No entanto, o Super-Homem não foi sucesso da noite para o dia. Siegel criou-o muitos anos antes de sua estréia nos quadrinhos, mas não teve sorte ao tentar levá-lo para os sindicatos de jornais ou para os inexperientes editores de revistas em quadrinhos, que rejeitaram o personagem como fantástico demais. Finalmente, o editor da DC, Harry Donenfeld, comprou o personagem por 200 dólares e ele se tornou um sucesso imediato, inspirando milhares de imitadores. De várias maneiras, podemos dizer que todo super-herói de revistas em quadrinhos surgido posteriormente é, na verdade, uma variação do Super-Homem.

O Super-Homem é Kal-El, último filho de Krypton, enviado ao espaço quando bebê por seu pai, um cientista, pouco antes de seu planeta explodir. Sua cápsula espacial aterrissa na cidade de Smallville*, situada no Meio-Oeste americano. Ele é encontrado por um casal de idosos, os Kent, que dão ao bebê o nome de Clark e o criam como se fosse seu próprio filho. Clark, que desde o

* Pequenópolis, no Brasil; mantive Smallville por causa da série de TV, facilitando a identificação. (N. do T.)

3M-T43
LINDNER
©2007.

início demonstra uma força prodigiosa, sai de Smallville e vai para Metrópolis, onde trabalha como repórter para *O Planeta Diário.* Em momentos de crise, ele veste seu uniforme azul e vermelho e usa seus poderes – vôo, superforça e visão de raio x – para lutar pela verdade e pela justiça.

Em sua essência, o Super-Homem é um Messias da tradição bíblica, que também pode ser visto como uma metáfora para a assimilação dos judeus nos Estados Unidos. A destruição de Krypton é uma metáfora adequada para a Diáspora, bem como para o ataque às comunidades judaicas da Europa, o que levou à emigração em massa para os Estados Unidos no final do século 19. No romance de Michael Chabon sobre a indústria dos quadrinhos, *The Amazing Adventures of Kavalier & Clay,* um personagem judeu comenta sobre a identidade secreta de Clark Kent: "Esse Super-Homem, você não acha que ele é judeu? Vem lá do velho interior e muda de nome. Clark Kent – só um judeu iria escolher um nome desses"[102]. A identidade do Super-Homem como membro do Povo do Livro fica solidificada quando ele vai trabalhar como repórter e promete lutar o bom combate.

No entanto, Jerry Siegel teve uma visão mais esotérica de seu Super-Homem do que um mero novo rei Davi. Les Daniels comenta que Siegel "também deve ter percebido as analogias com Jesus", lembrando que o Super-Homem era "um homem enviado do céu por seu pai para usar seus poderes especiais pelo bem da humanidade"[103]. Outros autores também perceberam essas características crísticas e brincaram com elas ao desenvolverem personagens semelhantes. Kurt Busiek chamou sua versão do Super-Homem "o Samaritano" em sua série *Astro City.* A revista de sátiras *National Lampoon* tinha uma tira chamada *Son O' God* (Filho de Deus) que parodiava Jesus como herói semelhante ao Super-Homem, com capa vermelha e desenhos do astro da DC Comics Neal Adams.

Nos primeiros números de *Action Comics,* porém, o Super-Homem não é o Apolo sorridente e idealizado que vemos depois. É um cruzado irritadiço que combate, em nome do homem comum, a corrupção da elite do poder. Muitas de suas primeiras aventuras tocam em temas ocultos e mitológicos. Ele encontra Cleópatra (*Action* nº 14), luta para proteger as Grandes Pirâmides (*Action* nº 56), fica ao lado de Atlas e Hércules (*Superman* nº 28) e encontra

102 Citado *in* Jay Schwartz, "Jews and the Invention of the American Comic Book", *Jewish News Weekly of Northern California,* 21 de outubro de 2005. De modo análogo, "Kal-El" soa muito como hebraico. Como Moisés, o jovem Kal-El é posto em um pequeno veículo e é encontrado por bondosos gentios. Sua fuga para a Terra, desde Krypton, é uma estranha previsão do Holocausto que não tardaria, quando os pais mandavam seus filhos para fora da Europa a fim de salvá-los.

103 Daniels, *DC Comics,* p. 81.

um duende extradimensional com poderes mágicos chamado Sr. Mxyztplk (*Superman* nº 30). A fonte de seus poderes é o Sol, o que o liga a deuses solares como Hórus e Mitra, bem como a personagens bíblicos como Sansão e Elias. Esses aspectos divinos do caráter do Super-Homem aumentaram ao longo dos anos. O historiador Bradford Wright diz que "as revistas em quadrinhos do Super-Homem se transformaram num *mythos* fantástico, cada vez menos comprometido com algum padrão da realidade. Os poderes do Super-Homem, incríveis desde o início, atingiram proporções extraordinárias, divinas"[104].

Esses poderes "divinos" tornaram-se manchete de jornal com o cínico golpe de publicidade em torno da "Morte do Super-Homem". Nessa história, o Super-Homem é morto por um alienígena chamado Doomsday ("Dia do Juízo Final") e passa diversos números da revista numa espécie de limbo, enquanto um grupo de monótonos substitutos tentou ocupar seu lugar. Reforçando sua dimensão bíblica, o Super-Homem morre e se levanta novamente, com uma cabeleira crística que muitos tradicionalistas detestaram. Mostrando ainda o paralelo, a capa do romance gráfico *A Morte do Super-Homem* (de 1993, nos Estados Unidos) mostra um tributo de gosto duvidoso à *Pietá* de Michelangelo, com Lois Lane no papel da Virgem Maria.

Um comentário curioso sobre a saga do Super-Homem. Fora das páginas das revistas em quadrinhos, uma série de acontecimentos trágicos – a misteriosa morte do Super-Homem da TV, George Reeves, em 1959, o terrível acidente que deixou o Super-Homem Christopher Reeve tetraplégico, a morte por câncer de sua esposa e a séria doença dos astros de *Super-Homem III*, Margot Kidder e Richard Pryor, inspiraram uma conversa sobre a "Maldição do Super-Homem"[105]. Apesar da suposta maldição, porém, o Super-Homem ainda é um personagem popular e continua a render milhões para seus proprietários. O mago do caos Grant Morrison* chegou ao topo das paradas com sua série de 2005 *All-Star Superman*. O filme de 2006 *Super-Homem, o Retorno*, embora não tenha sido o terremoto que a Warner Bros. esperava, rendeu belos 390 milhões de dólares no mundo; o Cruzado de Capa é a estrela

---

104 Bradford W. Wright, *Comic Book Nation* (Baltimore: Johns Hopkins University Press, 2001), p. 60.

105 Muitos acreditam que Reeves foi assassinado, e essa controvérsia foi o tema do filme de 2006 *Hollywoodland*, com Ben Affleck. O Super-Homem Christopher Reeve feriu-se gravemente num acidente com seu cavalo. Sua esposa, Dana, morreu de câncer de pulmão em 2006, embora não fumasse. Margot Kidder (Lois Lane) sofreu de grave problema mental e Richard Pryor sucumbiu à esclerose múltipla. As fofocas em Hollywood chegaram a tal ponto que alguns atores famosos recusaram o papel no filme de 2006 *Super-Homem, o Retorno*.

* Autor de quadrinhos. (N. do T.)

da série de desenhos animados *Liga da Justiça*; e Superboy é o astro da série de 2006 *Legião dos Super-heróis.* O Super-Homem até cobriu a lacuna entre gerações com duas séries de TV de grande sucesso, que conquistaram um público feminino: *Lois e Clark: As Novas Aventuras do Superman*, e *Smallville.* Esses programas comprovaram que, se tratados corretamente, os novos deuses podem atrair um público maior, como "a expressão suprema das aspirações humanas ao poder e à mais pura liberdade"[106].

CAPITÃO MARVEL

Capitão Marvel, da Fawcett's Publishing, estreou na revista *Whiz Comics* nº 1 em 1940. Seu papel foi o de deus pagão do Sol, se comparado com o Messias do Super-Homem, mais davídico e tradicional. Criado pelo autor Bill Parker (que estudou literatura clássica na faculdade) e pelo artista C. C. Beck (filho de um pastor luterano), o Capitão Marvel foi o mais sério concorrente que o Super-Homem teve no mercado de quadrinhos. Com efeito, as *Captain Marvel Adventures* venderam mais do que as revistas do Super-Homem no apogeu desse herói, e o Capitão Marvel foi o primeiro super-herói a ser adaptado para o cinema, em 1941 (*The Adventures of Captain Marvel*). Com toda razão, a DC Comics viu no Capitão Marvel uma séria ameaça.

De diversas maneiras, o Capitão Marvel é um personagem mais fascinante do que o Super-Homem. Ele não é uma pessoa real, mas uma entidade mágica na qual o jovem Billy Batson se transubstancia quando murmura o encantamento ocultista "Shazam!" – nome do mago que concedeu poderes a Batson, e uma sigla das antigas divindades que emprestaram poderes ao Capitão[107].

A transfiguração de Batson lembra muito uma iniciação maçônica ou de sociedade secreta. Na primeira história do Capitão Marvel, Billy, um órfão que vive nas ruas, é levado por um misterioso homem desconhecido até um túnel abandonado do metrô, o que lembra as iniciações realizadas na Antigüidade. Subitamente, do nada, aparece um vagão do metrô sem condutor algum e decorado com símbolos místicos, e Billy e o desconhecido entram nele. Chegam a um salão antigo ladeado por estátuas que representam os sete inimigos

---

106 Les Daniels, *Comix: A History of Comic Books in America* (Nova York: Outerbridge, 1971), p. 11.

107 Salomão, figura bíblica reverenciada pelos ocultistas e maçons, que lhe concede sabedoria; Hércules, que lhe concede força; Atlas, que lhe concede sua resistência; Zeus, que lhe concede seu poder; Aquiles, que lhe dá coragem; e Mercúrio, que oferece a velocidade.

LINSNER©2007.

mortais do homem: orgulho, inveja, cobiça, ódio, egoísmo, ócio e injustiça. Billy entra numa sala de trono e seu misterioso companheiro desaparece.

Então, Billy encontra um antigo mago, Shazam, que conjura uma inscrição na parede às suas costas, onde constam os nomes das seis divindades. Billy repete a palavra mágica e é atingido por um relâmpago, transfigurando-se magicamente no Capitão Marvel*, resplandecente em capa e fantasia vermelha, branca e amarela – todas, cores solares. O mago é então esmagado por uma pedra e seu duplo astral, tal como Kenobi, aparece imediatamente e acende uma chama eterna numa urna cerimonial, simbolizando a morte e transformação de Osíris e o nascimento de Hórus, o novo Rei Sol. Shazam instrui o Capitão Marvel a sair e lutar contra o mal e a injustiça. Um dos inimigos de Marvel é Black Adam, cujo nome é uma cifra apropriada para "Homem egípcio"[108].

Na década de 1940, o Capitão Marvel viu-se cercado por seu próprio panteão, incluindo Capitão Marvel Jr. (*Whiz Comics* nº 25)[109], Mary Marvel (*Captain Marvel Adventures* nº 18), diversos Tenentes Marvel, um Tio Marvel e até um Coelho Marvel. Capitão, Capitão Jr. e Mary apareceram juntos em aventuras, espelhando a família sagrada do Egito, com Osíris, Ísis e Hórus. O fato de Mary Marvel ser a irmã gêmea perdida de Billy Batson ajuda a cimentar a conexão Osíris-Ísis.

Em 1953, após treze anos lucrativos, a Fawcett finalmente cancelou a série do Capitão Marvel, levada por vendas em queda e por uma série de ações legais da DC Comics. Mas a história não acaba assim. Fawcett deixou decair o direito de uso do Capitão Marvel e a Marvel Comics o tomou em 1968, só para acabar com a festa. Seu Capitão Marvel, com orientação de ficção científica, passou por uma série de encarnações, resultando em aventuras que, na maioria, são esquecíveis. A tira desfrutou do maior sucesso quando desenhada e escrita por Jim Starlin, um católico relapso obcecado por misticismo, magia

---

* Interessante comentar que três paranormais do século XX – o israelense Uri Geller, o brasileiro Thomas Green Morton e o inglês Matthew Manning – tiveram seus poderes relacionados com relâmpagos ou eletricidade, e, no caso de Uri e de Thomas, também com supostas entidades em ÓVNIS. (N. do T.)

108 "Black" [preto] é uma tradução aproximada do antigo nome do Egito, *Kemet*; Adam [Adão] significa "homem". No caso de Black Adam, SHAZAM significava as divindades Shu (deus do céu), Heru (Hórus), Amon (Amen, rei dos deuses, Zehuti (Thoth), Aton (Sol) e Mehen (jogo egípcio de tabuleiro).

109 Daniels, *DC Comics*, p. 86. As aventuras de Júnior foram desenhadas pelo talentoso Mac Raboy, que também criou o personagem mágico Dr. Voodoo, uma cópia do Dr. Oculto. A elegante arte de Raboy deu às aventuras de Júnior uma mística particularmente encantadora. Um dos mais famosos admiradores de Júnior foi Elvis Presley, que tomou emprestado seu penteado e seu uniforme como traje de palco.

e morte. Starlin lançou Marvel contra Thanos, um tirano alienígena que reverencia a morte como seu amante. Mais tarde, a morte chegou para o herói de Starlin numa novela gráfica de 1981 intitulada *The Death of Captain Marvel*, cuja capa também mostra uma paródia da *Pietà*, com o Capitão como Cristo e a Morte como a Virgem.

DC adquiriu o personagem Capitão Marvel da Fawcett e mudou o título (agora *Shazam*, por motivos jurídicos) na década de 1970. C. C. Beck foi contratado para desenhá-las, mas em pouco tempo saiu do projeto, protestando contra os roteiros juvenis que recebia para ilustrar. Após um começo promissor, o título naufragou. Em 1974, *Shazam* estreou como programa de ação ao vivo para uma nova geração de fãs do Capitão, mas este foi apresentado como um dos típicos heróis mornos de TV da década de 1970. Esse Capitão Marvel não combatia divindades egípcias reencarnadas ou robôs nazistas. Simplesmente aparecia quando as coisas ficavam tensas demais num monótono grupo de durões do interior. No entanto, o programa durou três temporadas. Como para indicar ao público a verdadeira natureza oculta do Capitão Marvel, um drama ritual de Ísis foi inserido logo após o programa em 1975[110].

CLONES DO CAPITÃO

Após o sucesso espetacular do Capitão Marvel, seria inevitável que outros personagens mitológicos e religiosos viessem em sua trilha. Sansão foi tirado do Livro dos Juízes e posto a trabalhar na *Fantastic Comics* da Fox, em 1939; Hércules tornou-se um astro na *Hit Comics* da Quality; o ícone americano, Tio Sam, ajudou a varrer os "japanazis" na *National Comics* da Quality, e a gigante editorial Dell criou seu primeiro super-herói no personagem explicitamente ocultista, Phantasmo.

Ameaçadoramente conhecido como o "Senhor do Mundo", Phantasmo fez sua primeira aparição na revista *Funnies* nº 45, de 1940. Em aparência, era idêntico ao Hércules da Quality (e ao Dr. Oculto) – um homem quase despido usando botas e calção, bem como uma capa com um colarinho dobrado. Phantasmo passou 25 anos no Tibete, onde Grandes Lamas (leia-se a Grande Fraternidade Branca de Blavatsky) ensinaram-lhe as artes místicas. Ele

---

110 *A Poderosa Ísis* tinha Joanna Cameron no papel-título, uma professora que encontra um amuleto mágico que lhe concede os poderes de Ísis. Esta, como um clone da Mulher Maravilha, não se saiu bem após uma estréia levemente promissora e em pouco tempo os enredos ficaram entediantes.

podia ficar imenso, voar, ficar invisível, atravessar matéria sólida e separar seu corpo astral do corpo físico. Outro clone, Flash Lightning (*Sure-Fire Comics* nº 1), recebeu seus superpoderes "do Velho das Pirâmides no Antigo Egito... para poder salvar o mundo da destruição pelo crime". O logotipo no peito de Flash – uma pirâmide com três relâmpagos saindo dela – remete os leitores à sua origem ocultista.

Ainda outro clone de super-herói dos primeiros tempos com toques mitológicos é Namor, o Príncipe Submarino, criado pelo artista Bill Everett. Namor apareceu primeiro na *Motion Pictures Funnies Weekly* em 1939 e também na *Marvel Comics* nº 1, no mesmo ano. Namor é metade humano e metade tritão, governante de um "reino subaquático" (a Atlântida em seu período final), com um relacionamento ambíguo com o povo da superfície. Ele não parece completamente humano (Daniels sugere que ele tem a aparência de "um espírito elemental dotado de poderes mágicos"[111]), e tem aspecto de elfo – sobrancelha arqueada, orelhas pontudas e um penteado que o Sr. Spock – de *Jornada nas Estrelas* – pegou emprestado. Namor detesta os habitantes da superfície, mas especialmente os nazistas. Com efeito, em 1940, ele acaba com um submarino nazista, um ano antes de os Estados Unidos entrarem na guerra (*Marvel Comics* nº 4). Como os outros deuses da Era de Ouro da Marvel, Namor se exilou após a guerra, mas voltou em *Fantastic Four* nº 4 em 1962, quando um teste nuclear destrói a Atlântida. Desde então, ele aparece regularmente no Universo Marvel.

Um clone do Capitão Marvel foi criado por pura necessidade. Marvelman foi criado pelos editores ingleses do Capitão Marvel depois que as histórias antigas pararam de chegar, em 1954. Diversas alterações foram feitas para mudar a aparência do modelo inspirador, embora superficiais. Billy Batson é substituído pelo jovem repórter Micky Moran; o mago Shazam é substituído pelo cientista Guntag Barghölt; a palavra "Shazam!" por "Kimota!" (tipo "atomik" ao contrário). Embora Marvelman não tenha incendiado o planeta e terminasse sua existência dez anos depois, estava destinado a coisas maiores quando foi reanimado em 1982. Pois foi em *Marvelman* (ou *Miracleman* nas "colônias") que os deuses dos quadrinhos, Alan Moore e Neil Gaiman, afiaram seus lápis.

---

111 Les Daniels, *Marvel: Five Fabulous Decades of the World's Greatest Comics* (Nova York: Abradale, 1991), p. 29.

O PODEROSO THOR

Jack Kirby nunca tirou o Capitão Marvel de seu sistema. Na verdade, pode ser seguro dizer que usar Thor como super-herói na versão do Capitão Marvel feita pela Marvel Comics foi idéia de Kirby. Elementos do Capitão estão presentes na estréia de *The Mighty Thor* em 1962 ("The Stone Men from Saturn", *Journey Into Mistery* nº 83). Nessa história clássica, Don Blake, estudante de medicina, deficiente físico, está de férias na Noruega quando uma força invasora de alienígenas rochosos aparece no céu. Blake se esconde numa caverna, onde encontra um bastão que, golpeado no chão, permite que seu portador se transforme no próprio Thor. É interessante comentar que a caverna onde ele se torna Thor faz eco com o túnel do metrô do Capitão Marvel – e ambos remetem às cavernas e grutas das antigas religiões de mistérios.

Journey Into Mistery também continha uma notável história paralela chamada *Tales of Asgard*. Nessas tiras, Lee e Kirby exploram diversos mitos nórdicos e dão a eles um toque pessoal. A arte de Kirby em *Tales* é, ao mesmo tempo, a mais charmosa e a mais sobrenatural. Obviamente, ele percebeu a força suscitada por esses mitos antigos, e sua arte exibe a influência da arte cripto-pagã de livros infantis do início do século 20. Mais tarde, Kirby retomou o enredo de *Thor* e o transformou numa desenfreada loucura cósmica/psicodélica/mitológica. Planetas ganhavam vida, Hércules e outros deuses do Olimpo apareciam e sumiam, e uma versão espacial do dr. Moreau, chamado de Alto Evolucionário, põe seus "Novos Homens" em combate contra o Deus do Trovão. O inimigo de Thor, Loki, concede aos vilões humanos poderes divinos e a amada de Don Blake, Jane Foster, também se transforma em deusa. Thor morre; Thor renasce; Odin tira o aspecto divino de Thor; Ragnarok acontece; Ragnarok acaba.

Kirby usou *O Poderoso Thor* como veículo para sua insaciável fúria interior e para sua imaginação ilimitada e quase sobrenatural. A série apresentava uma violência particularmente frenética, suavizada apenas pelos charmosos diálogos de Lee e pela tinta encantada de Vince Colletta. Kirby deixou a revista em 1971, mas o escritor Roy Thomas e o artista John Buscema trabalharam muito para manter vivo seu espírito. Osíris, Ísis, Hórus e Set chegaram a aparecer no Norte numa história de 1975 (*Thor* nºs 240-241). Em 1983, o apóstolo de Kirby, Walt Simonson, levou o herói de volta às suas raízes mitológicas (*Thor* nº 337) e até acrescentou a seus quadrinhos alguns floreios de desenho nórdico bem fundamentados.

OMAC – EXÉRCITO DE UM HOMEM SÓ

Em maio de 1944, a Fawcett introduziu *Radar the International Policeman* (*Master Comics* nº 50), uma tira criada em conjunto com o Escritório Americano de Informação de Guerra. Radar trabalhou naquilo que em breve seria o corpo central do Conselho de Segurança da ONU (EUA, GB, URSS e China) e combateu elementos fascistas em prol da harmonia global. Em 1950, o próprio Capitão Marvel promoveu essa Nova Ordem Mundial em "Capitão Marvel, cidadão do universo" (*Capt. Marvel Adventures* nº 111). Em 1974, Kirby usou essa linha com o ethos do Capitão Marvel e deu mais um passo com sua série da DC Comics *OMAC*.

OMAC, sigla em inglês de "Exército de um Homem Só", antes um operário de fábrica chamado Buddy Blank, é a criação de uma agência governamental mundial conhecida como Global Peace Agency (GPA ou "Agência de Paz Global"). A GPA é literalmente um grupo sem rosto de burocratas, responsável pela abolição da guerra. OMAC foi criado usando o poder onipotente do satélite de monitoramento da GPA, o Olho do Irmão, que é exatamente o que o nome sugere, um gigantesco globo ocular mecânico que orbita o planeta, mantendo todos sob constante vigilância.

Se você acha que Kirby tirou esse cenário de alguma propaganda de conspiração de direita, provavelmente acertou. Kirby era leitor voraz e fã desse gênero, e é bem provável que OMAC tenha emergido do interesse de Kirby por histórias conspiratórias como *None Dare Call it Conspiracy.* Embora OMAC não tenha durado muito, articulou um importante vínculo entre a mitologia oculta e a moderna teoria da conspiração. Obviamente, Kirby sentiu que as conexões sendo traçadas entre o simbolismo maçônico e o movimento de governança mundial eram fortes o suficiente para se criar um novo personagem à volta delas.

SUPER-HÓRUS: GAVIÃO NEGRO E O FALCÃO

Se procurarmos por dublês de Hórus nas revistas em quadrinhos, não encontraremos nada mais explícito do que o Gavião Negro da DC, que surgiu inicialmente na revista *Flash Comics* nº 1, em 1940. A história de como surgiu o Gavião Negro é uma repetição do mito do antigo deus solar, a mais direta que podemos encontrar num gênero moderno.

O Gavião Negro é o alter ego do arqueólogo Carter Hall, um típico personagem de *pulps* que descobre que é a reencarnação do príncipe egípcio Quéops. Quéops tem uma luta permanente com um sumo sacerdote chamado Hath-Set, que, na história em quadrinhos, reaparece como um cientista louco chamado Anton Hastor. O antigo conflito entre os dois volta a acontecer, agora nos Estados Unidos. Hall descobre um metal que desafia a gravidade, e com ele constrói um par de asas e usa-as em sua luta contra as forças das trevas.

Em 1961, o Gavião Negro foi reencarnado pelo escritor Gardner Fox e pelo artista do Gavião Negro da década de 1940, Joe Kubert, como Kator Hol, policial alienígena do planeta Thanagar (*Brave and the Bold* nº 34), refletindo um afastamento dos arquétipos míticos da primeira onda de super-heróis e uma aproximação dos heróis baseados na ficção científica das décadas de 1950 e 1960. Essa versão de messias alienígena do Gavião Negro durou até os dias atuais – a Mulher-Falcão alienígena tem sido personagem regular na popular série *Liga da Justiça* do canal de TV paga Cartoon Network.

Gavião Negro nunca foi um herói da lista A, e por isso foram poucos os clones viáveis do Gavião Negro. Em 1966, o gigante da animação Hanna-Barbera produziu uma réplica descarada chamada Homem-Pássaro (*Homem-Pássaro e o Galaxy Trio*), que adota o simbolismo de Hórus e tem poderes concedidos pela divindade solar egípcia, Ra. Mais tarde, o Homem-Pássaro ressuscitou como um personagem cômico para a série do Cartoon Network *Homem-Pássaro – Harvey, o Advogado*, e como o Falcão Azul, que fazia dupla com o Bionicão (dublê de Anúbis) em 1976 no programa *Scooby Doo/Dynomutt Hour* no canal americano ABC.

A Marvel, porém, não hesitou em injetar bastante simbolismo ocultista na história da origem do clone do Gavião Negro. Aparecendo pela primeira vez em *Captain America* nº 117, o Falcão é o alter ego de um meliante negro chamado Sam Wilson. Após cair numa ilha deserta, Wilson encontra o arquiinimigo do Capitão América, o Caveira Vermelha. Usando a versão da Marvel da Pedra Filosofal da alquimia (chamada agora de "o Cubo Cósmico"), o Caveira Vermelha transforma magicamente Wilson em super-herói. A origem do Falcão é mais precisa que a de seu antecessor, pois Hórus é simbolizado por um falcão peregrino, e não por um falcão qualquer. No entanto, por algum motivo inexplicável, no início Falcão não tinha asas. Só foi no número 171 que ele recebeu suas asas, semelhantes às do Gavião Negro, que ele manteve desde então.

De várias maneiras, é surpreendente que o Gavião Negro e o Falcão não sejam mais populares. Como o Capitão Marvel e Thor, eles representam a fantasia suprema – seres dotados de poderes incríveis que caem literalmente do céu. Talvez seja por isso que não são considerados deuses dignos. Eles não sofrem como todos nós. Billy Batson é órfão; Don Blake é aleijado; eles sofrem por sua divindade. Carter Hall, por sua vez, é um janota e Sam Wilson um bandido. Eles não merecem o poder que recebem.

CAPITÃO AMÉRICA

Com o Capitão América, surgiu um novo tipo de messias – o herói científico – chamado à ação para combater o fascismo. Na capa do primeiro número de *Captain America*, de 1941, seus criadores Joe Simon e Jack Kirby mostram seu herói esmurrando Adolf Hitler – nove meses antes de os Estados Unidos declararem guerra à Alemanha. O editor de *Captain America*, Martin Goodman, resolveu, desde 1938, usar seu império dos *pulps* como veículo de propaganda contra Hitler[112].

O Capitão América é o alter ego de Steve Rogers, um rapaz magricela e doentio que, alarmado diante do avanço do fascismo, oferece-se como voluntário no Exército americano, mas é rejeitado por causa de sua saúde precária. No entanto, seu interesse é notado por algum oficial graduado, que o matricula no programa de Super-Soldados, liderado pelo brilhante cientista Emil Erskine e dedicado a transformar recrutas pouco qualificados em *übermenchen* nietzschenianos por meio da ciência[113]. Assim que Rogers é transformado, Erskine é assassinado por um nazista antes de conseguir documentar suas fórmulas. Assim, Rogers é o alfa e o omega do programa. Seu primeiro ato como Capitão América é vingar a morte de Erskine. Depois, ele cria um traje que é uma colagem de elementos míticos: botas e luvas de mosqueteiro, capuz decorado com asas de Mercúrio, cota de malha do rei Arthur, calções atléticos do Super-Homem e um escudo da guarda pretoriana. Seu principal inimigo, o Caveira Vermelha, foi extraído sem cerimônia de uma antiga história de *Doc Savage*[114].

Como o Super-Homem, o Capitão América inspirou um exército de bisonhos imitadores patrióticos. A DC não demorou para contratar Simon e Kirby, tirando-os da Timely, colocando-os para trabalhar na revisão de Sandman

---

112 Daniels, *Marvel*, p. 36.

113 Ironicamente, os verdadeiros nazistas estavam fazendo experiências com sua própria fórmula de Super-Soldados naquela época, injetando em prisioneiros e militares um coquetel de metanfetaminas e anabolizantes.

114 "The Red Skull", *Doc Savage Magazine*, agosto de 1933.

e criando dois novos personagens – A Justiceira [Manhunter] e o Guardião com seu escudo[115]. O Capitão América foi entregue ao novato Stan Lee, e as vendas caíram. O Capitão conseguiu uma glamourosa companhia feminina chamada Mulher Dourada em 1948 (*Captain America* nº 66), mas após a guerra ele passou para a obscuridade, até ser ressuscitado na década de 1950 como "Capitão América, Esmagador de Comunistas". Apesar dos melhores esforços de Lee para aproveitar-se da Ameaça Vermelha, o Capitão acabou derrotado pelo inimigo supremo de todos os messias dos quadrinhos – as baixas vendas. Seu último número, em 1950 (*Captain America's Weird Tales* nº 74), nem o mostrava na capa.

Entretanto, esse messias que morre e ressuscita não foi facilmente esquecido. Em 1964, quando a revitalizada Marvel precisou de novos heróis para fomentar sua revolução da década, o Capitão América foi novamente encontrado, agora nos mares gelados do Ártico, por outro herói da década de 1940, Namor, na revista *The Avengers* nº 4. Mordido de inveja, Namor lança seu velho parceiro de volta ao mar, mas o Capitão é descoberto pela superequipe e em pouco tempo se torna seu líder. Após uma longa série em *Tales of Suspense*, o Capitão recebeu seu próprio título no final da década de 1960.

O Capitão América desfrutou de uma encarnação estranha como ícone da contracultura. O personagem de Peter Fonda no filme *Sem Destino*, de 1969, um motoqueiro que lida com drogas, adotou seu nome e elementos de seu traje. E na década de 1970, ele foi lançado como um solitário anti-herói. Em vez de combater ameaças estrangeiras como o nazismo ou o comunismo, ele declara uma guerra de um só homem contra a corrupção doméstica, tocando em filmes populares e iconoclastas da época, como *Com as Próprias Mãos* e *Billy Jack*. Refletindo o amargo estado de espírito americano pós-Watergate, e talvez procurando resgatar um pouco do brilho de *Sem Destino*, os produtores de um filme feito em 1979 para a TV e impossível de ser assistido apresentaram um ridículo Capitão América, que ia por aí numa motocicleta modificada e combatia o crime num traje azul-bebê e capacete de motociclista. O filme não chegou a parte alguma.

Na década de 1980, o Capitão América voltou a ser um super-herói genérico, talvez refletindo o relacionamento incerto que os americanos – especialmente os desajustados intelectuais que se sentem atraídos por revistas em quadrinhos – mantinham com o patriotismo. Leitores sofisticados precisavam de mais de seus messias do que simples acenos com a bandeira.

---

115 Depois, a Justiceira foi posicionada por Kirby como membro de uma sociedade secreta iniciática, como a Maçonaria (*First Issue Special* nº 5, agosto de 1975).

O Capitão foi um grande instrumento de propaganda durante a Segunda Guerra Mundial, mas desde então perdeu relevância. Sentindo isso, e talvez sentindo as atitudes amargas com relação ao patriotismo após a desastrosa campanha no Iraque, a Marvel matou o Capitão num roteiro de 2007, fartamente alardeado. Qualquer um pode arriscar o palpite sobre seu eventual ressurgimento.

CAPÍTULO 15

OS HERÓIS CIENTÍFICOS DA ERA DE PRATA

Os super-heróis dos quadrinhos estavam por toda a parte na década de 1940. Segundo pesquisas, metade da população dos Estados Unidos lia revistas em quadrinhos. Durante a guerra, 90% dos títulos da DC eram baseados em super-heróis. As revistas vendiam mais do que *Saturday Evening Post* e o *Reader's Digest* juntos, numa proporção de dez para um, nas bancas de jornal militares[116]. Os super-heróis fizeram propaganda não apenas para

116 Bradford W. Wright, *Comic Book Nation* (Baltimore: Johns Hopkins University Press, 2001), p. 57.

o esforço de guerra, como para diversos programas governamentais e não-governamentais – títulos de guerra, coleta de sucata e papel usado, a Cruz Vermelha americana, a United Service Organization (USO, organização não-governamental de apoio a tropas americanas) e outros esforços promocionais patrióticos. Mas com sua missão cumprida em 1945, as vendas de revistas de super-heróis começaram a declinar, sendo substituídas por revistas com animais engraçadinhos, humor adolescente e histórias românticas. Mas nenhuma dessas revistas conseguiu vender como as dos super-heróis, e a indústria sofreu.

A PORNOGRAFIA DA VIOLÊNCIA

Como normalmente acontece, a pressão do mercado força os editores a mirar na sarjeta, e as vendas declinantes dos super-heróis incentivaram uma sensível redução no nível do conteúdo. Começando com *Crime Does Not Pay* de Lev Gleason, de 1942, as revistas em quadrinhos sobre crime inundaram o mercado até que, em 1948, um em cada cinco gibis falava de crime[117]. Bradford Wright afirma que os quadrinhos de crime "tratavam de violência, de brutalidade e de sadismo num grau nunca visto antes em revistas em quadrinhos – em alguns casos, nunca visto antes em veículos de entretenimento de massa"[118].

Às revistas de crime seguiram-se o terror igualmente explícito. Esses títulos usavam, naturalmente, temas do ocultismo e do sobrenatural, normalmente lobisomens e vampiros, mas também muitos assassinos humanos comuns, fatiando e cortando belas mulheres. As revistas em quadrinhos de terror mais conhecidas eram publicadas pela Entertainment Comics, mais conhecida como EC, administrada por William Gaines (filho de Max) e pelo editor Al Feldstein. As histórias de terror da EC baseavam-se ostensivamente na moral convencional, com um toque sanguinolento normalmente reservado para criminosos e malfeitores. Mas Gaines e Feldstein também se divertiam tentando superar-se um ao outro com enredos extravagantemente torpes. As histórias resultantes eram de humor negro sagaz e bem elaborado, mas estavam sendo

117 Mike Benton, *Horror Comics* (Dallas: Taylor, 1991), p. 9.
118 Wright, *Comic Book Nation*, p. 77.

vendidas para crianças muito jovens. Até Gaines e Feldstein sentiam remorso com esses quadrinhos de terror, acabando por admitir que a crítica feita a respeito deles era essencialmente justificada.

A maior parte das revistas em quadrinhos de crime e de terror era pouco mais do que exploração, violência e degeneração por si mesmas, tornadas ainda mais graves por se dirigirem a um público pré-adolescente. Muitas vezes, eram publicadas para manter as impressoras funcionando depois que o público perdia interesse pelos super-heróis. Gaines tentou – de maneira pouco engenhosa – defender esses quadrinhos perante uma subcomissão do congresso, mas a linha da EC cessou em meados da década de 1950[119]. Pouco depois, Gaines passou o livro em quadrinhos *MAD* para o formato de revista, criando um dos mais exitosos e influentes ícones culturais do século 20.

SEDUÇÃO

O mais eloqüente cruzado contra as revistas em quadrinhos foi Frederick Wertham (1895-1981), um judeu alemão de tendência esquerdista que foi para os Estados Unidos em 1922 para trabalhar como psiquiatra. Sua obra beneficente junto a delinqüentes juvenis e criminosos infantis convenceu-o de que revistas em quadrinhos violentas exerciam um efeito destrutivo sobre a mente dos jovens. Ele começou uma campanha contra as revistas em quadrinhos em 1941, mas recebeu pouca atenção antes do aumento das vendas dos títulos sobre crime. Em 1954, publicou seu tratado monumental contra revistas em quadrinhos, *The Seduction of the Innocent.* Além de criticar a sanguinolência e a depravação nas revistas em quadrinhos de crime e de terror, Wertham atacou os super-heróis, dizendo que a violência e o aspecto justiceiro de suas histórias incentivavam um comportamento anti-social, perversões sexuais e impulsos fascistas. Seu ataque teve um efeito poderoso na subcomissão do senado americano que tratava de delinqüência juvenil, liderada pelo senador do Tennessee, Estes Kefauver. Em boa parte graças à sua campanha, o público voltou-se contra as revistas em quadrinhos, e os editores viram-se ameaçados econômica e politicamente. Era publicar ou morrer.

---

119 Wright, *Comic Book Nation*, pp. 177, 178, 181.

O CÓDIGO

Em 1954, os principais editores se reuniram e formaram um corpo de severa autocensura chamado Comics Code Authority (CCA, ou Código de Ética dos Quadrinhos). O CCA baniu palavras como "terror" e "horror" dos títulos, expulsou lobisomens, vampiros e zumbis, e proibiu representações explícitas de assassinatos ou sexo. Todas as revistas tinham de passar pelo CCA para receber literalmente um selo de aprovação.

Da noite para o dia, mortes, sangue e sexo sumiram das histórias em quadrinhos, mas a indústria mal sobreviveu ao furor. Uma conseqüência não intencional do Código foi forçar os criadores a mergulhar no fundo de sua imaginação para chamar a atenção de seus leitores. Imagens realmente bizarras de ficção científica e de fantasia entraram na mistura, o que abriu as portas para a eventual reinterpretação teológica dos super-heróis. Como escreve Daniel Herman: "O Código de Ética não foi um impedimento a um desenvolvimento maior dos artistas e de sua arte, apenas um desvio"[120]. O Código, com efeito, prenunciou o tempo que viria e que ficou conhecido como Era de Prata.

A ERA DE PRATA

A Era de Prata dos quadrinhos começou com a revista *Showcase* nº 4 em 1956, com a reinvenção do herói da Era de Ouro, o Flash, criado por Robert Kanigher e Carmine Infantino. O criador original, Gardner Fox, chamava Flash de "uma reencarnação do Mercúrio alado"[121], mas a nova versão era, na verdade, um cientista policial que adquire supervelocidade após um acidente no laboratório. Em contraste com os personagens resmungões e desalinhados da Era de Ouro, o novo Flash da Era de Prata assinala o surgimento de uma estirpe limpa, sagaz e futurista de heróis.

Em 1959, um Lanterna Verde de orientação *sci-fi* (*Showcase* nº 22) fez sua aparição; ressuscitou, não como um herói que obtém seus poderes numa lanterna mágica, mas como um piloto de provas chamado Hal Jordan que recebe a iniciação numa galáctica Corporação da Lanterna Verde das mãos de um alienígena agonizante[122]. Criado pelo escritor John Broome, a arte do novo Lanterna

---

120 Daniel Herman, *Silver Age: The Second Generation of Comic Book Artists* (Nesahannock, PA: Hermes Press, 2004), p. 90.

121 *Flash Comics* nº 1, janeiro de 1940, p. 50.

122 Essa fraternidade galáctica, com imagem de anel e lanterna, tem um ar bastante maçônico. Broome, seguidor de Wilhelm Reich, não era alheio a temas esotéricos, e deixou os quadrinhos para estudar o Zen na Ásia. Morreu na Tailândia em 1999.

Verde ficou nas mãos do lendário artista Gil Kane, mestre do estilo esguio e elegante que identificou a Era de Prata na DC. Kane também participou em 1961 do ressurgimento do Átomo (*Showcase* nº 34), um enfadonho fortão em sua encarnação na Era de Ouro, mas renascido como o cientista Ray Palmer que, usando "matéria de estrelas anãs", consegue reduzir-se a um tamanho microscópico, mantendo porém a força de um homem de tamanho normal.

O arquétipo do herói da ciência se encaixava no *zeitgeist* da era atômica e da era espacial, que se aproximava celeremente. Falava das fobias e aspirações dessa época, apresentando uma imagem limpa, ordenada e comunitária da sociedade americana. Os Heróis da Ciência mantinham a convicção cívica de um governo federal forte e centralizado, e de uma classe média próspera. Enquanto os heróis da década de 1940 brincavam com o idealismo rooseveltiano transformando em vilões os cobiçosos executivos das grandes empresas, os novos heróis da ciência eram orgulhosos servidores do complexo militar-industrial.

Embora alguns tenham criticado os heróis da Era de Prata por serem mornos, pouco expressivos e tensos, eles ofereceram algo que faltava na cultura popular – uma visão otimista e positiva, e heróis dignos de imitação. Sua visão era esperançosa e idealista, ainda muito atraente para os fãs e criadores de hoje. O sucesso do arquétipo inspirou a decadente Marvel a adotar o novo paradigma heróico. Stan Lee e seus talentosos *freelancers* acabaram invocando o espírito dos novos deuses e mudaram a face do mundo dos quadrinhos – e da cultura norte-americana – para sempre.

HOMEM-ARANHA

Um dos mais conhecidos personagens do mundo é o Homem-Aranha, criado por Stan Lee e Steve Ditko em 1962 (*Amazing Fantasy* nº 15). O Homem-Aranha tem rendido milhões sem conta para a Marvel Comics, aparecendo em quadrinhos, desenhos animados, filmes, livros para colorir, romances, discos e livros infantis. Foi usado para vender brinquedos, jogos, cereal, comida enlatada, produtos de papel, doces, sabonetes, roupas e tudo que você puder imaginar. O Homem-Aranha é a mascote oficial da Marvel, assim como Mickey Mouse é o da Disney. O que muitos fãs não sabem, porém, é que a história do Homem-Aranha é profunda e misteriosa.

O Homem-Aranha foi desenvolvido a partir de um personagem inédito chamado Aranha Prateada. Criado pelo escritor Jack Oleck e pelo artista do Capitão Marvel C. C. Beck, o Aranha Prateada era um jovem órfão que encontra um anel mágico que o transforma num super-herói do tipo Marvel. Joe Simon e Jack Kirby rebatizaram o personagem "Homem-Aranha" na década de 1950, mas perderam o interesse em publicá-lo antes de enviá-lo para a gráfica. Mais tarde, trabalharam a origem ocultista do personagem, chamaram-no de Mosca, e venderam o personagem para a Archie Comics, que publicou os quatro números iniciais de *Adventures of the Fly* em 1959. Pouco depois, Kirby voltou à Marvel e vendeu a idéia do Homem-Aranha original a Stan Lee, que alterou completamente o personagem e o entregou ao artista Steve Ditko[123].

Lee, que, como a maioria das pessoas na década de 1950, ficou fascinado com a radiatividade, criou um enredo no qual o *nerd* Peter Parker ganha poderes após ser picado por um aracnídeo. De algum modo, o jovem Peter não morre por causa da radiação, mas adquire a força e a agilidade de uma aranha, bem como um incrível "sentido de aranha". No início, Peter decide usar esses poderes para ganhar dinheiro numa carreira como lutador profissional, mas seu mundo vira de cabeça para baixo depois que um ladrão – que ele deixa escapar – mata seu querido tio Ben. Tendo aprendido, da maneira mais difícil, que "com grandes poderes vêm grandes responsabilidades", Peter veste o obrigatório uniforme de tecido elástico e sai às ruas para combater o mal. Ele também desafia as leis da geometria voando por Manhattan em arcos impossíveis e em alta velocidade, usando seu atirador de teias.

Como o Capitão América, o Homem-Aranha é um *nerd* fracote que se transforma em herói por meios pseudocientíficos – mas ainda sofre as indignidades dos valentões da escola sem recorrer à sua imensa força para se defender. E esse é o segredo do seu sucesso. O Homem-Aranha foi mostrado aos leitores como um coitado – "o herói que poderia ser você", como Stan Lee coloca tão bem. Peter Parker não só é importunado na escola, como também o Homem-Aranha é transformado em vilão por J. Jonah Jameson, editor do tablóide *O Clarim Diário*. Isso exerceu um imenso atrativo sobre um público sujeito aos valentões e à sensação de perseguição.

The Amazing Spider-Man foi uma revista campeã de vendas na década de 1960, e seu personagem rapidamente adaptado a outros veículos. Um desenho animado popular (e fiel) apareceu entre 1967 e 1970. O Aranha se tornou um convidado freqüente do programa infantil *The Electric Company* na TV educativa americana em 1974. Um programa ao vivo apareceu na CBS

123 Ver Joe e Jim Simon, *The Comic Book Makers* (Clinton, NJ: Vanguard, 2003), pp. 182-184.

em 1978, e duas séries de desenhos animados diferentes foram ao ar em 1981. Outra série foi apresentada na Fox entre 1994 e 1998, e uma minissérie de animação computadorizada foi veiculada na MTV em 2003. Naturalmente, tivemos os filmes do Homem-Aranha, dirigidos por Sam Raimi e estrelados por Tobey Maguire com imenso sucesso; um terceiro foi lançado em 2007. O sucesso desses filmes também inspirou uma série de videogames imensamente popular. No momento em que escrevo, a popularidade do Homem-Aranha não dá sinais de enfraquecimento.

O SURFISTA PRATEADO

Stan Lee e Jack Kirby criaram, de maneira extremamente imprevista, outro grande personagem messiânico da Marvel Comics. Na verdade, o Surfista Prateado começou a vida como um "pensando bem..." Enquanto desenvolvia um enredo no qual o Quarteto Fantástico enfrenta Galactus, um imenso alienígena que viaja de galáxia em galáxia nutrindo-se da energia de planetas inteiros, Kirby rabiscou um humanóide metálico montado numa prancha de surfe, explicando para Lee que um personagem tão portentoso quanto Galactus precisaria de um arauto para anunciar sua chegada[124]. Lee adorou a idéia e usou o Surfista como um batedor que cruza o universo à procura de planetas para a degustação de Galactus. Em 1966, os dois apareceram numa aventura que assinalou o pico da colaboração entre Lee e Kirby ("A chegada de Galactus", *Fantastic Four* nº 48). Numa história distribuída por diversos números da revista, o Surfista Prateado encontra a namorada cega do Coisa, Alicia Masters, que o convence de que a humanidade é digna de salvação. Então, ele se rebela contra Galactus e ajuda o Quarteto Fantástico a derrotá-lo. Como punição, o Surfista ficou na Terra, banido por Galactus.

O Surfista tornou-se um convidado freqüente do *Quarteto Fantástico.* Quando a Marvel expandiu sua linha em 1968, o personagem ganhou sua própria revista. A versão do Surfista feita por Lee, porém, ficou bem diferente da versão de Kirby. Lee o via como uma figura explicitamente crística, e, em 1969, lançou-o até contra Mefisto, versão de Satã criada pela Marvel (*Silver Surfer* nº 8). Sem a imaginação feroz de Kirby, alguns sentiram que o Surfista perdeu seu toque cósmico. O título foi interrompido após meros dezoito

124 Mais tarde, Kirby disse que Galactus era sua visão de Deus, o que diz muito sobre o modo como Jack Kirby via o mundo. Ver William A. Christensen e Mark Seifert, "O rei", *Wizard Magazine* nº 36, agosto de 1994.

números. Em 1978, Lee e Kirby se associaram para criar o primeiro romance gráfico original da Marvel, *The Silver Surfer*, e o Surfista conquistou novamente sua própria série em 1988, que foi um sucesso. Um desenho animado de curta duração com o Surfista apareceu na rede Fox em 1998, e o personagem aparece no segundo filme do *Quarteto Fantástico*.

CAPÍTULO 16

OS GÓLENS

O segundo arquétipo importante de super-herói, o Golem, provém do misticismo judeu. O mito do Golem data dos guetos da Europa Oriental, onde os judeus se viam periodicamente hostilizados por gentios hostis. Segundo a lenda, rabinos confeccionaram o Golem com argila e o animaram usando a magia da Cabala. Os Gólens protegiam os judeus e puniam seus inimigos. Porém, está implícito nas histórias do Golem um certo perigo para aqueles que o Golem deve proteger.

Mas a mais famosa história de Golem trata do rabino Loew, líder judeu em Praga – um próspero centro para a alquimia, Cabala e outras práticas ocultistas – no final do século 16. Após uma série de ataques anti-semitas por moradores hostis, Loew criou um Golem com a lama do rio Vltava e soprou nele a vida usando a gematria da Cabala. Ele inscreveu o epíteto hebreu *emet* ("verdade") em sua testa. Mas o Golem, que deveria proteger os judeus, em pouco tempo ficou poderoso demais para que Loew o controlasse, e passou a ser uma ameaça para judeus e gentios. Os aldeões prometeram parar com os *progroms* caso Loew destruísse o Golem. Loew apagou a primeira letra da palavra *emet* da testa do Golem, deixando a palavra *met*, que significa "morte".

O Golem foi um dos temas literários prediletos do folclore cristão e judeu, inspirando alquimistas como Paracelso, que procurou criar uma versão em

LINSNER
©2007.

miniatura chamada de *homunculus* ("homenzinho", em latim). As primeiras histórias impressas do Golem apareceram em 1847 em *Galerie der Sippurium*, uma coletânea de histórias do folclore judeu. Um filme alemão chamado *The Golem: How He Came into the World* foi feito por Paul Wegener em 1920. Alguns dizem que os Golem são os primeiros robôs da literatura; outros vêem-nos como zumbis.

O arquétipo do Golem nos quadrinhos tem raízes temáticas nas lendas, mas com muitas diferenças importantes. Nos quadrinhos, o Golem costuma ser um anti-herói. Gólens como Batman são heróis perigosos, pois agem movidos pela necessidade de vingança. Gólens como Wolverine e Justiceiro são alucinados, e sua raiva faz com que matem de maneira quase indiscriminada. Além da necessidade de vingança, os Gólens costumam ter algum componente artificial – um aspecto cibernético, ou até algo simples como um disfarce, que serve para mudar sua natureza. O Golem é um homem transformado em algo diferente, normalmente por meio de uma ciência arcana.

As forças que movem o Golem fazem-no capaz de causar mal a aqueles que ele deveria proteger. Historicamente, o Golem é uma expressão de raiva, e, em última análise, de impotência. Há, de modo geral, algo fraco ou vulnerável em personagens do tipo Golem, algo que precisa ser protegido por algo forte. O Homem de Ferro da Marvel é, na verdade, Tony Stark, um *playboy* do tipo Bruce Wayne que precisa ser envolvido por uma armadura para proteger seu coração fraco[125]. Frank Miller retratou Bruce Wayne de maneira brilhante em *Cavaleiro das Trevas* como uma criança ferida que volta e meia se recorda do assassinato de seus pais.

Personagens Golem como o Sombra tornaram-se populares na década de 1930, quando o crime organizado era tão assustador para o cidadão comum quanto os cossacos para os judeus russos. Os três principais responsáveis pela criação e desenvolvimento de Batman – Bob Kane, Bill Finger e Jerry Robinson – eram judeus nascidos nos Estados Unidos que, provavelmente, ouviram as histórias do Golem em algum momento da vida. Eles traduziram o horror dessas lendas para o medo mais generalizado das crianças que enfrentam os valentões e pela real sensação de falta de defesa experimentada por qualquer cidadão honesto que se defronta com gângsteres.

Bem, e o que há nos quadrinhos para terem dado origem a tantos Gólens? A resposta pode estar nas pessoas que os criam. Muitos dos principais escritores dos primeiros tempos dos quadrinhos eram judeus da Diáspora que

---

125 Os roteiristas, mais tarde, passaram a retratar Stark como alcoólatra. *Iron Man* nºs. 120-128, 1979.

criaram seus heróis à sombra do anti-semitismo. Histórias de perseguição estavam muito frescas nas mentes dos jovens judeus que fizeram personagens como Batman, o Coisa e o Hulk. Judeus ou não, muitos leitores (e criadores) de quadrinhos costumam ser jovens cultos e sensíveis, propensos a serem atormentados pelos valentões da escola. O arquétipo do Golem é, basicamente, o subproduto da insegurança e do orgulho ferido. Ele proporciona um alívio emocional satisfatório para a raiva reprimida, para a frustração e para a sensação da impotência causadas por perseguições e provocações.

BATMAN

A figura arquetípica do Golem, Batman, surgiu na *Detective Comics* nº 27 em 1939. Batman foi inspirado na imagem que Gibson criou para o Sombra, sendo apresentado como o alter ego do milionário Bruce Wayne, cujos pais são mortos a tiros diante de seus olhos. Originalmente, seu criador, Bob Kane, retratou Batman como impiedoso e implacável. Com o aumento da popularidade de seu herói, porém, Kane suavizou algumas dessas arestas e o tornou menos vingativo. Em 1940, apresentou Robin, o jovem ajudante de Batman, que presta juramento na fraternidade de combate ao crime numa cerimônia à luz de velas em *Detective Comics* nº 38[126]. Robin foi apresentado, conforme se alega, como um personagem com o qual os jovens leitores poderiam se identificar. Mas há alguma coisa perturbadora num cenário em que um adulto expõe um garoto pré-púbere a constantes perigos físicos. O ajudante-mirim, embora deixado de lado na Era de Prata, ainda é motivo de ataques por parte de críticos e comentaristas satíricos. O programa humorístico *Saturday Night Live* mostra o desenho animado de Robert Smigel *The Ambiguosly Gay Duo* (A dupla ambiguamente gay), que ironiza a aparente confusão sexual da dupla.

No entanto, as inócuas e inofensivas histórias de Batman pós-Código de Ética levaram os entediados roteiristas a criar uma *extravaganza* surrealista e onírica. No final da década de 1950, o herói se viu em algumas das mais estranhas histórias já vistas em quadrinhos – histórias ainda mais perturbadoras, a seu modo, do que os quadrinhos de crime. Batman mergulhava em outras dimensões e era perseguido por criaturas de outras dimensões que mergulha-

---

126 Quando os quadrinhos foram analisados para se avaliar a violência de seus roteiros, Batman foi atacado como "o sonho de dois homossexuais vivendo juntos". Wertham, em *Seduction of the Innocent*, afirmou que "se Batman fosse funcionário público, seria demitido". (Nova York: Reinhart, 1954), pp. 190, 191.

vam na nossa. Tornou-se um alienígena com cabeça de bolha, um cavaleiro medieval, um monstro gigante do tipo Godzila, e descobriu seu gêmeo psíquico. Um estranho grupo de companheiros – Mulher-Morcego, Batmoça, Batduende, Batcão e até Batmacaco – apareciam regularmente. E toda essa maluquice que confundia a mente era mostrada no estilo suave e infantil da DC Comics da década de 1950, o que tornava os acontecimentos ainda mais psicodélicos e perturbadores. Como resultado, Batman quase foi cancelado.

Em 1964, o editor Julius Schwartz entrou em cena e devolveu Batman ao combate ao crime urbano. Convocou seu artista preferido, Carmine Infantino, que fazia *Flash*, para redesenhar a série e as vendas voltaram a aumentar. O *new look* de Batman chamou a atenção de Hollywood, e foi planejada uma série de TV *Batman*, estrelando o ator Adam West. Essa produção de 1966, com seu ar espalhafatoso, foi um sucesso monstruoso, e deu início à primeira onda de "Batmania" (uma alusão à "Beatlemania", de dois anos antes). O programa ia ao ar duas vezes por semana e os melhores atores e atrizes de Hollywood começaram a fazer fila para aparecer nele.

Batman foi parte de uma onda de programas de fantasia e ficção científica da década de 1960, que incluiu *A Feiticeira*, *Jeannie É um Gênio*, *Família Addams*, *Os Monstros*, *Meu Marciano Favorito* e *Jornada nas Estrelas*. Na década de 1960, monstros e mitos reapareceram como parte da mente popular, e uma explosão dionisíaca sem precedentes coroou a década. Embora seu triste efeito posterior tenha varrido quase tudo que a tenha precedido, as reprises de programas como *Batman* e *Jornada nas Estrelas* encontraram caminho nos canais de TV paga e ainda inspiram novas gerações de fãs.

Com o abrandamento da Batmania, Julius Schwartz decidiu levar mais a fundo ainda o conceito do detetive como Cavaleiro das Trevas. Ele contratou dois escritores – o jovem e esperto Denny O'Neil e o veterano escritor e artista Frank Robbins – para devolver Batman à noite. Em 1971, O'Neil apresentou Batman como um aventureiro viril e lançou o arquivilão Ra's Al Ghul para agir como seu inimigo mortal (*Batman* nº 232). Os enredos enxutos e personagens bizarros de Robbins (inclusive o grotesco Man-Bat, em *Detective Comics* nº 400), suas marcas registradas, proporcionavam a profundidade necessária. Tanto O'Neil como Robbins deram às histórias cenários quase que exclusivamente noturnos, e Batman recebeu uma infusão de testosterona que dissipou quaisquer dúvidas ainda restantes sobre sua sexualidade. Robbins dispensou Robin, enviando Dick Grayson à faculdade, enquanto o artista Neal Adams redesenhou o herói como um conquistador viril e de tórax hirsuto. Batman permaneceu nesse espírito durante a década e meia seguinte, até ser radicalmente redefinido por Frank Miller em *Batman: O Retorno do Cavaleiro das Trevas.*

O CAVALEIRO DAS TREVAS: O DEUS DA VINGANÇA

Frank Miller afiou seus lápis no *Demolidor* da Marvel antes de lidar com Batman. Miller mergulhou fisicamente na paisagem de Manhattan a fim de criar bases para sua arte, mostrando uma misteriosa terra com sombras profundas, luzes de neon e majestade arquitetônica. Os primeiros enredos de Miller tinham um toque compassivo, humanista, mas seu trabalho foi ficando cada vez mais sombrio, refletindo um crescente fascínio pela política de extrema-direita. *Cavaleiro das Trevas* foi a culminação dessa tendência. "Em *Cavaleiro das Trevas*", disse Miller numa entrevista de 1985, "há um uso bem mais direto de minhas experiências reais em Nova York, minhas experiências com o crime, minha percepção da terrível pressão que o crime exerceu em minha vida." Quando lhe perguntaram sobre as implicações fascistas de seu novo Batman, Miller explicou que Batman "precisa ser uma força que, de certo modo, fique acima do bem e do mal", uma força moral que é "simplesmente superior e maior que a dos homens comuns e perfeitamente capaz de julgar e aplicar penas"[127]. O próprio Nietzsche não poderia ter dito de maneira mais adequada.

Cavaleiro das Trevas tem lugar numa Gotham City de um futuro próximo, na qual Batman se refugiou. A cidade é administrada por liberais fracos e covardes, e aterrorizada por uma gangue incongruente de brancos chamados de Mutantes, liderados por um bandido gigantesco e sem camisa conhecido simplesmente como "Líder". Agora um "liberal de limusine", Bruce Wayne usa sua fortuna para reabilitar criminosos por meio de psicoterapia. Então, uma forte onda de calor dá início a uma terrível onda de crimes e culmina numa poderosa tempestade, na qual um morcego gigante despenca pela clarabóia de Wayne. Ele toma isso como um aviso de que é hora de vestir sua capa e capuz e voltar a combater o crime. A argila sem vida de Bruce Wayne "renasce" como um sanguinolento e soturno Golem.

---

127 Kim Thompson, "Frank Miller: Return of the Dark Knight", *The Comics Journal* nº 101, agosto de 1985, c.b. 59, 61.

LINDNER
©2007.

Novamente, temos aqui o poder sem adulterações do mito em ação. Miller mostra claramente Batman como uma força espiritual que toma posse de Bruce Wayne para propósitos pessoais. E Wayne precisa desse demoníaco poder espiritual para reconquistar sua masculinidade. Miller se refere explicitamente a seu Batman como um "deus da vingança" e intencionalmente reescreve sua mitologia. Ela chegara à mesma conclusão a que Alex Ross chegou dez anos antes com *O Reino do Amanhã*: "Os quadrinhos foram drenados do conteúdo que daria aos heróis uma razão para existirem"[128]. Miller tinha encontrado para seu herói uma nova razão para existir, a desenfreada criminalidade urbana que assolava a cidade de Nova York. Mais tarde, o espírito vingativo de Batman consome totalmente Wayne, que se transforma num anjo vingador plenamente desenvolvido.

O Batman de Miller é, ao mesmo tempo, puritano e fascista. Com o avanço da série, Batman vai atacando os supervilões até Gotham City ser arrasada pela explosão de uma bomba nuclear, que cria um gigantesco pulso eletromagnético. A história tem seu clímax quando os poderosos corruptos mandam seu agente, Super-Homem (que normalmente fica ocupado em guerras clandestinas na América Central para o governo), para destruir Batman. No final, Wayne simula sua própria morte e reúne um grupo paramilitar subterrâneo que ele irá treinar como seu próprio exército de Gólens – um final com anticlímax para uma obra de arte profundamente problemática, mas extremamente poderosa.

O RETORNO DA BATMANIA

Cavaleiro das Trevas preparou o terreno para o renascimento no final da década de 1980. Na época, uma epidemia de *crack* estava alimentando um drástico aumento da criminalidade – especialmente crimes com armas de fogo. Os índices de homicídios dispararam, pois gangues bem armadas de traficantes lutavam para conquistar territórios. Surgiram barracas de *crack* por toda Manhattan, até no centro da cidade. O medo e a ansiedade resultantes chamaram o espírito do Golem para que ele voltasse à consciência do público. A Batmania acertou o país com força quando o filme de Tim Burton foi lançado em 1989.

Para consternação dos fãs, Burton chamou o comediante Michael Keaton, e não um ator forte e viril, para representar o herói, mostrando que ele tinha entendido o arquétipo do Golem melhor do que seus fãs. Nos quadrinhos, o

128 Daniels, *DC Comics*, p. 190.

Golem Bruce Wayne e o messias Clark Kent só são diferentes por causa dos óculos deste. Mas Keaton é baixinho, está ficando calvo e usa óculos – é quase o estereótipo do rabino. A força do Batman de Keaton está em seu uniforme blindado e seu domínio de artes marciais esotéricas, bem como de acessórios que sugerem o domínio rabínico da Cabala. O novo Batman caiu no gosto dos garotos da nova América urbana, muitos dos quais pertencentes a minorias raciais. Para eles, a necessidade de se livrarem da violência criminal não era um conceito abstrato, mas uma realidade cotidiana. Camisetas com o Batman e o Bat-sinal foram *a* onda da moda em 1989. O filme seguinte de Batman, *Batman: O Retorno*, levou três anos para ser produzido. Essa produção gótica que contemplou o próprio umbigo não teve muita ressonância, mesmo no ano dos conflitos em Los Angeles. Após seu lançamento, Burton saiu da série e foi substituído por Joel Schumacher, que transformou a franquia numa pantomima homoerótica, primeiro com *Batman Eternamente* e dois anos depois com o juvenil *Batman e Robin*. Este último foi um fracasso tão catastrófico que deixou o título no gelo durante oito anos. Os quadrinhos, porém, mantiveram-se populares, e a DC publicou diversas séries e novelas gráficas de sucesso desde então. Duas séries de desenhos animados surgiram na década de 1990: *Batman: The Animated Series* e *Batman Beyond*. Em 2005, a franquia cinematográfica foi reativada pelo diretor inglês Christopher Nolan com *Batman Begins*, que, embora tenha sido um sucesso, não teve a repercussão ou a ressonância do primeiro filme de Burton.

BATCLONES

Após criar Super-Homem, Jerry Siegel voltou às suas raízes ocultistas. Talvez inspirado pelo sucesso de Batman, Jerry Siegel criou o Espectro em 1940 (*More Fun Comics* nº 52). O Espectro é a sombra de Jim Corrigan, policial assassinado que volta da morte com poderes divinos. Daniels comenta que "com o Espectro, Siegel foi fundo para criar um protagonista que não era apenas super, mas absolutamente onipotente"[129]. O Espectro é, como escreve Maurice Horn, "o mais próximo de Deus que os quadrinhos já chegaram"[130].

Os poderes do Espectro foram dados a ele por "A Voz", uma entidade onipotente e desencarnada que muitos interpretam como sendo Deus. O Es-

---

129 Daniels, *DC Comics*, p. 44.

130 Maurice Horn, org., *World Encyclopedia of Comics* (Nova York: Chelsea House, 1976), p. 629.

pectro pode mudar de forma e de tamanho à vontade, pratica projeção astral e luta contra entidades interdimensionais. Mesmo como Corrigan, parece invulnerável e precisa se justificar quando tentam matá-lo e ele escapa. O Espectro é, no final das contas, prejudicado por seus poderes ilimitados, pois sua onipotência dificulta qualquer sensação de suspense. O Espectro desapareceu discretamente em meados da década de 1940, desfrutando de reaparições esporádicas na Era de Prata. Foi ressuscitado em 1974 pelo editor Joe Orlando (*Adventure Comics* nº 431) como um elemento de combate ao crime com uma imaginação repulsiva, cujas aventuras macabras beiravam os limites do Código de Ética.

O DEMOLIDOR

O Demolidor da Marvel é uma mescla entre Batman e o Homem-Aranha. A história, contada por Stan Lee e pelo artista Bill Everett, começa quando um acidente envolvendo resíduos radiativos cega o jovem Matt Murdock, mas incrementa seus outros sentidos. Murdock, que é *golemizado* quando seu pai é morto por gângsteres, trabalha como advogado de dia e no combate ao crime à noite. A revista atinge o ápice quando o ilustrador Gene Colan assume em 1966. A arte sombria e tristonha de Colan harmonizaram bem com o conceito de super-herói cego, e o *Demolidor* desfrutou de destaque como revista "B".

O programa de ação afirmativa da Marvel no início da década de 1970 forçou o Demolidor a repartir a cena com a Viúva Negra (uma escritora russa nesta encarnação), e sua base de operações mudou-se para San Francisco. Quando Colan deixou o *Demolidor* para cuidar de *Doctor Strange* e *Tomb of Dracula*, a série tornou-se uma típica e anêmica pasmaceira da Marvel da década de 1970. A revista não tinha identidade nem atrativos, e sua única característica distinta era a tristonha e dramática arte de Klaus Janson. A cotação do Demolidor estava tão baixa em 1978 que ele foi entregue ao jovem Frank Miller (*Daredevil* nº 158). O escritor Roger McKenzie tinha assinado contrato algumas edições antes e estava tirando a revista dos heroísmos fatigados e colocando o Demolidor no sombrio meio do crime urbano.

Entre eles, McKenzie, Miller e Janson redefiniram o personagem, criando um duro cenário urbano que exerceu poderosa influência sobre os quadrinhos e sobre Hollywood. Quando Miller assumiu os roteiros em 1981, a revista tornou-se uma das mais vendidas da Marvel. Miller saiu do título em 1983 e a revista ficou vagando durante dois anos. Em 1985, Miller voltou ao Demolidor como roteirista da importantíssima história "Nascido novamente". Essa memorável saga começou quando o arquiinimigo do herói, o Rei do Crime, descobre sua identidade secreta graças à antiga secretária de Murdock, Karen Page, que vende o segredo. O roteiro é um dos melhores de Miller, e ajudou a legitimar os quadrinhos de super-heróis num momento vital na história dessa mídia.

Super-herói explicitamente católico, o Demolidor de Miller não é motivado pela vingança, mas pela compaixão, lutando contra sua própria ira e necessidade de vingança. Miller encerrou sua primeira fase na revista em 1983 com um jogo de moralidade no qual o Demolidor faz roleta-russa com seu inimigo Mercenário num quarto de hospital (*Daredevil* nº 191). O diretor de cinema Kevin Smith também se valeu dessa mesma imagem e moral católica em seu trabalho *Daredevil*, e esses temas estão presentes no filme *O Demolidor* de 2003, estrelando Ben Affleck.

A FÚRIA DE KIRBY: O COISA E O HULK

A Marvel produziu dois Gólens que se inspiraram muito nas histórias clássicas de terror do século 19: o Coisa e o Hulk. Ambos representavam uma espécie de inversão do herói da ciência – homens que se tornam monstros por causa do lado sombrio do progresso. O Coisa torna-se um Golem quando é exposto a raios cósmicos durante um vôo espacial abortado. Criado por Stan Lee e Jack Kirby, o Hulk é um cientista chamado Bruce Banner que é "golemizado" ao se expor à radiação letal de uma arma atômica experimental (a "bomba Gama"). Os paralelos entre as artes arcanas da Cabala e as artes arcanas da ciência nuclear são inconfundíveis.

De várias maneiras, o Hulk é uma cópia fiel do Coisa (também conhecido como Ben Grimm). Membro do Quarteto Fantástico, Ben Grimm é um piloto de provas que é persuadido por seu antigo colega de faculdade, Reed Richards, a pôr em órbita um foguete experimental. As reservas de Grimm se confirmam quando ele e o resto da tripulação (a noiva de Richards, Sue Storm, e seu irmão Johnny) sofrem mutação genética por causa de raios cósmicos. Grimm recebe a maior parte da radiação e é transformado numa infeliz criatura de enorme força e pele laranja, com a aparência de pedras ou tijolos. A pele rochosa e laranja de Grimm torna-o uma das mais explícitas encarnações do Golem de barro da lenda judaica[131].

---

131 O próprio Grimm, segundo se revelou depois, tinha ascendência judia. (*Fantastic Four*, vol. 3, nº 56).

Inicialmente, Grimm é tão imprevisível e perigoso quanto o Golem, mas aos poucos vai se transformando num amável resmungão. O Coisa tornou-se um ícone popular para a Marvel, o que lhe granjeou sua própria série e desenho animado. O retrato que Michael Chiklis fez dele – e a maquiagem aplicada – no filme *Quarteto Fantástico* de 2005 remetem ao Coisa cheio de caroços e temperamental dos primeiros números da revista.

O Hulk, lançado em 1962 (*The Incredible Hulk* nº 1), vale-se de *Frankenstein* de Mary Shelley e de *Dr. Jekyll e Mr. Hyde* de Robert Louis Stevenson, duas histórias famosas inspiradas no Golem. Como na novela *Frankenstein*, Hulk é uma visão lúgubre da ciência sem controles. No caso do Hulk, porém, o cientista e o monstro são a mesma coisa. De certo modo, o rabino e o Golem se tornam um. Como o Golem, Hulk perde seu poder e volta à matéria-prima – a lama – que é Bruce Banner.

Não é de surpreender que o Hulk essencial seja a versão desenhada pelo criador Jack Kirby. Enquanto artistas posteriores retrataram-no como um sujeito musculoso de aparência tola ou como um viciado em anabolizantes, Kirby retratou-o como um *id* desgovernado. O Hulk incorpora uma fúria interior que o artista nutriu durante anos, e temas como abuso e raiva dominaram roteiros posteriores e adaptações para o cinema. Uma popular série para o canal CBS de TV foi lançada no final da década de 1970, estrelando Bill Bixby e o fisiculturista Lou Ferrigno. O retrato de Bixby mostrando Banner como um sujeito insuportavelmente sensível do tipo "década de 1970" fez com que os episódios com Ferrigno, infelizmente breves, ainda mais agradáveis.

NEGOCIANTES DA MORTE

A inquietação social da década de 1960 aterrorizou a classe média americana. Com a deterioração do movimento de direitos civis, a decadência industrial e o caos urbano, surgiu uma nova geração de criminosos cada vez mais maléficos, e uma nova onda de crimes urbanos inspirou um filme de 1971 no qual apareceu um Golem revisado que lembrou muito O Sombra. *Perseguidor Implacável* conta a história de um policial do departamento de homicídios de San Francisco, Harry Callahan, que persegue um assassino serial particularmente demoníaco. Com cabelos castanho-claros, porte esguio e aparência quase delicada, Clint Eastwood pode parecer uma escolha improvável para fazer o papel de um policial irlandês durão como Callahan. Mas Eastwood levou a discreta força de um Golem para o papel, bem como sua natureza implacável. O Assassino Escorpião do filme foi inspirado no Assassino do

Zodíaco da vida real, que aterrorizou a região da Baía de San Francisco com tiros aleatórios e mensagens em códigos arcanos. O tipo sombrio de justiça das ruas de Dirty Harry fez com que o jovem roteirista de quadrinhos Gerry Conway tivesse uma inspiração.

O JUSTICEIRO

O personagem inspirado no Dirty Harry e criado por Conway, o Justiceiro, surgiu em 1974 em *Amazing Spider-Man* nº 129. O personagem teve elementos do Batman e do Sombra, e depois adquiriu traços do personagem de Charles Bronson no filme de 1974 *Desejo de Matar*. As aventuras do Justiceiro foram publicadas em quadrinhos no formato revista, que não estavam sujeitas ao Código de Ética. Originalmente, o Justiceiro era um policial honesto chamado Frank Castle, cuja família é morta por alguns bandidos enquanto faziam piquenique no parque (*Marvel Preview* nº 2). Castle se reinventa depois como um executor com uniforme de super-herói que focaliza seu considerável arsenal em oponentes um pouco mais realistas do que aqueles que ele enfrentaria nos quadrinhos a cores.

A popularidade do Justiceiro diminuiu no final da década de 1970, e ele foi reduzido a aparecimentos esporádicos nas revistas de outros personagens, até a epidemia de *crack* dar-lhe vida nova. Ele recebeu sua própria revista, na qual passou a maior parte de seu tempo acabando com traficantes de drogas e chefões do tráfico. O personagem encontrou boa receptividade junto aos mesmos garotos urbanos que idolatravam Batman. A cor de sua pele pode ter sido problemática, mas não seus métodos. O Justiceiro tornou-se o anjo vingador durante um período particularmente horrendo da história urbana. Ele apareceu em duas adaptações para o cinema, uma em 1989 e outra em 2003. A primeira nem chegou aos cinemas dos Estados Unidos; a segunda foi feita tarde demais para encontrar ressonância junto a um público faminto pelo Golem.

ROBOCOP

A base para o sucesso do primeiro filme *Batman* foi criada por outro filme que se inspirou muito em *Cavaleiro das Trevas*. Lançado no apogeu de uma epidemia de violência gerada por drogas em 1987, *Robocop* apresentou um Golem ainda mais explícito do que *Batman*. Dirigido pelo cineasta holandês Paul Verhoeven, um animado niilista, *Robocop* conta a história de Alex Murphy, morto por uma quadrilha de traficantes e ressuscitado como cyborg

LINSNER
©2007.

pela maléfica Omni Consumer Products Corporation. O Robocop é controlado por uma bateria de programas de computador, assim como o Golem é controlado pelos encantamentos da Cabala. Tal como em muitas histórias de Gólens, o Robocop acaba atacando seus criadores quando descobre que estão mancomunados com os gângsteres que o mataram em sua encarnação humana.

Robocop tomou emprestado muitos pontos do enredo e floreios artísticos de *Cavaleiro das Trevas*. Mas Verhoeven, notório por seu apreço pela violência grotesca e doentia, acrescentou alguns toques pessoais que depois motivaram o autor de *Cavaleiro das Trevas*, Frank Miller, e este acabou sendo roteirista das duas seqüências da franquia.

Um Golem menos conhecido é o Spawn, criação do cartunista canadense Todd McFarlane. Uma cópia oculta de Batman, Spawn era conhecido como Al Simmons, um agente do governo que vai parar no Inferno após ser assassinado. Ele faz um pacto com Satã e retorna à Terra para reunir demônios renegados. Spawn deixou seu criador muito rico, com toda uma linha de revistas em quadrinhos, videogames e brinquedos. Spawn também foi astro de uma série de desenhos animados na HBO e de um filme de relativo sucesso em 1997.

WOLVERINE

Outro negociante da morte com toques mais marcantes de Golem é o Wolverine, personagem da revista *X-Men*. Criado por Len Wein e John Romita, Wolverine surgiu em 1972 como um vilão menor num número da revista *The Incredible Hulk* (nº 181). Em 1975, foi apresentado em *Giant Size X-Men* nº 1 como membro da irmandade mutante. Sua popularidade inspirou a ascensão dos super-heróis letais da década de 1980.

Wolverine é um Mutante (uma nova raça de pessoas nascidas com superpoderes inatos) que é seqüestrado por uma sombria organização militar para ser usado como objeto de testes num programa de super-soldados. Seu esqueleto é reconstruído com um metal indestrutível (*adamantium*) e garras metálicas retráteis são implantadas em suas mãos. Geralmente mostrado como uma fera semi-humana, Wolverine ganha seu apelido por sua baixa estatura e aparência hirsuta. Um truque popular usado por seus roteiristas é mostrar Wolverine voando em fúria incontrolável, obrigando vários outros superheróis a imobilizá-lo.

Um grande sucesso da Marvel, Wolverine tem aparecido em milhares de histórias em quadrinhos e costuma ser convocado quando uma revista específica precisa incrementar suas vendas. Representado pelo ator australiano Hugh Jackman, Wolverine é o incontestável personagem favorito dos filmes dos X-Men, e, enquanto escrevo, há rumores de que um filme solo está sendo feito. É interessante observar que Jackman faz uma ótima representação do Dirty Harry ao retratar Wolverine.

CAPÍTULO 17

AS AMAZONAS

A amazona das revistas em quadrinhos é, basicamente, a contrapartida feminina do arquétipo do Messias. Super-heroínas sempre foram um problema, porém, junto ao público dos quadrinhos, predominantemente masculino. Os fãs mais jovens não se interessam muito por personagens femininas e os mais velhos vêem-nas como objetos sexuais. Por isso, as personagens femininas de maior sucesso foram membros de equipes – Jean Grey, Vampira e Storm nos *X-Men*, e Feiticeira Escarlate e Vespa em Os Vingadores. Outros personagens femininos foram auxiliares de heróis populares – Mulher-Falcão, Viúva Negra e Canário Negro. A Mulher Maravilha é, de longe, a mais conhecida das super-heroínas, e seu público sempre foi predominantemente masculino. Moças não costumam se interessar por super-heroínas e procuram quadrinhos voltados para romance, humor e temas adolescentes.

As amazonas saíram da mitologia grega. A própria palavra tem origem incerta; alguns afirmam que vem da raiz ariana *ha-mazan*, que significa "guerreiro", enquanto outros crêem que vem da raiz *amastos*, que significa "aquela sem seio" – uma referência ao fato de as amazonas removerem o seio direito para facilitar o tiro com arco, segundo a lenda. Homero se referia às amazonas como as *Antianeirai*, o que significa "as que odeiam homens".

Há várias referências a tribos de amazonas na literatura. Heróis gregos como Hércules e Aquiles as combateram, e dizem que elas teriam participado da Guerra de Tróia. O cavalo era um totem mágico para essas amazonas, que, ainda conforme a lenda, inventaram a cavalaria.

Embora hoje muitos estudiosos acreditem que as amazonas são apenas um mito que surgiu da observação de mulheres bárbaras ou de fêmeas animais selvagens, Plutarco atribuía a elas o saque de Atenas, e Heródoto diz que foram absorvidas pelos citas. É certo, porém, que houve deusas guerreiras como Diana, Atenas e Nike no panteão grego. Em outras culturas, encontramos também deusas valentes como Ishtar e Sekhmet.

Com a ascensão do feminismo na década de 1960, uma nova safra de personagens amazonas surgiu na TV – Emma Peel em *Os Vingadores*, *The Girl from UNCLE*, Batmoça e Mulher-Gato. Na década de 1970, vimos o aparecimento de personagens negras como Foxy Brown e Cleopatra Jones. O sucesso de séries de longa duração com amazonas sensuais, como *As Panteras*, *Police Woman* e *Mulher Biônica*, acabou inspirando o reaparecimento na TV da *Mulher Maravilha*. Personagens amazonas têm tido menor destaque nos últimos anos, porém, como resultado de um espírito pós-feminista que diz que a feminilidade é melhor para exercer um poderoso controle sobre os homens. Aparentemente, a agressividade feminina caiu de moda.

MULHER MARAVILHA

O ícone feminista supremo não foi inventado por uma mulher, mas por um homem extremamente peculiar chamado William Moulton Marston (1893-1947). Um verdadeiro homem da Renascença, Marston foi psiquiatra, novelista, jornalista, pioneiro do feminismo, entusiasta da dominação*, inventor do polígrafo e polígamo praticante. Ele tinha dúvidas sobre a emergente indústria dos quadrinhos: primeiro, escreveu uma defesa dos quadrinhos em 1940 para a revista *Family Circle*, e depois atacou-os num artigo na *American Scholar*, dizendo que "a maior ofensa era sua masculinidade, capaz de coagular o sangue"[132]. Mesmo assim, ele ofereceu seus serviços como consultor para várias editoras, e foi contratado por Max Gaines para auxiliá-lo na

* Referência à prática sexual conhecida em inglês como *bondage and domination*, com abreviatura B&D, consistente em amarrar e dominar um dos parceiros. (N. do T.)

132 Citado *in* Trina Robbins, *Great Women Superheroes* (Northampton, MA: Kitchen Sink Press, 1996), p. 7.

LINSNER
©2007.

All-American Comics, empresa-irmã da DC Comics. Vendo quanto dinheiro circulava nessa nova indústria, Marston decidiu que tinha de criar seu próprio personagem.

Originalmente, Marston chamou sua nova heroína de "Suprema", mas o editor da All-American, Sheldon Mayer, mudou seu nome para Mulher Maravilha. A tira foi ilustrada num estilo arcaico e fantasioso pelo cartunista H. G. Peter, de 61 anos, que usou diversas cartunistas atraentes como assistentes. A Mulher Maravilha foi dotada de maiô cavado e com as estrelas da bandeira americana, e com um laço mágico preso à cintura, viajando para lá e para cá em seu avião invisível. O visual da heroína foi inspirado, segundo se diz, na esposa mais jovem de Marston, Olive Byrne.

Marston adotou uma cosmovisão dualista em *Mulher Maravilha*. Ele sugere que a humanidade está sob duas forças opostas – Marte, deus da guerra, e Afrodite, deusa do amor. Ele achava que as mulheres deviam conquistar os homens pelo poder do amor, assegurando a paz na Terra por toda a eternidade. Como conseqüência, suas histórias costumam cair numa área cinzenta em algum ponto entre contos de fadas, hagiografia pagã e pornografia *soft-core*. Sobre sua criação, Marston disse: "Francamente, a Mulher Maravilha é uma propaganda psicológica para o novo tipo de mulher que, creio eu, deveria governar o planeta. Não há amor suficiente no organismo masculino para governar este mundo de modo pacífico. O corpo da mulher contém duas vezes mais órgãos geradores de amor e mecanismos endócrinos do que o homem"[133].

Embora o retrato que Marston pinta da Mulher Maravilha seja uma cartilha sobre paganismo e mitologia clássica, ele tomou certas liberdades para confeccionar a complexa identidade da Mulher Maravilha. Ela não é apenas uma super-heroína; é uma deusa pagã. Foi esculpida da lama por sua mãe, Hipólita, a pedido da deusa Afrodite, que então sopra vida nela. Assim, ela também é uma Golem no sentido clássico. A Mulher Maravilha lembra o Capitão Marvel por desfrutar do patrocínio de diversos deuses. Ela tem a beleza de Afrodite, a força de Hércules, a sabedoria de Atena e a velocidade de Mercúrio.

As colegas amazonas da Mulher Maravilha usam braceletes, lembrando-as do perigo da submissão aos homens, e vivem na idílica Ilha Paraíso, governada pela rainha Hipólita. Essas amazonas são mostradas como deusas superfemininas, e não como guerreiras que odeiam homens, como nos velhos mitos. Afrodite aparece com freqüência como convidada nas aventuras da Mulher

---

133 Les Daniels, *Wonder Woman: The Complete Story* (San Francisco: Chronicle Books, 2000), p. 22.

Maravilha. Marte é um vilão costumeiro, e representa tudo aquilo contra o que as mulheres devem lutar.

Quaisquer que sejam as virtudes feministas da Mulher Maravilha, o fato é que ela é uma beldade com poucas roupas que participa de histórias destinadas a atrair fetichistas que gostam de gente amarrada. Ler as aventuras da *Mulher Maravilha* de Marston e Peter é encontrar histórias mergulhadas em sexualidade transgressora, apresentadas de modo a denotar uma influência nitidamente decadente. A exclamação favorita da Mulher Maravilha é "Safo Sofredora", referência à poeta laureada de Lesbos.

Pessoas amarradas e submissas aparecem constantemente nas aventuras da Mulher Maravilha. Josette Frank, psicóloga contratada como consultora da All-American, demitiu-se por descontentamento com a Mulher Maravilha em 1944. Em sua carta de demissão, ela foi clara ao falar do trabalho de Marston: "Intencionalmente ou não, a tira está repleta de significativos antagonismos e perversões sexuais. Pessoalmente, consideraria um *strip-tease* declarado menos insalubre do que esse tipo de simbolismo". Fredric Wertham concordou, afirmando que a Mulher Maravilha representava "um ideal indesejável para moças, sendo o oposto exato daquilo que as moças deveriam ser"[134]. Com efeito, o público predominantemente masculino da Mulher Maravilha ficava "pelo menos inconscientemente excitado com todas as insinuações sexuais"[135]. Sem se deixar abalar, Marston escreveu extaticamente sobre os benefícios da submissão e chegou a declarar que as mulheres gostam dessa prática.

Marston morreu em 1947. Trabalhara incessantemente, e, sem sua orientação, a tira naufragou. H. G. Peter foi despedido no comecinho da Era de Prata, substituído pela afinada equipe artística de Ross Andru e Mike Esposito. As vendas ainda permaneceram em queda, e por isso foi solicitada uma reforma em 1969, procurando alinhar mais a personagem com as heroínas de programas de TV da época, como *Os Vingadores* e *Mod Squad*. A reforma foi instigada pelo artista da *Liga da Justiça* Mike Sekowsky, que fez com que a Mulher Maravilha renunciasse a seus poderes para poder ficar na Terra. Ela ganhou um mentor na forma de um anão chinês idoso chamado I Ching, e um guarda-roupa sempre renovado de trajes supostamente "modernos". Apesar de tudo isso, a reforma teve sucesso.

Misteriosamente, porém, em 1973 a Mulher Maravilha retornou à sua encarnação original. Segundo uma história apócrifa, a feminista Gloria Steinem

---

134 Fredric Wertham, *Seduction of the Innocent* (Nova York: Rinehart, 1954), pp. 34, 63.

135 Daniels, *Wonder Woman*, p. 68. "Havia nessas histórias muito a sugerir que a Mulher Maravilha não era bem um modelo para jovens ambiciosas, mas sim um objeto para fantasias e fetiches sexuais masculinos."

reclamou com o proprietário da DC Comics, Steve Ross, da nova versão mortal da Mulher Maravilha, e o personagem voltou às origens. Steinem colocou a antiga Mulher Maravilha na capa do primeiro número de sua revista *Ms.* em 1972. Ela também editou uma coleção da Mulher Maravilha em capa dura, publicada sob a bandeira *Ms.*

A Mulher Maravilha voltou ao mundo convencional em 1976, quando foi desenvolvida uma nova série para a TV que se aproximava bastante do conceito original da Mulher Maravilha – até na ambientação da década de 1940. O papel principal foi dado a uma antiga rainha da beleza chamada Lynda Carter, talvez a melhor personificação de um personagem em quadrinhos na história desse veículo. Segundo Alex Ross, Carter foi "a maior representação do personagem no século 20 – ironicamente, até mais do que qualquer artista que a tenha desenhado"[136]. Mais tarde, a série foi da ABC para a CBS, que atualizou a série e a situou no presente.

Após um longo período sem atividade, a série de quadrinhos *Wonder Woman* foi reanimada em 1987. O autor Greg Potter e o artista George Perez, um superastro do lápis, transformaram o título numa série de fantasia mitológica, com toques de feitiçaria e espada. Perez quis devolver a Mulher Maravilha às suas raízes: "Quis voltar à mitologia, quis purificar o conceito".[137] Em 1996, a Mulher Maravilha atingiu sua glória suprema em *O Reino do Amanhã* como a rainha guerreira que agarra a virilha do Super-Homem em combate e engravida. Ross manteve em sua Mulher Maravilha a beleza de Lynda Carter, digna de causar paradas cardíacas, dotando-a de olhos azul-gelo para criar um efeito ainda mais extraterrestre.

E OUTRAS IGUAIZINHAS A ELA

A Mulher Maravilha não foi, de modo algum, a única amazona da Era de Ouro, sequer a primeira. Uma das mais antigas super-heroínas teve, como seus equivalentes masculinos, uma origem especificamente ocultista. A Viúva Negra da Marvel surgiu na *Mystic Comics* nº 4, de 1940. Sua identidade secreta era Clare Voyant, uma sensitiva que é assassinada quando uma sessão paranormal dá errado. Satã reclama sua alma, concede-lhe poderes sobrenaturais e um traje excepcionalmente sensual, e a lança de volta à Terra para que

136 Ross, citado *in* Chip Kidd e Geoff Spear, *Mythology: The DC Comics Art of Alex Ross* (Nova York: Pantheon, 2003), sem paginação.

137 Les Daniels, *Wonder Woman*, p. 194.

ela despache os malfeitores para seu domínio sombrio. A Viúva tinha o poder de matar com o toque de um dedo e gravava a marca de uma aranha na pele de suas vítimas.

Outra super-heroína que enfrentava a Mulher Maravilha nas bancas era a Gata Preta, uma dublê do cinema que passa a se dedicar ao combate ao crime e que surgiu na *Pocket Comics* de 1941. Um ano depois, a Dama Fantasma aparece em *Police Comics* como uma dama da sociedade que se torna justiceira, abençoada pela arte extremamente sensual de Matt Baker. Uma heroína, Miss Fury, criada por uma linda cartunista chamada Tarpe Mills, distinguiu-se por ter surgido antes nos jornais. A primeira aparição de Miss Fury deu-se em 1941 como Black Fury, vestindo uma sedosa roupa preta de gato que a Mulher-Gato, da DC, copiou depois. As aventuras de Miss Fury estão repletas de gente amarrada, *lingerie* e lutas entre mulheres.

A Canário Negro apareceu inicialmente na revista *Flash Comics* nº 86 de 1947 vestida como uma prostituta de rua, com meias do tipo "arrastão", cetim e um *top* justíssimo com decote profundo. Mais tarde, a Canário Negro foi reanimada como heroína feminista e namorada do Arqueiro Verde. Em 1943, até Lois Lane arriscou-se no mundo das heroínas, quando sonhou que ganhou superpoderes após receber transfusão de sangue do Super-Homem (*Action Comics* nº 60).

A Era de Prata também produziu diversas superajudantes, inclusive a Supermoça, a Mulher-Falcão, Namora e Viúva Negra, bem como membros de equipes como Mulher Invisível, Marvel Girl, Crystal, Medusa e Feiticeira Escarlate. Na década de 1970, houve uma explosão de equivalentes femininos, como Mulher-Aranha, Ms. Marvel e Mulher-Hulk, bem como heroínas de gênero sortido como Starfire e Rima. Num roteiro de *X-Men* de 1976, a Marvel Girl se transforma na Phoenix ao incorporar a Força Phoenix cósmica (*Uncanny X-Men* nº 101). Depois, ela enlouquece por causa desse poder e se transforma na letal Dark Phoenix. Ela é morta e ressuscita como a boa e velha Jean Grey.

No elenco original dos novos *X-Men*, Storm, uma mutante africana que consegue controlar o clima, torna-se um dos mais populares personagens do Universo Marvel. Duas outras heroínas populares dos *X-Men* começaram como vilãs – Vampira, uma mutante que antes era maléfica e tinha a habilidade de absorver o poder de quem quer que ela tocasse, e Emma Frost, conhecida como Rainha Branca, normalmente vestida em trajes extremamente reveladores e fetichistas. Antes, Frost era membro do Hellfire Club, cujo nome evoca o de uma sociedade secreta inglesa do século 18 que se dedicava ao paganismo e à magia sexual.

DADDY
LINSNER
©2007.

A COMPLEXA ELEKTRA

Frank Miller redefiniu o conceito de amazona dos quadrinhos com a criação de uma assassina chamada Elektra. Ao fazê-lo, mudou o papel das heroínas de ação na mídia como um todo. Nunca houve nos quadrinhos uma personagem tão implacável – certamente, não como protagonista.

Elektra é um Golem, mas menos literal que a Mulher Maravilha. Treinada em artes marciais desde pequena, Elektra torna-se uma assassina cruel após a morte do pai. Esse acontecimento parece despertar nela um impulso niilista. Depois de ser rejeitada pelo *sensei* Stick e seus ninjas "bonzinhos", ela é recrutada pelos maléficos ninjas de A Mão. Sua arma preferida é o *sai*, uma faca de aspecto fálico usada em artes marciais.

Como vemos em boa parte do trabalho de Miller, Elektra representa um novo e radical encontro de gêneros sexuais nas revistas em quadrinhos. Ela é a amante de Matt Murdock e inimiga do Demolidor, mas assume um papel dominador e assertivo nos dois relacionamentos. Nas histórias de Miller, Elektra é basicamente desprovida de uma personalidade feminina identificável, e fica com queixo reto e músculos definidos em seus desenhos posteriores. Pode-se até dizer que Elektra é um travesti ou um personagem transexual, e que o trauma da morte de seu pai até extermina sua feminilidade.

Em 1982, após a popular história "Morte de Phoenix" em *The Uncanny X-Men*, Miller mata Elektra de maneira épica e inesquecível (*Daredevil* nº 181). Infelizmente, ele atenua o poder dessa história ressuscitando-a pouco depois (*Daredevil* nº 190). Depois, em 1986, Miller escreve a minissérie *Elektra: Assassin*, na qual ela faz o papel de parceiro dominador de um agente sexualmente neutralizado e cibernético da SHIELD[138]. Nela, Elektra não é apenas um ninja: tem poderes sobrenaturais. Seu inimigo na história é o Anticristo, que, à maneira típica de Miller, assume a forma de um candidato liberal à presidência. Em 1991, Miller retornou ao personagem com a novela gráfica *Elektra Lives Again*, que focaliza mais a obsessão de Matt Murdock com a morte de Elektra do que a própria personagem. Mesmo com as objeções de Miller, a Marvel continuou a usar Elektra depois que ele parou de trabalhar na série.

Como muitas das melhores mentes criativas de Hollywood também são fãs dos quadrinhos, o novo arquétipo de amazona apresentado por Elektra encontrou na mesma hora espaço nos filmes de ação de orçamentos monumentais. Em 1986, o fã de quadrinhos Jim Cameron tomou emprestada a atitude "não-faça-prisioneiros" de Elektra ao reformular o personagem Ripley

138 SHIELD é a versão superpoderosa do FBI segundo a Marvel.

em *Aliens, o Resgate.* Em 1991, Cameron reforçou mais um pouco essa postura em seu segundo filme sobre o Exterminador do Futuro (*O Exterminador do Futuro 2: O Julgamento Final*), que reinventou a lamuriosa garçonete Sarah Connor como uma guerrilheira capaz de quebrar ossos. Mais tarde, Cameron criou *Dark Angel*, uma versão *sci-fi* de Elektra exibida na rede Fox, tendo como estrela a figura inequivocamente feminina de Jessica Alba[139].

Um fã francês de quadrinhos chamado Luc Besson tentou trabalhar com o arquétipo de Elektra no filme *Nikita – Criada para Matar*, de 1990, sobre uma adolescente transgressora que mata um guarda durante um assalto a uma loja. O serviço secreto francês fica tão impressionado com a natureza agressiva de Nikita que forja sua execução e a matricula numa escola de espionagem, na qual ela se aperfeiçoa em assassinatos. O filme foi refeito rapidamente por Hollywood como *A Assassina*, de 1993, com Bridget Fonda, tornando-se depois uma série para a TV paga, estrelando a glamurosa Peta Wilson. O arquétipo se tornou totalmente incoerente com os filmes *Kill Bill* de Quentin Tarantino, estrelados por Uma Thurman. Elektra também foi um personagem do filme *Demolidor – O Homem sem Medo*, de 2003, que se baseou bastante no trabalho de Miller do início da década de 1980. Ela foi a estrela de seu próprio filme no ano seguinte. Nenhum desses dois incendiou Tinseltown*.

---

139 "Dark Angel" também é o apelido que Marjorie Cameron deu a Jack Parsons. Ver John Carter, *Sex and Rockets* (Los Angeles: Feral House, edição de 2004), p. 219.

* Apelido dado a Hollywood: *tinsel* é aquele cordão metálico de decoração natalina, evocando o espírito reluzente da capital do cinema.

CAPÍTULO 18

AS FRATERNIDADES

O arquétipo da Fraternidade, representado pela equipe de super-heróis, começou como uma jogada comercial, mas depois dominou o mercado. As equipes mais notáveis aparecem em *X-Men, Liga da Justiça, Os Supremos* e *Os Vingadores.* Títulos menos importantes como *A Legião dos Super-Heróis, The Defenders* e *Os Jovens Titãs* têm popularidade oscilante, mas um núcleo sólido de leitores. Essas fraternidades dos quadrinhos formam hoje a coluna dorsal do mercado, e proporciona uma oportunidade para eventos "híbridos" muito rentáveis envolvendo diversos títulos para as Duas Grandes (DC e Marvel). Um dos mais notáveis eventos híbridos recentes foi *Identity Crisis*, que tratou do assassinato da esposa do Homem-Elástico, cometido pela ex-esposa do Elektron. O título foi criado pelo escritor Brad Meltzer, cujo romance de 2006, *The Book of Fate*, lida com a maçonaria e teoria da conspiração. Outro híbrido recente,

Civil War, divide os incontáveis heróis do Universo Marvel em dois grupos em guerra – um liderado pelo Capitão América, outro pelo Homem de Ferro.

O arquétipo da fraternidade tem suas raízes na mitologia antiga, mais notadamente nos panteões pagãos do Egito, da Grécia e de Roma. Além disso, Jasão teve seus Argonautas, Buda seus doze discípulos, Cristo, seus doze apóstolos e o rei Arthur teve seus Cavaleiros da Távola Redonda. Provavelmente, os Cavaleiros Templários também exerceram uma forte influência sobre a popularidade das equipes de super-heróis, retornando à consciência popular por meio da maçonaria no final do século 19.

Equipes de super-heróis são populares porque apresentam um arquétipo reconfortante para leitores que normalmente se sentem solitários e marginalizados. Nas revistas de equipes, os personagens não agem como pessoas comuns; agem como fãs em interação social. As histórias de fraternidades são criadas por fãs que se tornaram profissionais e tratam da necessidade da amizade com outros fãs. Projetam uma sensação de força e poder por meio da solidariedade. Pessoas solitárias como o Homem-Aranha são vulneráveis e normalmente se isolam, mas os Vingadores só são desafiados por ameaças existenciais que afetam a todos. Um motivo para o sucesso contínuo dos X-Men é que o tema da perseguição aos mutantes lida com o desejo coletivo de superpoderes e de solidariedade entre os colegas diante da desaprovação social.

A SOCIEDADE DA JUSTIÇA

A primeira fraternidade importante dos quadrinhos elencou vários personagens de segundo escalão da DC Comics. A Sociedade da Justiça da América (JSA, sua abreviatura em inglês) estreou na revista *All-Star Comics* nº 3, em 1940. Formada por Sandman, Elektron, Espectro, Flash, Gavião Negro, Sr. Destino, Lanterna Verde e Homem-Hora, a JSA se reunia de fato numa mesa redonda, não deixando dúvidas sobre seus antecedentes arturianos. A JSA foi um sucesso durante muitos anos – Super-Homem e Batman apareceram como convidados, e a Mulher-Maravilha tornou-se membro efetivo. A revista parou em 1951, mas depois os personagens apareceram regularmente como convidados na revista *Justice League of America* na década de 1960. O título foi reativado em 1976 e em 1981 ganhou novo nome, *The All-Star Squadron* (*Comando Invencível*, no Brasil). O *All-Star Squadron* sucumbiu em 1987, mas a JSA tem tido uma série de reaparecimentos.

A LIGA DA JUSTIÇA

Em sua forma da década de 1960 como Liga da Justiça da América (JLA, sua abreviatura em inglês), a Sociedade recebeu um tema da era espacial (*The Brave and the Bold* nº 28). E a JLA incluiu os pesos-pesados da DC: Super-Homem, Batman, Mulher-Maravilha, Flash e Aquaman, entre outros. Escrita por Gardner Fox e desenhada por Mike Sekowsky, a JLA assinalou a redução na estatura dos super-heróis em geral, dando aos astros da DC papéis que antes eram reservados a coadjuvantes. Não tardou para que o grupo obtivesse seu próprio título e se tornasse um grande sucesso. Na década de 1970, a JLA foi rebatizada como *Os Super-Amigos* para um desenho animado produzido pela Hanna-Barbera que ficou muito tempo em cartaz. Após uma tentativa tosca de tornar a JLA mais relevante, ela foi relançada como uma série de humor chamada *Justice League International* em 1987. O título reuniu uma mescla de personagens principais como Batman e Capitão Marvel, e personagens de último escalão como Gladiador Dourado e Guy Gardner. O tom irreverente do título era adequado para o clima da época, quando os super-heróis não eram levados tão a sério quanto o são hoje. A Liga fez mais uma reaparição em 1996, numa série escrita pelo ocultista praticante Grant Morrison.

OS VINGADORES E OUTROS

A Marvel entrou no mercado de fraternidade de astros com *Os Vingadores*, criada por Stan Lee e Jack Kirby em 1963. O título incluía o Hulk, Thor, Homem de Ferro, Homem-Gigante e Vespa, que foi quem primeiro nomeou o grupo que foi combater o irmão de Thor, Loki, o deus nórdico do caos. Como os fãs de revistas em quadrinhos parecem adorar versões alternativas de seus super-heróis, uma versão paralela de *Os Vingadores* chamada *Os Supremos* foi lançada com título próprio em 2001, reunindo versões mais cinematográficas do Capitão América, Thor, Homem-Gigante e outros. A editora independente Wildstorm fez sua própria versão de *Liga da Justiça* em *The Authority*, criada pelos ingleses Warren Ellis e Bryan Hitch, pioneiros no influente estilo "tela larga" de narrativa. Seu trabalho apresentou enormes quadros cinematográficos e estilo artístico influenciado por Alex Ross. Os membros mais famosos de *The Authority* foram os equivalentes a Super-Homem e a Batman, Apolo e Meia-Noite. Estes dois tornam-se tema de controvérsia quando é revelado que eram amantes *gays*, e o título – como era de se esperar – perdeu popularidade quando a DC adquiriu a Wildstorm. Uma de suas últimas histórias apresenta uma maldosa paródia de *Os Vingadores*, lançando o Capitão América numa ácida sátira ao militarismo americano. O título foi reativado em 2006 – novamente, por Grant Morrison.

Um arquétipo com tons ocultistas mais explícitos apareceu em *Os Defensores*, fraternidade originalmente formada por Hulk, Namor e o Dr. Estranho. A primeira reunião dos Defensores deu-se em 1971 na revista *Marvel Feature* nº 1, quando enfrentaram um feiticeiro alienígena. Como outras equipes, mesmo trocando de componentes ao longo dos anos, as histórias compreendiam personagens de inspiração ocultista, como Filho de Satã, Valkyria, a feiticeira Cléa e o telepata Moondragon.

EQUIPES JUVENIS: A LEGIÃO E OS TITÃS

Outra variação muito popular do tema da fraternidade é a equipe juvenil, tendência que se iniciou com a Legião dos Super-Heróis, surgida na *Adventure Comics* nº 247 em 1958. A história tinha um material padrão da Era de Prata, e nela o Superboy encontra adolescentes superpoderosos do futuro (Rapaz Cósmico, Rapaz Relâmpago e Moça de Saturno), que o convidam para unir-se à equipe. A Legião foi popular e acabou retornando, mas as aparições do Superboy ficaram mais esporádicas, até que, em 1980, ele saiu de vez do grupo.

Parte da atração do título vinha da reconfortante fantasia que o grupo proporcionava a jovens solitários e marginalizados. A Legião – com sua sede futurista e gigantesca lista de membros – tornou-se um substituto para amigos de verdade. A equipe ficou particularmente popular na década de 1970 quando reapareceu num interessante filme de ficção científica do futuro artista da revista *X-Men*, Dave Cockrum e do futuro editor-chefe da Marvel, Jim Shooter.

A DC apresentou outra Liga juvenil em 1964: os Jovens Titãs, fraternidade composta por ajudantes como Aqualad, Kid Flash, Robin e Moça-Maravilha (*Brave and the Bold* nº 54). As primeiras histórias dos Titãs eram dóceis e charmosas, mas o título procurou ter relevância no final da década de 1960, abordando questões controvertidas como relações raciais e a Guerra do Vietnã. A revista desmoronou sob esses fardos e foi cancelada em 1973. Após uma breve reaparição em 1976, a revista foi relançada em 1980 como *The New Teen Titans*.

O título, criado pelos veteranos da Marvel Marv Wolfman e George Perez, visava claramente aproveitar-se da popularidade da nova onda dos X-Men. O elenco mudou, incluindo os velhos reservas Robin, Moça-Maravilha e Kid Flash, bem como personagens mais novos e ousados como Cyborg, Starfire e Night Raven. A revista foi um sucesso, e assinalou uma virada na espiral descendente da área comercial da DC. Os Titãs fizeram até uma revista híbrida com os X-Men em 1982. Perez saiu da revista em 1985 e Wolfman tratou de paganismo greco-romano num roteiro que incluiu a Moça-Maravilha. Em 2003, os Jovens Titãs foram novamente reativados num desenho animado muito popular, combinando super-heróis americanos com toques inspirados nos desenhos animados japoneses. Em 2006, uma divindade de porte, o próprio Osíris, uniu-se aos Titãs (*Teen Titans* vol. 3, nº 38).

O QUARTETO FANTÁSTICO

Geralmente, as revoluções acontecem quando ninguém está olhando, e certamente poucas pessoas estavam olhando para a Marvel Comics em 1961, quando o editor Martin Goodman pediu a Stan Lee que criasse uma equipe de super-heróis para competir com a Liga da Justiça da América, da DC. Lee, que estava pensando seriamente em sair do ramo dos quadrinhos, chamou seu artista principal, Jack Kirby. Os dois se reuniram e criaram uma história em quadrinhos cuja única semelhança com a Liga da Justiça é o fato de ter um grupo de personagens com superpoderes. Nesse processo, sem perceber, deram início à Era Marvel e mudaram completamente a face dos quadrinhos.

Em 1961, na revista *Fantastic Four* nº 1, Lee e Kirby apresentaram o cientista Reed Richards e o piloto de provas Ben Grimm, arquetípicos heróis da ciência da Era de Prata (ver capítulo 15) que passam a combater o mal após terem sido bombardeados com raios cósmicos. O segredo do sucesso do Quarteto Fantástico é que se trata basicamente de uma novela, centrada na interação familiar. Lee definiu de maneira elegante a personalidade dos quatro membros, tornando-os identificáveis como pessoas reais. Reed Richards é o pai de família obstinado, normalmente alheio às necessidades de sua família. Ben Grimm é o tio ou avô de temperamento difícil, mas amável, que fica sentado em sua poltrona, resmungando. Sue é a esposa paciente que tenta preservar sua identidade à sombra do gênio obsessivo de seu marido. Johnny é o adolescente autocentrado que usa seus poderes quase divinos para levar garotas para a cama.

Conceitualmente, os quatro são personagens reciclados ou tomados por empréstimo. O Sr. Fantástico é uma réplica gritante do Homem-Borracha, herói da Era de Ouro criado por Jack Cole. O Tocha Humana é apenas uma versão reciclada de seu homônimo da Era de Ouro. A Mulher Invisível foi emprestada de *Invisible Scarlet O'Neil*, heroína de tiras em quadrinhos da década de 1940. O Coisa descende de diversos monstros de Kirby, mas se parece muito com Rommbu, de *Tales to Astonish* nº 19. Mas o gênio de Stan Lee no *Quarteto Fantástico* está em suas caracterizações, se não na criação dos personagens.

Ao assumir um papel maior nos enredos da revista, Kirby produziu para Lee um incrível estoque de personagens e conceitos. Um bando de tipos Vril-ya chamado de os Inumanos, o deus destruidor de planetas, Galactus, o universo alternativo conhecido como Zona Negativa, o príncipe tecnocrata africano chamado Pantera Negra, todos fizeram do *Quarteto Fantástico* uma vitrine de alguns dos conceitos mais radicais na história dos quadrinhos. Kirby também criou um exército de vilões cuja fúria e poder de destruição nunca tinham sido vistos antes. O Quarteto viu-se sempre lançado contra personagens cujo impulso primário é esmagar o mundo – personagens como Blastaar, O Acusador, O Sentinela, Homem-Dragão e Homem-Psíquico. Kirby idealizou os ambientes tecnológicos mais elaborados já vistos nos quadrinhos, enviando esses sujeitos enfurecidos para esmigalhá-los ao combaterem o Quarteto.

Como muitos historiadores dos quadrinhos já perceberam, Lee e Kirby fizeram em seu ramo um papel como o de Lennon e McCartney. Como seus equivalentes de Liverpool, Stan e Jack eram dois homens muito diferentes que se reuniram com uma visão comum, e reescreveram completamente os papéis de sua forma de arte. Lee era ensolarado, enérgico e irresistivelmente charmoso, enquanto Kirby era austero, obstinado e atormentado pelos deuses. Mas foi Lee quem melhor compreendeu o gênio puro e olímpico de Kirby, e quem melhor soube direcionar esse poder. Lee usou os roteiros básicos de Kirby e lhes deu um brilho dionisíaco, orientando os esforços saturninos de seu parceiro para soluções mais esperançosas. Lee e Kirby dissolveram sua parceria em 1971, e nenhum deles sequer chegaria perto da altitude estonteante da genialidade que atingiram quando trabalharam juntos. Lee deixou de lado os afazeres cotidianos e tornou-se a figura de proa dos quadrinhos norte-americanos, e Kirby sentiu-se afetado demais pelas visões do infinito para ser um mero criador de entretenimento.

O Quarteto Fantástico estrelou diversas séries em quadrinhos, bem como um filme de sucesso feito em 2005. Muitos acharam que o conceito não funcionaria bem no cinema, mas os produtores mantiveram intacto o espírito original da equipe de Lee e Kirby. Os heróis são situados no mundo real, ou quase, e seus defeitos e fraquezas tornam a fantasia mais acessível para o público comum.

OS X-MEN

Os X-Men, outra criação de Lee e Kirby, começaram como uma variação adolescente do Quarteto Fantástico. Em 1963, *X-Men* nº 1 apresentou o professor Charles Xavier, diretor-geral da Xavier School for Gifted Youngsters (Escola Xavier para Adolescentes Dotados), que abriga e treina a raça emergente dos *homo superior*, comumente chamados de Mutantes. Originalmente, os X-Men eram Scott Summers (também conhecido como Ciclope, que lança raios *laser* de seus olhos), Bobby Drake (também conhecido como Homem-de-Gelo, que transforma a umidade ambiente em lâminas de gelo), Jean Grey (também conhecida como Garota Marvel, que tem poderes telepáticos), Hank McCoy (também conhecido como Fera, com cérebro e músculos superiores) e Warren Worthington (também conhecido como Anjo, que nasceu com asas). Em sua primeira aventura, os X-Men enfrentam Magneto, um poderoso vilão que reaparece três números depois como líder da Fraternidade de Mutantes, um grupo de mutantes do mal. Magneto fica mais simpático com o passar do tempo, pois temas como racismo antimutantes ficam mais populares nas revistas dessa série.

Os Mutantes, nascidos como párias oprimidos por seus talentos superiores, tocam em sentimentos adolescentes como a alienação, especialmente pelos tipos intelectuais e auto-seletivos que lêem quadrinhos. Desde o início da década de 1950, tem sido raro apresentar heróis como alienados, mas a genialidade de Lee está em sua capacidade de jogar com o descontentamento que se manifestou no movimento Beat e em outras tendências contraculturais. Os temas dos X-Men ressoaram em alguns *hippies*, e "Um Manifesto pelos Mutantes" apareceu no *San Francisco Oracle*, importante jornal *underground*, em janeiro de 1967. Entre outras coisas, dizia:

Mutantes! Saibam agora que vocês existem!
Eles os esconderam nas cidades
E os vestiram com roupas tolas
Saibam agora que estão livres[140].

140 Extraído de Gary Lachman, *Turn Off Your Mind: The Mystic Sixties and the Dark Side of Aquarius* (Nova York: Disinformation, 2001), p. 30.

O tema da alienação pode ter mantido *X-Men* como um título de segunda linha enquanto os quadrinhos eram um tipo convencional de entretenimento. Pode ser também o motivo pelo qual o título tornou-se um sucesso perene quando os fãs mais dedicados tornaram-se os principais leitores no final da década de 1970. Os X-Men também encontraram ressonância no movimento de direitos civis, que atingiu seu apogeu quando a revista *X-Men* nº 1 foi lançada, e pode ter sido uma expressão inconsciente do sentimento de perseguição aos judeus profundamente arraigado em Lee. De fato, os roteiristas posteriores ampliaram esse tema, retratando Magneto como um sobrevivente do Holocausto. Esse fato tornou-se o foco central das adaptações feitas por Bryan Singer para o cinema, mais ressonantes e emocionalmente diretos do que os quadrinhos foram antes.

Kirby parou de trabalhar nessa revista após seus números iniciais, e o título ficou ao encargo do hábil artista Werner Roth. Na década de 1960, a Marvel costumava apresentar os X-Men em outras revistas num esforço de aumentar a visibilidade dos personagens, e, recentemente, emprestou-os para aumentar as vendas de títulos com vendas em queda. Barry Smith e Neal Adams trabalharam em alguns números, mas nada parecia dar muito certo. Após o número 66, não foram apresentadas histórias novas, mas a revista prosseguiu com reprises. Obviamente, a Marvel ainda acreditava no conceito, mas ninguém parecia saber como fazê-la vender.

Isso, até 1975. Nessa época, a Marvel estava no meio de uma expansão dispendiosa, esforçando-se para enfrentar um mercado em declínio. A diretoria da Marvel recrutou Len Wein (*Swamp Thing* e *Justice League of America*) e Dave Cockrum (*Legion of Super-Heroes*) da DC, e ambos criaram novos X-Men, que estrearam em *Giant-Size X-Men* nº 1 em 1975. Do grupo original, foi mantido o Ciclope, ao qual se reuniram Noturno (da Alemanha), Colossus (da Rússia), Wolverine (do Canadá), Tempestade (da África), Banshee (da Irlanda), Sunfire (do Japão) e Thunderbird (nativo norte-americano). A revista foi um sucesso, e os novos X-Men assumiram o título no número 94.

Wein entregou as rédeas ao roteirista Chris Claremont quando o título começou a atrair leitores. Cockrum saiu e foi substituído em 1977 pelo novo artista John Byrne (*X-Men* nº 108), e a revista encontrou seu ritmo. *X-Men* tornou-se *a* publicação quente do final da década de 1970, estabelecendo muitos dos temas que dominariam os quadrinhos de super-heróis até o aparecimento de *O Reino do Amanhã*. Com um estilo sintetizado de astros anteriores como Jack Kirby, Steve Ditko, Gil Kane, Neal Adams e Jim Starlin, Byrne foi uma seqüência natural. A Marvel deu-lhe como parceiro Terry Austin, que dava acabamento com canetas técnicas a nanquim aos traços a lápis, deixando os quadrinhos com um toque claro e futurista. *The Uncanny X-Men* tornou-se um título cósmico e teve seu apogeu com "The Dark Phoenix Saga" (*X-Men* nºs 129-138), na qual a Fênix (antes a Garota Marvel) é possuída por um espírito cósmico demoníaco e destrói todo um sistema solar. Mais tarde, ela é julgada por alienígenas e comete suicídio antes de sua execução. Os fãs ficaram atônitos e sem fôlego.

O título perdeu sua intensidade e calor após "The Dark Phoenix Saga" e Byrne saiu pouco depois. Cockrum voltou e a revista se manteve como campeã de vendas, mas o foco de interesse dos fãs deslocou-se para a revista *Daredevil*, de Frank Miller. No final da década de 1980, *The Uncanny X-Men* tornou-se pouco mais do que uma vitrine giratória do artista mais quente da temporada. Esse processo atingiu o ápice com a chegada de Jim Lee. Lee tinha a tendência de não levar em conta os enredos de Claremont, o que deixava a revista completamente ilegível, mas ninguém parecia muito preocupado, porque o trabalho artístico era exuberante. A Marvel encomendou uma nova série da *X-Men* para Lee, que logo saiu da editora para criar a Image Comics. Desde então, a Marvel lançou dezenas de títulos relacionados com os X-Men, muitos dos quais lucrativos.

A Marvel tentou produzir um desenho animado dos X-Men na década de 1980, mas nunca saiu do piloto da série (*Pryde of the X-Men*). Em 1992, outra série animada (que reciclou muitos dos enredos de Claremont, Cockrum e Byrne) estreou na Fox e tornou-se um dos programas de maior audiência da história da TV no horário das manhãs de sábado. Uma enorme blitz de licenciamentos cimentou os X-Men no coração de milhões de garotos. Em 2000, foi lançada uma versão mais voltada para adolescentes chamada *X-Men: Evolution*, que permaneceu por quatro temporadas na rede WB.

O sucesso do desenho animado da Fox lançou as bases para o estrondoso sucesso do filme dos X-Men para o cinema, em 2000. O diretor Bryan Singer tirou os personagens dos uniformes de tecido elástico e colocou-os em trajes paramilitares de couro, e sua abordagem emocional direta deu ao conceito um aspecto visceral. Pouco depois, os quadrinhos capitalizaram conceitos do filme em duas seqüências – *X-Men 2: United* e *X-Men: O Confronto Final*. Enquanto escrevo, há um filme solo do Wolverine em fase de pré-produção.

OS ILLUMINATI

Uma Fraternidade Marvel mais recente é a dos Illuminati. Formada pelos membros mais destacados do Universo Marvel – Professor X, Sr. Fantástico,

Raio Negro (líder dos Inumanos), o atlante Namor, Homem de Ferro e Dr. Estranho –, esse poderoso grupo foi criado para lidar com ameaças particularmente graves ao planeta. Naturalmente, o nome dessa equipe foi copiado da lendária sociedade secreta do século 18, Os Illuminati da Baviera, formada pelo jesuíta renegado Adam Weishaupt. Segundo a história oficial, os Illuminati teriam sido forçados a se dissolver depois que seu programa revolucionário foi revelado, mas qualquer teórico moderno da conspiração vai lhe dizer que o grupo simplesmente se ocultou e agora controla o mundo todo por meios financeiros ou, mais importante, *pela feitiçaria.* A falta de evidências quanto à sobrevivência do grupo é simplesmente considerada uma prova de seus meios arcanos de persuasão.

CAPÍTULO 19

O RETORNO DOS MAGOS

ÍBIS, O INVENCÍVEL

Na arte egípcia, Thoth é representado como um homem com cabeça de íbis. Não por coincidência, um dos mais antigos magos-heróis dos quadrinhos é Íbis, o Invencível, da Fawcett. Embora superficialmente Íbis tenha a influência de Mandrake, esse mago que combate o crime é, na verdade, uma reencarnação do fictício faraó Amentep – em outras palavras, uma reencarnação de Hórus.

Na história sobre a origem de Íbis, Thoth dá a Amentep o onipotente cajado de Íbis, um talismã mágico que contém o poder de Osíris. Uns vinte séculos depois, a múmia de Amentep é enviada a um museu norte-americano, onde volta à vida e atribui a si mesmo o novo nome de Íbis. Esse Amentep reencarnado combate demônios e outras entidades espirituais malignas com o cajado mágico de Íbis, vestido exatamente como um dos Mestres Ascensionados de Blavatsky – um elegante traje completo, com capa e turbante sikh.

Íbis surgiu na revista *Whiz Comics* nº 2 e ficou com o título até seu último número (155) em 1953, prova de que alguém na Fawcett (talvez seu criador, Bill Parker) tinha uma familiaridade mais do que passageira com o ocultismo. Íbis passou a maior parte de seu tempo combatendo terrores sobrenaturais ao lado de sua parceira Taia, esta sempre em trajes sumários.

DR. DESTINO

O Dr. Destino estreou em *More Fun Comics* nº 55 em 1940, criado por Gardner Fox e Howard Sherman. A concepção do Dr. Destino, que vivia numa torre sem portas ou janelas em Salem, Massachusetts, é semelhantes à de Íbis e outro herói de inspiração egípcia da DC, Gavião Negro, e tem uma semelhança temática com o Dr. Oculto. O Dr. Destino foi enviado à Terra em tempos antigos pelos "deuses anciãos" (Lovecraft, mais uma vez) e é reapresentado em *More Fun* nº 67 como o alter ego de Kent Nelson, filho de um arqueólogo americano. Enquanto fazia uma expedição pelo Egito, o pai de Nelson abre a tumba de um mago chamado Nabu, o Sábio, e é morto por um misterioso gás venenoso (remetendo obviamente aos rumores da "Maldição do rei Tut"). Depois, Nabu ressuscita, toma o jovem Kent como protegido e o inicia nas ciências ocultas. Como ninguém pode conseguir superpoderes numa história de revista em quadrinhos sem também receber um uniforme, Destino adota um traje que tem como acessórios um amuleto e um capacete dourado que cobre todo o seu rosto.

Em sua primeira aventura, o Dr. Destino enfrenta o deus nórdico Odin (ou Wotan), adornado por símbolos egípcios como o Ankh e outros significadores ocultos. Fox valeu-se dos conceitos de Lovecraft e lançou seu mago contra diversos terrores arcanos, inclusive os homens-peixe chamados de Narl-Amen (*More Fun* nº 65). Malgrado o bom argumento e o trabalho artístico muito inspirado de Sherman, o Dr. Destino teve uma vida breve nessa primeira encarnação, mas foi libertado da tumba de Nabu na década de 1960. Ninguém parece saber muito bem o que fazer com ele, e por isso seu papel ainda é de coadjuvante no Universo DC de heróis.

DR. ESTRANHO

Embora Destino nunca tenha conseguido deslanchar, inspirou um personagem de grande sucesso na década de 1960 – o Dr. Estranho, Mestre das Artes Místicas, criado em 1963 por Stan Lee e Steve Ditko (*Strange Tales* nº 110). O Dr. Stephen Strange é um renomado neurocirurgião cuja carreira é arruinada num acidente automobilístico. Tendo como seqüela um tremor que o impede de segurar um bisturi, Estranho percorre o mundo em busca de uma cura. Sua jornada o leva até O Antigo, um fabuloso mago que vive no alto do Himalaia. Embora o mago não lhe proporcione a cura, após diversos acontecimentos ele inicia Estranho nas artes místicas. O Doutor renascido embarca numa série de aventuras memoráveis trajando uma mescla estilizada e pseudo-asiática de elementos cômicos e envergando o Olho de Agamotto, "que Tudo Vê", um poderoso amuleto que ele leva ao pescoço. Como lhe seria apropriado, ele mora na rua Bleeker 177A, no bairro nova-iorquino de Greenwich Village[141].

Lee afirmou que o personagem foi inspirado num antigo programa de rádio chamado *Chandu the Magician*, mas provavelmente esperava que seus leitores fossem jovens demais para se lembrar do Dr. Destino. Depois que Steve Ditko deixou o título em 1966, Estranho apareceu numa série de histórias apócrifas, com qualidade extremamente oscilante. Com o declínio nas vendas, ele chegou a ser relançado brevemente como super-herói. Sua revista foi cancelada em 1969, e ele se uniu a Hulk e a Namor como o terceiro dos Defensores em 1971 (*Marvel Feature* nº 1). Apesar de seu título ser relançado depois, permanecendo nas bancas por vários anos, o material produzido inicialmente por Lee e Ditko ainda é a encarnação definitiva do Dr. Estranho.

Um filme para a TV, bem escrito mas mal produzido, foi ao ar em 1978, tendo Peter Hooten no papel do Doutor. O filme foi escrito por Philip DeGuere, associado à banda Grateful Dead, e continha variações radicais com relação ao material original, transformando o ocultismo vagamente oriental dos quadrinhos em algo mais tradicional e britânico. Estranho enfrenta a vilã arturiana Morgana Le Fey e O Antigo é retratado como um ocultista britânico, não como um mestre tibetano ascensionado.

---

141 Lachman, *Turn Off Your Mind*, p. 260. A reputação do Doutor entre os *hippies* era tamanha que a banda Jefferson Airplane criou um "Tribute to Doctor Strange" em 1965.

LINSNER
©2007.

CONSTANTINE

Um novo tipo de mago surgiu em 1985, criado por Alan Moore (*Saga of the Swamp Thing* nº 37). John Constantine não é um ocultista refinado como o Dr. Estranho, mas um antigo cantor *punk* de *rock* (segundo se diz, Steve Bissette baseou-se em Sting) que começa a lidar com espíritos impuros e, de algum modo, vai parar nos pântanos da Louisiana, onde oferece conselhos ao Monstro do Pântano, um "elemental terreno" coberto de limo que chegou a acreditar que um dia foi um homem. Refletindo os ocultistas desgrenhados e nada heróicos que Moore conheceu na Inglaterra, Constantine veste um terno e um sobretudo desalinhados, sempre tirando baforadas de seus cigarros.

Constantine ganhou sua própria série, *John Constantine, Hellblazer*, em 1988. Ao longo da década de 1990, *Hellblazer* ajudou a fechar a lacuna entre fãs dos quadrinhos, devotos do gótico e o *underground* neo-ocultista. Após Jamie Delano, sucessor de Moore escolhido a dedo, ter saído do título (no nº 40), a revista foi entregue a diversos artistas e roteiristas diferentes, a maioria do Reino Unido. Garth Ennis levou Constantine para Nova York, tanto para suas aventuras ocultistas quanto para uma batalha contra o câncer de pulmão. Paul Jenkins usou o personagem para explorar antigos mitos britânicos, como o rei Arthur e o Green Man (Homem Verde). Warren Ellis fez Constantine punir o assassino de sua ex-namorada recheando-o de LSD e trancando-o numa gaveta de necrotério junto com o cadáver da moça em decomposição.

Constantine enfrentou demônios, guerreiros, gângsteres e fantasmas durante vinte anos antes de se ver diante de seus inimigos mais poderosos – os medíocres roteiristas de Hollywood. Uma adaptação extremamente infiel foi feita em 2005, com a escolha equivocada de Keanu Reeves para o papel principal, mostrando-o como um americano moreno e não como um inglês loiro, que trabalha em Los Angeles e não em Londres. O roteiro é um trabalho tipicamente entediante de Hollywood sobre a demonologia católica na visão popular, mostrando Constantine como um exorcista autônomo. Embora o filme tenha empregado todos os exauridos clichês imagináveis de terror, agredindo os globos oculares da platéia com o fogo do inferno e com monstros pouco convincentes feitos por computação gráfica, não teve sucesso nas bilheterias, e a esperada franquia foi podada pela raiz.

CIENTISTAS MALUCOS

Magos heróicos nunca foram realmente populares nos quadrinhos, provavelmente porque os magos são mais familiares para os fãs de quadrinhos e de ficção *pulp* na forma de "cientistas malucos". Os vilões das histórias de espada-e-feitiçaria costumam ser os feiticeiros. E feiticeiros modernos como Lex Luthor, Dr. Silvana, Dr. Doom e o Coringa são os vilões que os fãs mais adoram odiar. Os insondáveis mistérios da ciência, porém, tornam-na algo equivalente a lidar com demônios e espíritos malignos. Na verdade, tem havido certo ressurgimento da idéia do cientista-como-feiticeiro na comunidade evangélica norte-americana, e vê-se nela ataques em grande escala e bem fundamentados a temas como a teoria da evolução e a teoria das mudanças climáticas.

LEX LUTHOR

O vilão de Super-Homem, Lex Luthor, é o arquétipo do cientista maluco das histórias em quadrinhos. Um protótipo anterior de Luthor chamado Ultra-Humanite apareceu na *Action Comics* nº 14, em 1939, e, como o Professor Xavier dos X-Men, era calvo, confinado a uma cadeira de rodas e dotado de poderes telepáticos. Luthor surgiu em 1940 (*Action Comics* nº 23) como cientista maluco, mas com a cabeça coberta por cabelos ruivos. Siegel tornou-o calvo no ano seguinte, em todo o esplendor de sua calva, na revista *Superman* nº 10.

Embora o recém-tosquiado Luthor possa ter evocado o Dr. Silvana das histórias do Capitão Marvel, Luthor não era um maníaco alucinado como o outro cientista da Marvel. Numa história de 1960 em que Siegel usa pela primeira vez o nome Lex (*Adventure* nº 271), Luthor começa como um admirador quase romântico de Superboy, mas volta-se contra ele quando um acidente de laboratório faz com que Luthor perca os cabelos. Mais tarde, ele é retratado como um racionalista que acredita simplesmente que *merece* governar o mundo. Ele inveja os incríveis poderes físicos do Super-Homem e usa a ciência para idealizar maneiras de derrotá-lo.

A evolução visual de Luthor deixou-o uma cópia idêntica de Aleister Crowley. Seu primeiro nome é um apelido familiar de Alexander (o verdadeiro nome de Crowley), e seu sobrenome pode ter sido uma referência velada a Martinho Lutero (notório anti-semita). A conexão com Crowley não é tão vaga quanto imaginam alguns, tendo em vista os paralelos entre os arquétipos de cientista maluco e de feiticeiro, bem como o interesse pessoal de Siegel pelo ocultismo. Em *Adventure* nº 270, Siegel refere-se a Luthor como um "mago" e mostra-o lidando com feitiçaria. Tentando encontrar "o segredo da própria vida", Luthor cria um *Homunculus*, mas a criatura destrói seu laboratório[142]. Uma capa particularmente interessante da revista *Superman* (nº 74) mostra Luthor com a aparência exata de Crowley em sua juventude, lançando um raio que transforma em pedra o Super-Homem e Lois Lane. Vê-se um piso xadrez, sem qualquer explicação para isso, evocando uma loja maçônica (ou talvez da OTO), e o raio emana de um aparato que se parece muito com um falo mecânico gigante – talvez uma referência inconsciente à bissexualidade de Crowley e à obsessão com a história bíblica de Lót.

Luthor apareceu na maioria das adaptações do Super-Homem para a TV e o cinema, e foi representado pelos atores Gene Hackman e Kevin Spacey nos filmes. Em *Smallville*, série de grande sucesso para a TV, o papel de jovem Luthor é do ator Michael Rosenbaum. Em sua atual encarnação nos quadrinhos, Luthor é um poderoso industrial que procura dominar o mundo no cenário político. Um roteiro recente mostra-o eleito presidente dos Estados Unidos.

DR. DOOM

O Dr. Doom, cuja primeira aparição deu-se na *Fantastic Four* nº 5 em 1962, tem ambição e temperamento muito semelhantes aos de Lex Luthor. Victor Von Doom, filho de uma bruxa cigana nascido em Latveria, na Europa Central, é um prodígio científico que vai aos Estados Unidos graças a uma bolsa de estudos e lá conhece Reed Richards. A grande missão da vida de Doom é sintetizar as artes ocultistas com a ciência de ponta – uma ambição que leva ao desastre, como era de se presumir. Deformado de modo hediondo por causa de uma experiência ocultista, Doom viaja até o Himalaia (onde mais?) para que monges cubram seu corpo com uma armadura. O co-criador Jack Kirby disse depois que o único ferimento de Doom é uma pequena cicatriz no rosto, mas sua mania de perfeição é tão grande que ele não consegue conviver com esse defeito. Doom volta à Latveria, depõe a fraca realeza local e se instala no poder como ditador. Como Luthor, Doom acredita que seu gênio lhe dá o direito de governar o mundo, e ele mantém o Quarteto Fantástico ocupado tentando abortar seus planos. Doom aparece na pele do galã australiano Julian McMahon no filme de 2005, *Quarteto Fantástico.*

---

142 Ver Carter, *Sex and Rockets*, p. 184. Curiosamente, alguns acreditam que o próprio Jack Parsons feriu-se numa explosão oito anos antes, tentando usar as fórmulas de Crowley para criar um *Homunculus.*

Parte V

DEUSES E HOMENS

CAPÍTULO 20

OS VISIONÁRIOS

Como acontece em outros tipos de entretenimento popular, temas místicos e mitológicos nunca foram tão proeminentes e explícitos nas revistas em quadrinhos quanto hoje. Mas isso é apenas uma questão de grau. Tendo em vista a história mágica dos super-heróis e das revistas em quadrinhos, não é à toa que alguns dos mais influentes criadores dos quadrinhos mostram grande interesse pela mitologia e pelo ocultismo. Na verdade, há uma evolução no processo pelo qual os quadrinhos incorporam o ocultismo. Começa com um fascínio ingênuo (Jerry Siegel), que dá lugar a uma incorporação intencional da mitologia (Jack Kirby), transforma-se numa compreensão sistemática (Alan Moore) e finalmente se torna um novo tipo de religião, cujo melhor exemplo está em Alex Ross. Muitos outros participaram desse processo, mas os principais são esses[143].

143 Minha análise, naturalmente, é subjetiva. Muitos outros escritores injetaram elementos do ocultismo nas histórias de super-heróis, mas, na minha opinião, os criadores mencionados aqui contribuíram de modo crucial.

JACK KIRBY

É impossível falar do super-herói moderno sem falar de Jack Kirby. Nenhum indivíduo – nem mesmo Stan Lee – foi mais vital para o desenvolvimento do super-herói e de sua influência na cultura em geral do que Kirby. Nenhum outro escritor – nem mesmo Alan Moore – infundiu nos super-heróis sequer uma fração da ressonância mitológica criada por Kirby. Kirby é, de longe, o mais influente criador do mundo das revistas em quadrinhos de super-heróis, e quase todo artista e escritor importante desse ramo, nos últimos quarenta anos, menciona-o como inspiração para seu próprio trabalho. Em última análise, foi Kirby o responsável por transformar os super-heróis em deuses.

Kirby nasceu com o nome de Jacob Kurtzberg em 1917 na parte baixa do East Side de Nova York. Sua primeira experiência com o mundo espiritual deu-se ainda cedo. Quando menino, contraiu pneumonia (uma doença muito grave antes da invenção dos antibióticos), e um grupo de rabinos foi chamado para realizar um exorcismo num esforço derradeiro para salvar sua vida. Eles entoaram os nomes dos demônios ofensores em hebraico, o que, segundo a tradição, daria aos rabinos controle sobre eles. Felizmente, Kirby se recuperou – seja em virtude do ritual, seja pela resiliência da juventude – e a experiência teve uma influência importante em sua arte. Nas palavras de um biógrafo, "a vida de Kirby ficou tomada pelo misticismo da fé e da superstição"[144].

Kirby passou a juventude num apartamento modesto de um bairro ruim, e dedicou boa parte de seu tempo defendendo-se de gangues hostis a etnias estrangeiras. Divertia-se colecionando tiras em quadrinhos recortadas de jornais velhos e de revistas *pulp*, e aprendeu a desenhar sozinho, copiando os trabalhos de seus artistas prediletos. Mais tarde, procurou trabalho em Manhattan como artista. Com o advento das revistas em quadrinhos, Kirby viu sua chance e se associou ao escritor e editor Joe Simon naquela que seria uma longa e frutífera parceria. A equipe criou o Capitão América para a Marvel, depois passou para a DC antes de criar sua própria empresa. Mas antes Kirby foi recrutado pelo exército e serviu na Europa como membro da infantaria. Acabou voltando para casa com um sério caso de ulceração causada pelo frio, e sua visão da vida ficou bem mais sombria após sua experiência na linha de combate.

Volta e meia, Kirby injetava temas ocultistas e mitológicos em suas histórias. Ele e Simon adotaram uma abordagem diferente durante a explosão do terror na década de 1950, apresentando mais títulos esotéricos como *Black*

---

144 Roy Wyman, *Art of Jack Kirby* (Orange, CA: Blue Rose, 1992).

Magic e *The Strange World of Your Dreams*. Ele voltou à DC para escrever e desenhar uma revista da equipe, *Challengers of the Unknown*, em 1957, e seu trabalho começou a penetrar em ambientes mitológicos. Após uma discussão com um editor da DC, Kirby voltou à Marvel, que, na época, estava em situação difícil. Kirby desenhou uma série de títulos de monstros e de faroeste, até Martin Goodman, editor da Marvel, encomendar uma revista com uma equipe de super-heróis. Lee e Kirby criaram o título *The Fantastic Quartet*. A revista abriu as comportas e a Marvel tornou-se o gigante que conhecemos hoje.

Com o aumento da linha, Lee viu-se atarefado demais para produzir os enredos das revistas e entregou a tarefa a seus artistas, ficando livre para concentrar-se no desenvolvimento de personagens e nos diálogos. Deixado com suas elucubrações, Kirby fez com que seus títulos se orientassem para o esotérico. Thor parou de combater comunistas e cientistas malucos e encontrou planetas vivos, monstros que continham o poder de um bilhão de almas e engenheiros geneticistas criando novas raças. O Quarteto Fantástico encontrou um deus devorador de planetas, sentinelas alienígenas, super-raças escondidas e outros universos. Capitão América passou a maior parte de seu tempo lutando com uma variedade de sociedades secretas nefandas, como a HYDRA e a AIM, que lançaram telepatas mutantes e inteligências artificiais contra ele. Seu velho inimigo, o Caveira Vermelha, agora possuía uma espécie de pedra filosofal que transformava seus pensamentos em realidade.

A qualidade do trabalho artístico de Kirby também estava evoluindo. Seus personagens começaram a assumir as poderosas formas e ângulos de uma escultura de Rodin. Seus painéis explodiam literalmente do papel com uma força irresistível. Os personagens estavam sempre em movimento, e cada painel irradiava violência e poder. Cada página estava repleta de máquinas arcanas, chamas, linhas de movimento e "Raios Kirby" – a representação de campos de energia pulsantes que era sua marca registrada. Com a Zona Negativa e o Microverso, Kirby começou a mostrar o espaço exterior como um organismo vivo, que respira, repleto de estrelas explodindo, nebulosas pulsantes e infinitas estrelas. Como o maior dos desenhistas que o gênero já viu, criou legiões de personagens memoráveis, que ainda hoje são usados nas revistas em quadrinhos mais vendidas. A arte de Kirby influenciou bastante o movimento de arte psicodélica daquela época.

Entretanto, os trabalhos de Kirby não estavam acima da crítica. Art Spiegelman, criador do premiado *Maus*, reclamou que "o triunfo da vontade, a celebração do aspecto físico do corpo humano à custa do intelecto, é um impulso próprio da arte fascista. Isso tem muito a ver com o motor do tra-

LINSNER
©2007.

balho de Kirby, embora eu compreenda que seus desenhos estão repletos de personagens que combatem os fascistas"[145]. O que Spiegelman e outros não compreendem é que o trabalho de Kirby não é nem um pouco fascista; é *fundamentalmente* psicodélico e intrinsecamente pagão. Brota do mesmo impulso que inspirou o movimento de Art Deco, bem como os próprios super-heróis. Os fascistas simplesmente se apoderaram desses símbolos por motivos nefastos.

Os textos de Kirby ficam totalmente carentes diante do ensolarado liberalismo de Stan Lee. A violência de sua juventude, suas experiências na guerra e seus primeiros esforços na atividade dos quadrinhos com péssima remuneração coloriram sua óptica e levaram-no a sondar os mais profundos recônditos da criatividade humana. O artista Jim Woodring, que trabalhou com Kirby em desenhos animados na década de 1980, disse que ele era "hermeticamente selado em sua própria imaginação, e era como uma fonte quando era preciso gerar idéias, desenhos e conceitos". O escritor Jonathan Lethem sugeriu que o trabalho de Kirby consistia essencialmente em "contemplar a face crua do infinito, que não é particularmente bondoso com os assuntos banais dos seres humanos. Temos a sensação de que estamos observando a mitologia representada com máscaras"[146].

À parte a permanente popularidade de seus quadrinhos, a influência de Kirby vazou para a arte convencional por causa de filmes de grande sucesso feitos pelos fãs que cresceram lendo essas revistas. Na verdade, sua influência é tão grande que é difícil catalogá-la. George Lucas foi particularmente inspirado por ele. Os quatro heróis principais do filme *Guerra nas Estrelas* têm indiscutíveis paralelos arquetípicos com o Quarteto Fantástico: Han Solo é um líder arrogante e excessivamente confiante (Sr. Fantástico), sua futura namorada, Princesa Leia, faz sua primeira aparição como um holograma translúcido (Mulher Invisível), Luke é um jovem dinâmico e inquieto (o Tocha Humana) e Chewbacca, o fortão do grupo, é como o desafortunado Coisa. E mesmo que você ache forçadas essas comparações, não pode negar que Darth Vader é essencialmente o mesmo personagem que o principal vilão do Quarteto Fantástico, o Dr. Doom. Ambos são homens com deformações horrendas envoltos por trajes blindados – promissores místicos quando jovens, mas que, assombrados pela morte da mãe, tornam-se tiranos.

A influência de Kirby sobre Lucas foi bem mais profunda do que a mera semelhança entre os heróis e vilões de *Guerra nas Estrelas* e do Quarteto Fan-

---

145 Art Spiegelman, entrevistado por Gary Groth, extraído de *The Comics Journal* nº 180.

146 Extraído de "Kirby na década de 1980", *Jack Kirby Collector* nº 30, novembro de 2000; "Interview with Jonathan Lethem" *JKC* nº 47, novembro de 2006.

tástico. O conflito cósmico que impulsiona *Guerra nas Estrelas* pode ser tão antigo quanto o tempo, mas é quase certo que Lucas o encontrou pela primeira vez, não nos obscuros trabalhos acadêmicos de Joseph Campbell, mas na monumental série em quadrinhos *The New Gods*. A DC contratou Kirby e o tirou da Marvel em 1971. Um de seus primeiros títulos para a DC foi *Spirit World*, uma antologia que lidava com fenômenos ocultos, como as profecias de Nostradamus, astrologia e PES. A DC também deixou que Kirby criasse toda uma linha de novos títulos – *The New Gods*, *The Forever People* e *Mister Miracle* – que Kirby chamou coletivamente de *The Fourth World*.

The Fourth World não teve precedentes em seu escopo. Esses personagens eram deuses extradimensionais, seres sobre-humanos que viajavam para a Terra usando o "Boom Tube", uma espécie de Stargate* que cria uma ponte entre dimensões. O deus de *The New Gods* era "a Fonte", um campo onipotente de energia que faz em *Fourth World* exatamente o mesmo papel que a Força em *Guerra nas Estrelas*.

Tal como em *Guerra nas Estrelas*, *The Fourth World* está dividido em duas facções opostas e maniqueístas – os seguidores do Highfather [Pai Supremo] no mundo utópico de New Genesis e os súditos de Darkseid (que se pronuncia "dark side", ou "lado negro") no planeta escravo Apokolips. No passado, Apokolips e New Genesis tinham guerreado quase até a destruição recíproca, mas foi selado um armistício com o intercâmbio dos filhos primogênitos de Highfather e Darkseid ("The Pact", *New Gods* nº 7). O selvagem filho de Darkseid, Órion, é criado em New Genesis e torna-se seu mais poderoso guerreiro. O filho de Highfather, Scott Free, é criado em Apokolips, mas foge e torna-se o "super-artista da fuga", Sr. Milagre. Órion torna-se inimigo jurado de seu pai e Scott Free é educado no caminho de A Fonte por um personagem semelhante a Obi-Wan chamado Himon (*Mister Miracle* nº 8). Darkseid é uma versão espiritualizada de Darth Vader, mas seu braço-direito, DeSaad, é a imagem absoluta e clara do Imperador Palpatine em *O Retorno de Jedi*.

Embora Kirby produzisse uma gama mirabolante de personagens, monstros e máquinas para os quadrinhos de *The Fourth World*, sua imaginação fértil acabou superando sua capacidade narrativa. As histórias acabaram prejudicadas com o peso do interminável desfile de conceitos de Kirby, e as vendas fracas fizeram com que a DC cancelasse toda a linha em 1973. No entanto, fãs de carteirinha como Lucas adoraram as revistas de *The Fourth World*, e até hoje os personagens são parte vital do Universo DC. Outro fã ardoroso, Bruce

---

* Referência à série da TV do mesmo nome, cujo artefato central é o Stargate ou Portal Estelar, objeto alienígena que cria um buraco de minhoca ou fenda espacial que permite a passagem para lugares situados a imensas distâncias. (N. do T.)

Timm, tornou-se mais tarde produtor dos desenhos animados *Super-Homem* e *Liga da Justiça*, apresentando os novos deuses para uma nova geração de fãs.

Após o cancelamento dos títulos da série *The Fourth World* em 1972, Kirby mergulhou de cabeça no sobrenatural com *The Demon*, um título de temática ocultista que mostra Etrigan, o demônio predileto de Merlin, invocado nos últimos dias de Camelot. Etrigan também tem um alter ego humano, o detetive ocultista Jason Blood. Kirby lançou Etrigan contra inimigos como Morgana Le Fey e Klarion, o menino bruxo. Além de um monte de histórias que tratam de feitiçaria, Jack usou *The Demon* para homenagear as histórias clássicas de terror de sua juventude, inclusive *Frankenstein*, *O Lobisomem* e *O Fantasma da Ópera*.

O cancelamento das revistas da série *The Fourth World* levou Kirby de volta à Marvel em 1975. Ele assumiu *Captain America* e pôs-se a trabalhar num roteiro pinçado diretamente das febris elucubrações dos adeptos direitistas das teorias da conspiração da década de 1970. "Madbomb Saga" (*Captain America* n$^{\underline{o}}$s 193-200) mostrou o Capitão e Falcão contra uma sociedade secreta de monarquistas, ancestrais dos leais ingleses pré-revolucionários, que lutam para reclamar os Estados Unidos para a Coroa britânica. Para isso, criam por engenharia genética uma raça de escravos e desenvolvem uma arma de controle mental em massa que pode paralisar toda a população dos Estados Unidos na comemoração do Bicentenário. Capitão América tinha enfrentado sociedades secretas antes, mas nenhuma tão explícita ou tão bem pesquisada – aparentemente – quanto essa. Kirby revisitou o tema das sociedades secretas quando trabalhou em *Black Panther* em 1977, onde apresentou os Colecionadores, um grupo discreto de plutocratas que procuram artefatos antigos que contêm poderes sobrenaturais.

Kirby voltou aos Vril-ya em sua série de 1976 para a Marvel, *The Eternals*. Nela, seu principal foco foi explorar a temática de antigas visitas de alienígenas, popularizada por *Eram os Deuses Astronautas*, um sucesso de vendas escrito por Erich von Däniken em 1968. Como von Däniken, Kirby sugeriu que os antigos deuses da mitologia seriam, na verdade, visitantes extraterrestres. Os três primeiros números de *The Eternals* apresentaram teorias alucinantes de engenharia genética alienígena e de raças criadas pelos deuses: a humanidade, os demoníacos Deviants, que viviam nas ruínas submarinas da Atlântida, e os distantes e sobre-humanos Eternos, que viviam no Monte Olimpo. O próprio Kirby descreve a revista *The Eternals* como "o lugar no qual comecei a ser místico, lidando com aquilo que creio sinceramente estar se movendo no âmago de todos nós"[147].

Em 1976, Kirby escreveu e desenhou uma adaptação de *2001: Uma Odisséia no Espaço* para a Marvel, usando-a como veículo para seus pendores psi-

---

147 James Van Hise, "Superheroes: A Talk with Jack Kirby", *Comics Feature*, dezembro de 1984.

codélicos. A série revelou a obsessão de Kirby pelo tema da transformação do Filho das Estrelas. Em sua introdução à série, Kirby afirmou que "o Monólito é um elemento fictício num processo bem real", ou seja, a transformação extraterrestre da espécie humana, que Kirby achava que os alienígenas "estão fazendo com propósitos além de nossa compreensão"[148]. Em pouco tempo, a revista tornou-se um veículo para um novo personagem chamado Homem-Máquina, indicando a conclusão de Kirby – a cibernética seria o destino final da espécie. "Não somos Filhos das Estrelas", disse Kirby, "estamos nos aproximando da era em que as máquinas farão tudo para nós. É por isso que HAL acertou quando matou esses sujeitos (a tripulação do filme *2001*), pois ele pode fazer melhor esse trabalho"[149].

A influência de Kirby sobre os filmes *sci-fi* não se limitou, de modo algum, a *Guerra nas Estrelas*. Sua série de 1981, *Captain Victory and The Galactic Rangers*, tratava de uma unidade de elite de fuzileiros espaciais liderada pelo andrógino Victory, que viaja pela galáxia à procura de uma raça gigante de alienígenas, os Insectons. Aparentemente invulneráveis, os Insectons invadem planetas e constroem colméias subterrâneas onde enterram seres humanos vivos e usam seu "fluido vital" em incubadoras para seus bebês. Kirby reciclou os Insectons de *The New Gods*, tendo em mente mostrar Victory como filho de Órion. Como Captain Victory foi criado para outra editora, Kirby não pôde incorporar os nomes de personagens de *The New Gods*.

Se a história de um soldado andrógino e um grupo de elite de Fuzileiros Espaciais combatendo um exército de malvados alienígenas insetóides parece vagamente familiar, talvez você já tenha assistido a aquela que foi essencialmente a adaptação de Hollywood para os seis primeiros números de *Captain Victory*: *Aliens, o Resgate*, filme de James Cameron feito em 1986. Embora haja diferenças significativas (as histórias de Kirby são extremamente estranhas), o filme de Cameron tem tanta coisa em comum com *Captain Victory* que é difícil acreditar que as semelhanças sejam meras coincidências.

Muitas das cenas mais fortes de *Aliens* têm antecedentes diretos em *Captain Victory*. Os Galactic Rangers enfrentam os Insectons numa rede de túneis subterrâneos, tal como os fuzileiros fazem em *Aliens*. Há uma horrenda colméia alienígena nas duas histórias. O clímax de *Aliens*, no qual a andrógina Ripley (interpretada por Sigourney Weaver) derrota a rainha alienígena enquanto maneja um enorme robô antropomórfico, tem paralelo direto na destruição da colméia dos Insectons pelo andrógino Captain Victory enquanto este ma-

---

148 Jack Kirby, editorial em *2001: A Space Odissey* nº 1, dezembro de 1976.

149 James Van Hise, "Superheroes: A Talk with Jack Kirby", *Comics Feature*, dezembro de 1984.

neja um enorme robô antropomórfico (*Captain Victory* nº 6). Provavelmente, é um bom momento para mencionar que James Cameron é fã incondicional de revistas em quadrinhos, e que nenhum desses elementos esteve presente no primeiro filme, *Alien*, de 1979.

Em outra série importante feita por Kirby na década de 1980, *Silver Star*, vemos novamente os Vril-ya, mas numa forma diferente daquela apresentada junto aos X-Men ou aos Inumanos[150]. Silver Star é membro de uma nova raça gerada cientificamente, os *Homo Geneticus*. Seus irmãos e irmãs estão espalhados e não têm noção de suas verdadeiras identidades. Como os Vril-ya, Silver Star é direto ao tratar do futuro, e prevê o domínio do *Homo Geneticus*: "Suponho que a coisa simplesmente *acontece*, meu velho. Um homem faz uma *lança*, outro produz um *escudo*... e assim por diante, ao longo das eras. Eles fazem *tudo isso! Maiores, mais assustadores!* Nem percebem há *quanto tempo* têm feito isso... *e que chegou a hora de saírem do palco!* Sem querer ofendê-lo, vovô, mas *você está obsoleto*"[151].

Boa parte da minissérie em seis volumes mostra Silver Star tentando reunir seus parentes genéticos para protegê-los do vilão Darius Drumm, que quer assegurar seu *status* de único pós-humano[152]. Levado à loucura, Drumm torna-se literalmente o Anjo da Morte, que por telecinese transforma tudo sobre o que ele voa em deserto. Embora Silver Star não tenha sido uma série de sucesso, o conceito de Kirby se infiltrou na mídia de massa. A idéia de uma raça de super-seres vivendo de maneira anônima e inconsciente entre nós tem ficado cada vez mais popular nos últimos anos. M. Night Shamalayan usou-a em seu filme *Corpo Fechado*. Duas séries de sucesso para a TV, *The 4400* da rede USA e *Heroes* da NBC*, também trataram do tema, assim como o recente relançamento de *The Eternals* pela Marvel.

STEVE ENGLEHART

Muito antes do aparecimento de Alan Moore, Steve Englehart injetava conceitos esotéricos nas histórias de super-heróis. E ele o fazia numa época

150 É curioso observar novamente que a primeira seita mágica de Aleister Crowley após sair da Golden Dawn se chamava Silver Star ["Estrela de Prata"].

151 "The Super-Normals: Are They God's or Satan's Children?", *Silver Star* nº 4, agosto de 1983.

152 Uma história muito parecida está acontecendo na série *Heroes* da NBC, com o personagem Sylar no papel de Drumm.

* Exibidas no Brasil pelo canal pago Universal Channel (N. do T.)

em que a maioria de seus contemporâneos estava reciclando clichês esquerdistas em suas histórias, na tentativa de obter relevância. Nascido em 1947, Englehart saiu de sua casa em Indiana e foi para a cidade de Nova York, onde a Renascença ocultista sobreviveu à década de 1960. Grupos como a OTO estavam bastante ativos por lá na década seguinte, e adeptos do esoterismo que pensavam de maneira parecida se reuniam em livrarias ocultistas como a *Magickal Childe*, no bairro de Chelsea. Enquanto o resto do movimento de contracultura estava sendo absorvido pelo sistema, esses iniciados criaram uma contracultura toda própria – uma comunidade fechada, dedicada a drogas, sexo e magia. Luminares como o antigo escritor do *Village Voice*, Alan Cabal, o escritor ocultista Peter Levenda, Bonnie Wilfrod (na época esposa de Chris Claremont, escritor dos X-Men), o cineasta Kenneth Anger e fãs de ficção científica e de outros gêneros foram atraídos por esse cenário. Esse *underground* invisível exerceu uma influência importante sobre a ficção científica e a fantasia, e, por meio de autores como Steve Englehart, sobre os quadrinhos.

Trabalhando para a Marvel, Englehart reanimou diversos títulos antigos e cansados, incorporou a teoria da conspiração da era Watergate à revista *Captain America* e escreveu os onze números iniciais da revista *Defenders*, de temática ocultista, lançando o trio contra diversos inimigos mágicos, com nomes lovecraftianos como O Sem Nome, Os Imortais e Necrodamus. A história final da série *Defenders* chega a prestar uma homenagem a Bulwer-Lytton ("A Dark and Stormy Night", *Defenders* nº 11). Englehart também passou quatro anos fazendo Os Vingadores, explorando temas esotéricos e ocultistas, e, em 1974, a astrologia.

Tendo em vista seu interesse pelo ocultismo, Englehart foi a escolha natural para *Doctor Strange*. Ele próprio explicou que "quando assumi sua série solo, decidi que deveria aprender um pouco sobre magia – e isso levou a um interesse contínuo sobre o assunto"[153]. Trabalhando com o artista Frank Brunner, ele matou O Antigo, tornando o Dr. Estranho o Feiticeiro Supremo, depois enviou o Doutor para a ação, enfrentando uma encarnação superpoderosa de Cagliostro, o infame ocultista italiano do século 18 (*Marvel Premiere* nº 14). Em 1976, em seu roteiro final, Englehart envia Estranho de volta no tempo para investigar as origens ocultas dos Estados Unidos, inclusive Benjamin Franklin, os rosa-cruzes e o Hellfire Club (*Doctor Strange* nº 17). Infelizmente, Englehart saiu do título antes que o roteiro fosse finalizado.

---

153 Steve Englehart, *Doctor Strange I: Marvel Premiere 9-14, Doctor Strange 1-18*. steveenglehart.com.

Englehart foi para a DC e escreveu uma série clássica na revista *Detective Comics* com seu colaborador freqüente, o falecido artista Marshall Rogers. Trabalhou brevemente no reaparecimento de *Mister Miracle*, de Kirby, e num título de 1981, *Madame Xanadu*, onde a personagem de cunho ocultista aparecia na capa segurando cartas de tarô que se pareciam muito com o baralho de Aleister Crowley do *Livro de Thoth*. Após uma disputa com a DC, Englehart foi para a Eclipse, uma editora independente, onde tornou a trabalhar no conceito de Madame Xanadu, rebatizando-a como Scorpio Rose, uma imortal nascida "numa época em que a magia estava viva"[154]. Uma representação mais fiel do *Livro de Thoth* apareceu na capa de *Scorpio Rose* nº 2. Enquanto estava na Eclipse, Englehart criou o xamã Coyote, um nativo norte-americano, e o mostrou numa série de aventuras ocultistas.

ALAN MOORE

A maioria dos fãs e historiadores concorda que Alan Moore é o mais importante e influente escritor de histórias em quadrinhos desde Stan Lee. Moore conseguiu elevar o nível de sofisticação nos quadrinhos convencionais quase sozinho, e sua influência foi crucial para deslocar o centro de poder nessa mídia, passando-o dos artistas para os autores. Quatro filmes importantes – *Do Inferno*, *A Liga Extraordinária*, *Constantine* e *V de Vingança* – foram adaptados diretamente de suas criações. Além de ser o mais conhecido escritor dos quadrinhos de sua época, Moore também é praticante de magia ritual e estudioso das ciências ocultas.

Nascido na Inglaterra em 1953, Moore começou sua carreira como cartunista, criando tiras para revistas de música e jornais *underground*. Posteriormente, começou a escrever e trabalhou para a pequena, mas ativa, indústria de quadrinhos britânica. Seu sucesso inicial veio com *Marvelman*, que ele escreveu para a revista de antologias *Warrior*. Moore também criou o drama distópico *V de Vingança* com o artista David Lloyd. Quando a DC Comics começou a percorrer a Grã-Bretanha à procura de talentos no início da década de 1980, Moore chamou a atenção do editor de *Saga of the Swamp Thing*, Len Wein, que o contratou para ajudá-lo a salvar seu título, então em queda. Moore fez uma cirurgia radical no *Monstro do Pântano* (*Swamp Thing*), trans-

---

154 Jennifer Contino, "Englehart Chats Coyote & Scorpio Rose", *PULSE News*, 10 de outubro de 2005.

LINDNER
©2007.

formando-o numa mistura profana de terror *à* Lovecraft, ficção gótica do Sul e especulação ecológica.

O sucesso de Moore com *Monstro do Pântano* granjeou-lhe diversas encomendas importantes. Quando a DC comprou os direitos sobre os super-heróis da antiga Charlton Comics, Moore foi sondado para reanimá-los. Em pouco tempo, o projeto se tornou a minissérie *Watchmen*, uma desconstrução apocalíptica do próprio conceito do super-herói. Incansavelmente sombria e niilista, *Watchmen* mudou a fisionomia dos quadrinhos pelos quinze anos seguintes. Moore também propôs um trabalho ainda mais radical chamado *Crepúsculo dos Super-heróis,* que foi vetado pelos diretores da DC. Esse ato pode ter provocado sua saída dos quadrinhos convencionais e um longo exílio no campo dos quadrinhos independentes.

Durante seu exílio, Moore passou por uma epifania. Ele começou a trabalhar em *Do Inferno*, um relato épico da história de Jack, o Estripador, inspirado no livro de Stephen Knight *Jack the Ripper: The Final Solution*, que afirmava que os assassinatos do Estripador foram, na verdade, obra de uma conspiração maçônica. Moore sugeriu uma teoria controvertida, segundo a qual o cirurgião sir William Gull, de 72 anos, teria sido o verdadeiro Estripador. O propósito visível dos assassinatos, conforme alegou, foi silenciar um grupo de prostitutas que sabia que um príncipe tinha tido um filho ilegítimo com uma profissional das ruas. A verdadeira meta de Gull, no entanto, seria realizar um trabalho de magia em grande escala, que asseguraria a dominação futura dos homens sobre as mulheres.

Enquanto escrevia *From Hell*, Moore começou a questionar a própria natureza da realidade. Antes, ele professara a visão de mundo típica de um boêmio inglês de esquerda – niilista, materialista e reducionista. Agora, ele mergulhava de cabeça no mundo do tarô, da Cabala e da magia ritual. Com sua habitual ironia, Moore aceitou o antigo deus Glycon, mescla de boneco de pano e serpente, como seu salvador pessoal.

Rejuvenescido por esse despertar ocultista, Moore ingressou novamente na esfera convencional dos quadrinhos, seqüestrou *Supremo* – uma cópia do Super-Homem – de Rob Liefeld e transformou-o numa homenagem à inocência dos heróis da Era de Prata. Em seguida, criou uma minissérie que presta tributo à Era de Prata, chamada *1963*. Depois, idealizou uma linha de revistas em quadrinhos, America's Best Comics, que brincava com os arquétipos básicos dos super-heróis dos quadrinhos. *Tom Strong*, a imagem do Capitão Marvel como herói dos *pulps* segundo Moore (inclusive com sua própria "família"), incorporou temas de heróis dos *pulps* como Doc Savage. *A Liga Extraordinária* reuniu um grupo de heróis vitorianos dos *pulps*, como Capitão

Nemo, o Homem Invisível e Allan Quatermain, formando um time prototípico de super-heróis. A antologia *Tomorrow Stories* celebrou *O Espírito* de Will Eisner (Greyshirt), *Fighting American* de Simon e Kirby (First American) e *Homem-Borracha* de Jack Cole (Splash Branigan), apresentando uma homenagem hilariante, mas afetuosa, a heróis da juventude como Tom Sawyer (Jack B. Quick).

Moore atingiu a estratosfera com seu tributo à Mulher Maravilha, *Promethea*. Promethea é uma heroína antiga que se materializa no plano físico sempre que alguém a imagina fazendo isso. O título começou como uma história inovadora de super-heróis, com toques místicos, mas subitamente transformou-se num manual gráfico sobre magia oculta e ritual, com edições inteiras servindo de cartilha sobre a Cabala, o tarô e outros temas esotéricos. Promethea e seus companheiros simplesmente mergulham no tema e deixam o leitor encantado. Apesar das vendas em queda e de críticos atacando a revista, Moore e sua equipe de arte simplesmente seguiram adiante. O tempo dirá se *Promethea* será vista como outra inovação revolucionária de Moore ou como uma mera indulgência.

Além de criar histórias em quadrinhos e de escrever ficção, Moore trabalhou como *performer*, geralmente em colaboração com os músicos ingleses David J (da banda Bauhaus) e Tim Perkins. Essas apresentações são anunciadas como rituais mágicos, com nomes como "A Lua e a Serpente", "Grande Teatro Egípcio de Maravilhas", "A Placenta" e "O Trabalho de Highbury". Moore tornou-se uma verdadeira celebridade intelectual, mostrando grande pendor para suscitar controvérsias e chamar a atenção de veículos importantes da mídia, como o *The New York Times*. Ele não faz segredo de seu desdém pelos filmes adaptados de seus trabalhos; sua desaprovação de *V de Vingança* tornou-se manchete na imprensa. Costuma ser convidado pelos canais de rádio e de TV da BBC, mostrando-se com seu ar de Rasputin e seu sotaque dos Midlands, espesso como mingau. Contudo, seu intelecto feroz afasta quaisquer dúvidas sobre sua seriedade. Paradoxalmente, legitimou tanto as revistas em quadrinhos quanto a magia ritual ao combiná-las. Talvez seja esse seu maior legado.

NEIL GAIMAN

Um dos primeiros escritores ingleses a ser contratado pela DC, acompanhando a onda criada por Moore, foi o biógrafo do Duran Duran, Neil Gaiman. Gaiman foi o produto de uma formação religiosa confusa: sua família é judia, mas seu pai é um importante membro da Igreja da Cientologia de L.

Ron Hubbard, e o próprio Gaiman foi educado em escolas anglicanas. Essa diversidade religiosa ajudou Gaiman a compreender melhor as mitologias e religiões do mundo, o que lhe foi útil ao longo da carreira.

Fascinado pelos quadrinhos, Gaiman assumiu as rédeas de *Marvelman* quando Alan Moore deixou a tira. Fez amizade com o ilustrador Dave McKean e iniciou uma duradoura colaboração com ele, culminando em dois romances gráficos no final da década de 1980 que receberam a aclamação da crítica. Gaiman conseguiu de Karen Berger, editora da DC, a licença para refazer radicalmente o antigo personagem Sandman, e Gaiman reescreveu-o basicamente como um deus – um dos Perpétuos, um grupo de sete irmãos que governa a humanidade. Sandman governa um reino chamado apropriadamente de Sonho, que Gaiman usa como repositório para cada fantasia, mitologia e conceito religioso imaginável. Gaiman valeu-se da diversidade religiosa de sua infância para criar uma série que se tornou o mais raro dos constructos mitológicos – uma revista em quadrinhos para pessoas que não lêem revistas em quadrinhos.

Gaiman mudou o balanço costumeiro de poder nos quadrinhos com *Sandman* – uma das primeiras "revistas de autor" num campo que antes se valia predominantemente de seus artistas para promover um título. Embora o título tenha se tornado um dos maiores sucessos de vendas da DC, Gaiman decidiu não trabalhar com os grandes astros, mantendo um rodízio de desenhistas competentes mas pouco notáveis que apenas contava as histórias de modo claro e coerente. Isso foi uma inovação importante de Gaiman, pois até Alan Moore e Frank Miller usavam ilustradores de peso como Bill Sienkiewicz e David Mazzuchelli para produzir histórias comercialmente rentáveis. Em *Sandman*, Gaiman foi a atração principal, sem sombra de dúvidas.

Em 1992, Gaiman criou um novo personagem para uma minissérie chamada *Os Livros da Magia*. Seu herói, o jovem mago Timothy Hunter, costuma ser mencionado como um protótipo não reconhecido de Harry Potter. Ambos são jovens ingleses travessos, com cabelos castanhos desalinhados e óculos, que herdam grandes poderes mágicos e se vêem no limiar de grandes destinos. Ambos têm corujas de estimação. Gaiman situou Hunter bem no meio do Universo DC, usando John Constantine, o Vingador Fantasma, Mr. Io e o Dr. Oculto como guias espirituais no primeiro enredo. Em pouco tempo, *Os Livros da Magia* tornaram-se uma série regular, publicada durante seis anos. Hunter também apareceu em duas cópias, *The Names of Magic* e *Books of Magick: Life During Wartime.*

Gaiman também trabalhou intensamente além do universo dos quadrinhos, produzindo diversos romances de sucesso, inclusive o premiado *Ame-*

rican Gods. Esse extraordinário livro trata dos deuses do mundo antigo que tentam encontrar um caminho na terra espiritualmente devastada da América atual. O enredo mostra Odin usando um ex-presidiário chamado Shadow Moon para recrutar os antigos deuses numa última batalha contra os novos deuses americanos do comércio e da mídia. Embora o enredo possa parecer ridículo, Gaiman tratou o material com grande convicção.

Após um hiato dos quadrinhos, Gaiman voltou para criar *1602* para a Marvel. Essa minissérie situa os personagens do Universo Marvel na Inglaterra elisabetana, onde trabalham para o Serviço Secreto de Sua Majestade. A série apresentou a uma nova geração de leitores o mesmo tipo de intriga rosa-cruz que Steve Englehart mostrou em *Doutor Estranho*. De certo modo, *1602* fez com que os heróis Marvel fechassem um círculo, devolvendo-os às suas raízes ocultistas britânicas. Depois de *1602*, Gaiman publicou outro romance premiado, *Anansi Boys*, e, em 2005, dirigiu um filme em colaboração com Dave McKean e a Jim Henson Company chamado *Máscara da Ilusão*.

Gaiman voltou à Marvel em 2006 para reciclar a analogia com os Vril-ya de Kirby, *Os Eternos*. Deixando de lado a grandiosidade e extrema violência de Kirby, Gaiman valeu-se do território explorado pelas séries de TV *The 4400* e *Heroes*. Nessa minissérie, os Eternos têm vidas normais e apenas uma vaga noção de seu grande potencial. Enquanto escrevo, ele trabalha num filme de animação computadorizada do herói da literatura inglesa Beowulf.

Mesmo que nunca mais escreva outra história em quadrinhos, o legado de Gaiman está garantido. Mais do que qualquer outro escritor, Gaiman recriou os vínculos – que já foram muitos – entre o público da fantasia e o mundo do oculto por meio dos quadrinhos.

GRANT MORRISON

Outro acólito de Alan Moore a causar impacto nas revistas em quadrinhos convencionais é o escocês Grant Morrison. Como Moore, Morrison começou sua carreira como artista, mas depois passou a escrever. Sua grande chance deu-se em 1987, com sua própria desconstrução de um super-herói, Zenith, para a revista *2000 A.D.* Morrison vendeu para a DC uma revisão do obscuro herói Homem-Animal, que ele transformou numa meditação surrealista e até profundamente pessoal sobre temas como direitos dos animais. A revista conquistou um público *cult* de bom tamanho, e a DC pediu que Morrison começasse a revisar outro título antigo, *A Patrulha do Destino*.

A Patrulha do Destino de Morrison tornou-se uma paródia dadaísta quase ilegível do próprio ato de se contar histórias, um conceito que sua energia e convicção tornaram atraente para os fãs mais pretensiosos dos quadrinhos. Usando seu sucesso *cult* como plataforma, Morrison se aproveitou da Batmania com seu romance gráfico *Asilo Arkham*. Ele fez uma hábil aposta paralela com seu suspense de super-heróis relativamente convencional *Batman: Gothic*, desenhado por Klaus Janson, um trabalho explicitamente ocultista que fala de um monge que vende a alma a Satã para conquistar a imortalidade.

Em 1994, Morrison criou sua obra magna, *Os Invisíveis*, uma série para a Vertigo que trata de um grupo de super-heróis ocultistas que enfrenta uma conspiração da classe dominante interdimensional. Ou algo assim. A série, que tem um elenco rotativo de personagens regulares, foi mais um veículo para que Morrison pudesse lidar com toda e qualquer idéia alternativa ou teoria da conspiração veiculadas na internet. Morrison valeu-se da idéia de Gaiman e utilizou uma equipe com vários artistas para ilustrar a revista, com o que ele próprio se tornou a atração principal de *Os Invisíveis*.

Morrison afirmou que, na verdade, *Os Invisíveis* foi uma história ditada a ele por uma raça alienígena que ele conheceu no Himalaia (saudades de Blavatsky!). Entretanto, essa suposta origem extraterrestre não ajudou a fazer com que a série chegasse a um grande público, e as vendas do título caíram. A reação de Morrison não teve precedentes. Ele usou a página de cartas dos leitores da revista para incentivá-los a participarem de uma cerimônia ocultista mundial que envolveria a masturbação ritual. Seja por intervenção mágica, seja para manter um astro como Morrison feliz, a DC deu mais uma oportunidade à série, desta vez com uma edição limitada e numerada ao contrário, para que a contagem regressiva chegasse até janeiro de 2000.

Apesar do entusiasmo gerado pelas criações esotéricas de Morrison, seu maior sucesso, sem dúvida, está em seu trabalho junto aos personagens que constituem a jóia da coroa da Marvel e da DC. Morrison reformou *A Liga da Justiça* em 1996, fazendo dela um sucesso numa época em que as vendas de revistas em quadrinhos estavam em queda livre. Ele se valeu desse sucesso para conseguir um ótimo contrato com a Marvel, que imediatamente lhe passou a hesitante série dos X-Men. Ele também ajudou a reviver o interesse pelo Quarteto Fantástico com sua minissérie *Fantastic Four 1234*. Morrison deixou atônita a indústria dos quadrinhos quando rompeu de maneira complicada com a Marvel, em 2004, e foi para a DC com diversos projetos esotéricos e um trabalho brilhante em *All-Star Superman*, em parceria com o amigo Scot Frank Quitely. Em 2006, deu início a uma reforma de *Batman* a partir do zero juntamente com o artista Andy Kubert.

Os cínicos podem dizer que Grant Morrison é mais estilo do que substância, como se fosse um amálgama de Alan Moore, Timothy Leary e Sammy Glick. Mas num campo onde as revistas campeãs de vendas ainda são velhos cavalos de batalha como *Batman* e *X-Men*, Morrison gerou grande entusiasmo com suas provocações ocultistas e situacionais. Ele usou idéias e conceitos de grupos extremamente marginais como mágicos do caos, *cyber-hippies* que participam do Burning Man* e fãs de quadrinhos alternativos e criou a ilusão de uma nova raça de fanáticos por quadrinhos. Embora se apresentasse para um público limitado, Morrison tornou sedutora sua visão fantasiosa do super-herói *cyberpunk* sintonizado e ligado para fãs menos aventureiros de super-heróis, que viviam vicariamente por meio das entrevistas e aparições pessoais de Morrison, sempre preparadas com muito cuidado. Se a mágica de Alan Moore é de natureza basicamente hermética, a mágica de Morrison é prestidigitação pura.

MIKE MIGNOLA

O criador de *Hellboy*, Mike Mignola, ocupa um espaço diferente daquele ocupado por outros magos do reino dos quadrinhos. Seu trabalho trata de história – história *do ocultismo*, para ser preciso – e ele usa um herói do tipo Golem para mergulhar seus leitores nos sombrios recônditos de nosso passado.

Mignola começou sua carreira enviando ilustrações para revistas de fãs como *The Comic Reader*. Mais tarde, tornou-se profissional da Marvel, e ganhou fama com a minissérie de 1988 *Cosmic Odissey*, escrita por Jim Starlin, obcecado pela morte. A *Odissey* tinha muita coisa relacionada com o material de *Fourth World*, de Kirby, e também incluiu a Liga da Justiça. Contudo, os olhos de Mignola estavam voltados para o passado, e seu romance gráfico de 1989 *Gotham by Gaslight*, que mostrava uma versão vitoriana de Batman enfrentando Jack, o Estripador, chamou a atenção de Francis Ford Coppola, que contratou o artista como *designer* de produção para seu filme *Drácula de Bram Stoker*, de 1992. Mignola também ilustrou uma adaptação do filme para quadrinhos. Mergulhando ainda mais fundo em águas ocultistas, Mignola foi *designer* de produção para a obra animada da Disney *Atlantis: O Reino Perdido*, de 2001, uma produção que falou claramente das obsessões de Mignola.

---

* Evento anual de oito dias de duração realizado em Nevada, em setembro, no qual os participantes se expressam de maneira radical. (N. do T.)

Em 1993, Mignola apresentou sua criação mais conhecida, Hellboy (*San Diego ComicCon Comics* nº 2), um jovem demônio invocado por um Rasputin reencarnado para trabalhar para os nazistas nos últimos dias da Segunda Guerra Mundial. O demônio é levado pelos aliados, que o treinam para ser um clássico detetive ocultista. Em conceito, Hellboy é pouco mais do que uma versão seqüestrada de *The Demon* de Jack Kirby, com a personalidade tomada por empréstimo de Ben Grimm, mas a elegante e inspirada arte de Mignola, bem como seu conhecimento enciclopédico do ocultismo, fez de Hellboy, de longe, o mais notável super-herói da década de 1990. Mignola tempera suas histórias com fortes doses de humor que, paradoxalmente, tornam-nas ainda mais arcanas. Ele também acrescenta boas doses de terror lovecraftianos e uma ambientação mórbida que denota grande influência de Poe.

As histórias de Mignola são baseadas em pesquisas impecáveis, e sua exploração do ocultismo nazista é, ao mesmo tempo, notável e assustadora. Mignola também incorpora horrores como leprechauns e lobisomens de antigos contos folclóricos europeus, e criaturas mais esotéricas como o Homunculus. Ele torna seus quadrinhos parecidos com feitiços mágicos, decorando suas páginas com diversos símbolos e ícones tirados de rituais mágicos. Infelizmente, diminuiu o envolvimento de Mignola com os quadrinhos de Hellboy, e a arte foi passada para outras pessoas.

O filme *Hellboy* de 2004, dirigido por Guillermo Del Toro (*O Labirinto do Fauno*) e estrelado por Ron Perlman (*A Bela e a Fera*), foi um filme passável, completamente desprovido do ambiente mágico e do medo arrepiante dos quadrinhos de Mignola. O trabalho de Mignola trata da beleza da decadência e da pureza do terror – temas que nem sempre se traduzem bem para a tela. Seu melhor trabalho toca diretamente nos mais profundos recessos da imaginação coletiva; as sombras profundas e visões densas que dão a seus desenhos tamanha intensidade são difíceis de se traduzir em filme.

ALEX ROSS

Se Jack Kirby é o profeta dos novos deuses e Alan Moore o feiticeiro supremo dos quadrinhos, então Alex Ross é o mais destacado apóstolo da nova religião dos super-heróis. Seu pai era ministro protestante e sua mãe trabalhou como ilustradora de relativo sucesso. O fato de ser filho de um pregador exerceu sua pressão sobre Ross, que canalizou suas energias juvenis para a arte. Após mudar-se com a família de Portland, no Oregon, para uma nova casa no meio do Texas, Ross buscou inspiração nos elegantes e idealizados heróis de

LINSNER
©2007

artistas como Neal Adams e George Perez, bem como nas ilustrações clássicas de revistas, feitas por artistas como Andrew Loomis e Norman Rockwell. Com 12 anos, já era mais talentoso do que a maioria dos desenhistas da década de 1990, cujo trabalho o ofendia tanto.

Ross parece ter se apegado aos heróis da DC pelos mesmos motivos que afastaram outros fãs nas décadas de 1960 e 1970. Os heróis da Liga da Justiça eram distantes e olímpicos; eram melhores do que os Zés-Ninguém do cotidiano. Em outras palavras, eram *deuses*. Em sua monografia, *Mythology: The DC Comics Art of Alex Ross*, ele explicou essa atração: "Na adolescência, você precisa ter ordem em seu mundo, e os super-heróis têm isso, um senso de ética que nunca muda – eles nunca seriam menos do que perfeitos, lutando por seus ideais", acrescentando que "eles tratam sucintamente com questões morais, de um modo que a religião não trata. Ou melhor, a religião trata, mas de modo muito mais complicado e geralmente confuso"[155].

Depois de trabalhar com publicidade, Ross teve a oportunidade de desenhar uma minissérie do *O Exterminador do Futuro* para a Now Comics. Em 1993, conseguiu seu primeiro emprego na DC – e, como seria apropriado, a capa de uma revista com a romantização da saga do Super-Homem, chamada *Superman: Doomsday and Beyond*. Seu trabalho chamou a atenção dos editores da Marvel, e, em 1994, ilustrou sua carta de amor gráfica para os super-heróis do passado, *Marvels*. A arte de Ross eletrizou os fãs e tirou os quadrinhos de seu cínico declínio da década de 1990. Subitamente, os super-heróis pareceram realmente *heróicos* de novo. Com efeito, ver *Marvels* de Ross é quase como contemplar esses personagens pela primeira vez. Como disse Chip Kidd dos desenhos posteriores do Super-Homem feitos por Ross, "o efeito foi como termos finalmente conhecido alguém de quem só tínhamos ouvido falar".

Ross aproveitou seu sucesso com *Marvels* para trabalhar com a Liga da Justiça. Na época, a DC estava mal, e seus editores ficavam o tempo todo brincando de pegador com a Marvel e a Image. Ross propôs-se a revitalizar a linha toda com seu épico *O Reino do Amanhã*, no qual ele procurou "trazer novamente um senso de moralidade aos quadrinhos"[156]. Os quadrinhos nunca tinham visto algo como *O Reino do Amanhã*, que cativou os fãs e colegas de criação. Ross foi reconhecido como um profeta, encerrando a tola corrupção da Era de Cromo. Ninguém tinha percebido isso ainda, mas quando *O Reino do Amanhã* apareceu, teve início a Nova Era.

O Reino do Amanhã levou quase uma década para ser feita. Em suas anotações originais para a série, Ross teve a percepção de equiparar o Super-Homem da década de 1940 com Sansão e a versão da década de 1960 com Jesus Cristo. "Como personagem de ficção, Super-Homem é tão importante como

---

155 Chip Kidd e Geoff Spear, *Mythology* (sem paginação).

156 Citado em Les Daniels, *DC Comics*, p. 248.

se existisse em carne e osso", afirmou. "De qualquer modo, ele é inspirador, e é isso o que importa." Com efeito, Ross quis colocar o "Super-Homem no mesmo papel" que Jesus Cristo[157].

Ross fez de seu pai um astro em *O Reino do Amanhã*, mudando seu nome para Pastor Norman McCay como homenagem a Winsor McCay. Seu pai mostrou-se um excelente modelo, parecendo-se muito com Alec Guinness em *Guerra nas Estrelas*. Na história, o herói oculto de Jerry Siegel, o Espectro, aparece para McCay e o unge como uma testemunha do Apocalipse que se seguiria. McCay protesta contra o Apocalipse usando a linguagem morna do protestantismo liberal, mas recupera seu fervor religioso (e sua congregação) após ajudar os deuses da Liga a salvarem a humanidade.

Os super-heróis de Ross são a própria personificação dos *übermenschen* de Nietzsche. Com efeito, os membros da Liga são chamados de "deuses" ao longo da revista. Ross mostra o Lanterna Verde envergando a armadura de um cavaleiro wagneriano, e devolve a Flash e ao Gavião Negro suas formas originais. Não são mais substitutos de Hermes/Mercúrio e de Hórus, mas exatamente esses deuses, e seu porte e comportamento deixam poucas dúvidas de que são encarnações deles. Ross disse que "Gavião Negro tornar-se-ia Deus Gavião... agora, ele é um verdadeiro homem-pássaro, uma nova entidade, um príncipe egípcio reencarnado"[158].

A Mulher Maravilha de Ross, modelada em Lynda Carter, é uma leoa, feroz nas batalhas mas meiga com seu homem (no caso, o *Super*-Homem). Na apocalíptica batalha final da revista, Ross acentua sua natureza divina vestindo-a com uma armadura dourada de águia, lembrando antigas estatuetas da Ísis alada, e banhando-a sempre com a luz do sol (e Ross faz isso ao longo de toda a história). Quando vemos pela primeira vez a Liga da Justiça reconstituída descendo do céu, Super-Homem, Mulher Maravilha e Gavião Negro se destacam, traçando um irresistível paralelo com Osíris, Ísis e Hórus. Os três parecem ter saído voando do coração do próprio Sol.

O tom mitológico e a sensação majestosa de *O Reino do Amanhã*, de Ross, remetem aos movimentos neoclássico, romântico e pré-rafaelita do século 19 e início do 20. A sensibilidade reverencial de Ross tem muito mais em comum com Leyendecker, Waterhouse ou Alma-Tadema do que com os mais elegantes desenhistas de quadrinhos, como Hal Foster ou Alex Raymond.

Até os tontos heróis ao estilo da Era de Cromo que Ross procura exorcizar são desenhados e tratados de modo infinitamente mais criativo e digno do que

157 Citado em Les Daniels, *DC Comics*, p. 248.

158 Chip Kidd e Geoff Spear, *Mythology* (sem paginação).

os desalinhados personagens da década de 1990 que os inspiraram – embora ele aniquile a maioria deles com uma explosão nuclear.

Espalhadas pela série, vemos trechos do Livro do Apocalipse que marcam os acontecimentos escatológicos da história e a sensação de reverência e encanto que Ross procura apresentar novamente aos leitores de quadrinhos, cuja sensibilidade foi arruinada pelo dilúvio de lixo da Era de Cromo. Ross arma uma cruzada contra a super-heresia, e reage ao declínio da década de 1990 com sua visão da fé única e verdadeira. O efeito cumulativo dessa nobreza, senso de correção e ira divina é indistinguível dos valores dos grandes épicos religiosos da Antiguidade.

Não se engane: *O Reino do Amanhã* é, fundamentalmente, um trabalho religioso, e os deuses que Ross homenageia nele seriam identificados facilmente por qualquer pagão ou politeísta de outros tempos. Os símbolos e acessórios dos deuses antigos – sejam egípcios, gregos, romanos ou nórdicos – e os motivos extraídos dos templários, maçons e neoclássicos estão espalhados por toda a parte em *O Reino do Amanhã*. Se Ross não tivesse procurado intencionalmente tornar a apresentar os antigos deuses e deusas para um público moderno, deveríamos pensar seriamente na hipótese de que alguma outra força sobrenatural estaria trabalhando por intermédio dele para que isso acontecesse.

O impacto de *O Reino do Amanhã* e dos romances gráficos de Ross em formato tablóide, com Super-Homem (*Paz na Terra*), Batman (*Guerra ao Crime*), Capitão Marvel (*O Poder da Esperança*), Mulher Maravilha (*O Espírito da Verdade*) e a Liga da Justiça (*Liberdade e Justiça*) não pode ser subestimado. Foi preciso algum tempo para digeri-lo, mas em pouco tempo os melhores desenhistas do ramo começaram a injetar em sua arte o realismo e a reverência de Ross. Agora, a maioria dos principais artistas da Marvel e da DC faz uso intenso de referências fotográficas, e conta histórias num estilo narrativo cinematográfico que passou a ser conhecido como "widescreen". Artistas que desenham no estilo dos quadrinhos da década de 1980 ou no estilo anabolizado da década de 1990 estão fora de moda – talvez para sempre. *O Reino do Amanhã* assinalou a era do super-herói como deus, e os deuses devem inspirar reverência, ou então nem devem existir.

CAPÍTULO 21

O LABORATÓRIO DOS SONHOS: AS REVISTAS EM QUADRINHOS E O FUTURO

Por que os quadrinhos sobreviveram? Por que ainda são tão poderosos e influentes? Por que tantos homens adultos gastam até 100 dólares por semana atualizando suas coleções de revistas? Parte da resposta está no fato de os quadrinhos serem um tipo profundamente íntimo de narrativa. São algo que você pode segurar, que você pode possuir, algo que fala apenas com você. Os quadrinhos têm uma magia especial, que afeta o cérebro de maneiras impossíveis para a prosa. Os fãs de quadrinhos desenvolvem relacionamentos íntimos com seus personagens prediletos – um relacionamento que protegem zelosamente. Fãs de alguma banda independente e obscura procuram-se mutuamente, mas os fãs de quadrinhos são mais cautelosos, tratando sua obsessão como parte de seu espaço particular.

Clive Barker observa que os quadrinhos acontecem no ritmo do próprio leitor, observando que uma história em quadrinhos "se desenvolve no seu ritmo pessoal, como um sonho ou pesadelo"[159]. Os leitores controlam a linha do tempo visual de um modo que outras mídias teriam dificuldade para imitar, mesmo dispondo do recurso quadro-a-quadro dos vídeos e DVDs. Cada momento visual fica suspenso eternamente no tempo e no espaço da revista. Os fãs dos quadrinhos controlam o fluxo dos acontecimentos, e assim cada momento pertence a eles. Nenhuma outra forma de arte pode fazer isso. É como se, por ler quadrinhos, você se tornasse uma espécie de divindade. O impulso está incorporado de maneira brilhante ao filme *Matrix*, com as seqüências de quadro congelado e de "ritmo das balas". Há ainda uma alusão interessante a isso na série de TV *Heroes*, na qual o fã dos quadrinhos Hiro tem a capacidade de congelar um momento no tempo.

Os fãs de quadrinhos são um grupo pequeno mas muito dedicado e influente. Geralmente, desenvolvem ainda cedo uma relação intensa e íntima com o meio dos quadrinhos, geralmente como resultado de trauma de infância. Muitos são tímidos ou têm dificuldades para se comunicar socialmente, o que tende a consolidar sua dedicação aos quadrinhos, transformando-os, nas palavras de Stan Lee, em "verdadeiros crentes", indistinguíveis de um seminarista ou estudante de teologia.

Os fãs mais ardorosos dos quadrinhos reverenciam sinceramente seus heróis, e a desgraça recai sobre o artista ou escritor que não compartilha dessa adoração. Se um criador parece pouco dedicado aos personagens ou deixa de incutir em seu trabalho a necessária reverência religiosa, vai sofrer nas mãos dos fãs, que, como os antigos pagãos, deleitavam-se em matar seus reis. Até Jack Kirby caiu em desgraça quando artistas mais realistas como Neal Adams ganharam destaque na década de 1970.

Por causa de sua intensa devoção, muitos fãs querem ser criadores, e a facilidade de acesso e de disponibilidade dos recursos para a criação de quadrinhos – especialmente online – criou uma explosão de trabalhos indepen-

---

159 Clive Barker citado *in* Mike Benton, *Horror Comics: An Illustrated History* (Dallas: Taylor, 1991), p. 3.

dentes e publicados pelo próprio autor. Muitos fãs acreditam que um dia vão "estourar" nas editoras mais importantes, e a concorrência pelas melhores revistas é feroz. Alguns desistem quando percebem que nunca vão chegar ao grupo principal, e outros insistem, esperando o impossível.

A Internet criou uma convenção perpétua dos quadrinhos – 24 horas por dia, sete dias por semana – com seus milhares de quadros de mensagem, salas de *chat* e revistas em quadrinhos online. E os criadores continuam a publicar seus próprios trabalhos, seja no formato mini, seja nos econômicos formatos em preto e branco. Essas condições criaram um mercado de testes, uma verdadeira panela de pressão, para uma nova cultura popular que inevitavelmente se espalhou para outros tipos de narrativa. *Todo* fã de quadrinhos, hoje, é um *connoisseur*, e a cultura dos super-heróis contemporâneos é formada exclusivamente de, por e para fãs muito cultos.

Naturalmente, isso significa que os quadrinhos não são mais um veículo de massa. Em vez disso, tornaram-se laboratórios bem importantes para a cultura popular, desenvolvendo temas e idéias que são usadas na televisão, no cinema e em videogames. Muitos dos maiores criadores de Hollywood – Steven Spielberg, Bryan Singer, James Cameron, George Lucas, Chris Carter, Sam Raimi – são fãs de carteirinha dos quadrinhos, e adaptaram temas e idéias dos quadrinhos a seus trabalhos. Hoje, o pessoal do cinema escreve para os quadrinhos, e vice-versa. O mesmo se aplica à ficção, com autores de grande vendagem como Brad Meltzer e Jonatham Lethem trabalhando para as Duas Maiores.

A simbiose que se formou entre os quadrinhos e Hollywood também se estende aos videogames, a ponto de o conteúdo e os roteiros dos jogos serem virtualmente indistinguíveis dos quadrinhos. Esse é um fenômeno recente, simultâneo com os incríveis avanços na tecnologia de imagem digital. O tratamento computadorizado permitiu traduzir na tela o impacto visual dos quadrinhos, tanto em jogos como no cinema. O custo de efeitos especiais não é mais proibitivo, e as limitações dos melhores efeitos pré-digitais foram superadas. A tecnologia de criação digital de imagens pode levar agora a energia cinética das revistas em quadrinhos para a tela, especialmente em filmes como *Sin City: A Cidade do Pecado* e *300*, baseados nos romances gráficos de Frank Miller.

Quer tenhamos percebido quer não, somos programados pela cultura *pop*. Televisão, cinema e videogames fazem parte de nossa consciência coletiva, talvez ainda mais do que nossos próprios sonhos. Os grandes criadores de histórias em quadrinhos sentiram isto e propositalmente introduziram os elementos do passado, do presente e do futuro em seu trabalho. Jack Kirby admitiu ter vivido numa sociedade "sem o tipo de deuses que costumavam existir, sem as lendas que antes viajavam para lá e para cá com as tribos. Cada tribo contava, à sua maneira, as mesmas histórias", observou Kirby. "Dei a essas histórias a força de antigos conceitos, mas com personagens de nossa própria época"[160]. Alan Moore trabalhou com a mesma visão e expressou o que pode ser a verdade essencial da cultura dos quadrinhos: "Há alguma coisa muito mágica no cerne do ato de escrever, e da linguagem, da narração. Os deuses da magia nas culturas antigas... também são os deuses da escrita"[161].

---

160 Citado *in* Les Daniels, *DC Comics*, p. 164.
161 Citado *in* Bill Baker, *Alan Moore Spells It Out* (Michigan: Airwave, 2005), p. 10.

CAPÍTULO 22

CONCLUSÃO: OS DEUSES EM NÓS

Um dia, os super-heróis foram justiceiros contra o crime organizado ou soldados em guerra contra o fascismo. Agora, transformaram-se em outra coisa. Eles lidam com uma ansiedade maior – a sensação universal de impotência numa nova e tecnocrática ordem mundial. A proliferação da tecnologia e o drástico crescimento da população mundial fazem com que as pessoas se sintam marginalizadas e insignificantes – isoladas e sem forças contra os sistemas invisíveis que controlam cada aspecto de suas vidas.

Vivemos numa época extremamente deprimente e desencorajadora, na qual as antigas certezas se esvaem diante de nossos olhos. O mundo que conhecíamos está ruindo ou sendo desmontado sistematicamente, e não podemos fazer nada com relação a isso. As más notícias diárias nas áreas da política e da economia, e o constante rufar de tambores de guerra e do terrorismo, tornam as histórias fantasiosas de super-heróis mais relevantes e viscerais, e bem mais reconfortantes e tranqüilizadoras, do que em qualquer outro período desde a Segunda Guerra Mundial.

Nos Estados Unidos, a religião parece incapaz de proporcionar um mito viável de salvação nesses tempos de crise. Muitas das denominações tornaram-se pouco mais do que movimentos políticos mal disfarçados, interessados apenas em dinheiro e poder. Por outro lado, nossa cultura secular e exangue não tem mais espaço para o encantamento. Não é de surpreender, portanto, que filmes como *Harry Potter*, *Guerra nas Estrelas* e *X-Men* tenham aparecido para ocupar essa lacuna.

Os super-heróis proporcionam uma fuga, mas de quê e para onde? Da mediocridade entorpecente da maior parte da vida moderna. Para um espaço onde há maiores potenciais e possibilidades. Mas não basta mais para nós simplesmente ansiar por esses heróis. Lá no fundo, nós queremos *ser* esses heróis[162]. Esse é o impulso por detrás dos *role-playings* comuns nas atuais convenções de quadrinhos, nos quais os fãs se vestem como seus personagens prediletos e encenam suas aventuras. Os concursos de fantasias também são populares, e alguns fãs escrevem paródias reverenciais sobre seus deuses ou fazem vídeos caseiros com base em seus personagens favoritos. O mesmo impulso movimenta a crescente popularidade do Halloween entre adultos. As pessoas querem entrar no mundo mítico e tornarem-se outra pessoa, tentando se esquecer de seus problemas cotidianos. Esse fenômeno é sobrevivente dos cultos de mistérios de outras eras, com rituais e festivais onde pagãos se vestiam como seus deuses prediletos e encenavam seus dramas.

A revista especializada *Entertainment Weekly* afirma que a série de TV *Heroes* é uma prova positiva de que aquilo que antes era considerado pop hoje é convencional, graças a uma década definida pelas sagas cinematográficas do Homem-Aranha e de Harry Potter[163]. Agora, a questão é a seguinte: Será que uma sociedade tão mergulhada em *Heroes*, *Harry Potter* e *X-Men* ficará satisfeita com os limites do corpo humano? Ou será que o fascínio com essas histórias provocará novas expectativas, que tentaremos atender mediante clonagens e engenharia genética? Programas como *Heroes* e *The 4400* apresentam superpoderes que se manifestam no mundo real, não no mundo do uniforme de tecido elástico, e os ambientes virtuais de alguns videogames sugerem a possibilidade de entrarmos em outras realidades. Será que essas tendências

---

162 O próprio Stan Lee tem um *reality show* na rede SciFi chamado *Who Wants to Be a Superhero?* [Quem Quer Ser um Super-herói?], no qual os participantes fazem uma prova para se tornarem deuses.

163 Jeff Jensen, "The Powers that Be", *EW*, nº 906, p. 32.

modelarão nosso futuro? Será que estamos começando a nos perguntar como faremos para manifestar essas novas possibilidades?

A cultura dos super-heróis tornou-se muito mais do que revistas em quadrinhos. Os super-heróis de hoje estão, na verdade, mudando nossas expectativas quanto à máquina humana, em especial na mente dos jovens. Os magos de Hollywood estão tornando quase tangíveis a mágica de Harry Potter e os poderes mutantes dos X-Men. Quanto tempo vai levar até que o público mais jovem se sinta satisfeito com o banal? Quanto tempo vai levar até exigirem poderes maiores ou sobrenaturais para eles mesmos? E será que isso vai levar a uma expectativa de maiores capacidades humanas, que só pode assumir a forma de uma realidade humana totalmente nova? Será que estamos diante da inevitável incorporação da tecnologia à própria humanidade?

Procurando desvendar o intrincado problema proposto por Stanley Kubrick e Arthur C. Clarke em *2001: Uma Odisséia no Espaço*, Jack Kirby chegou à conclusão de que o homem vai mandar robôs ao espaço em vez de se arriscar. Por diversas vezes, ele tentou compreender o Filho das Estrelas, e respondeu com *Homem-Máquina*. O personagem de Kirby não era um homem cibernético, mas uma inteligência artificial alienada da vida humana. Hoje, porém, vemos mais e mais esforços, não para transformar máquinas em pessoas, mas pessoas em máquinas.

Alguns observadores rotulam essa realidade projetada de "trans-humanismo" ou "pós-humanismo". Sua meta é usar a cibernética e a nanotecnologia (computadores e robôs microscópicos) para "aperfeiçoar" o organismo humano. Por meio da neurociência, podemos agora controlar o cérebro humano e seus processos. Mas esse tipo de especulação preocupa muitos cientistas, teólogos e filósofos. Que rumo tomará essa extraordinária tecnologia? Será que os seres humanos vão acabar se tornando autômatos, servindo a uma mente-colméia controlada por computadores, como o *Borg* em *Jornada nas Estrelas*? Será que as inteligências artificiais se tornarão autoconscientes, fazendo com que o ser humano fique obsoleto, como nos filmes do *Exterminador do Futuro*? Se o século 20 nada mais fez, no mínimo provou como a ciência pode ser perigosa se posta a serviço de propósitos desumanos. São muitas as perguntas que precisamos fazer. Quem está criando essa tecnologia? Quem está pagando por ela? Essas pessoas estão movidas pelos melhores interesses? Estão sendo guiadas pelo amor e pela compaixão, ou pelo poder e pelo lucro?

Por outro lado, a tecnologia nos confere poder e nos liberta. Atua desafiando os limites impostos pelas leis naturais. A ciência descreve os limites e fronteiras da gravidade – ou da distância, ou do poder da mente – e a tecnologia permite que nos rebelemos contra eles. No século 19, o mito do *übermens-*

FIAWOL
SQUA TRONT!
SPA FON!
9.1
9.9
9.7
LINSNER© 2007.

ch expressou nosso desejo de transcender as limitações humanas. Contudo, na primeira aventura do Homem-Aranha, Stan Lee advertiu que "com grandes poderes, vêm grandes responsabilidades". E em *O Reino do Amanhã*, Alex Ross mostrou como o poder trans-humano pode ser perigoso sem uma base moral. A nova mitologia dos quadrinhos nos dá um modelo para seguir, uma bússola moral para nos guiar através de novas e incríveis possibilidades, permitindo-nos colocar em prática o potencial do poder super- ou trans-humano num ambiente ficcional.

ESPÍRITO NO CÉU

Não devemos, porém, esquecer do "fator x" presente em tudo isso – o componente sobrenatural. Antes de ser cooptada por oportunistas como Shirley MacLaine, o movimento da Nova Era tratava da síntese entre o misticismo antigo e a tecnologia moderna[164]. Mesmo com a ruptura do movimento, alguns grupos procuraram dar continuidade a esse trabalho, notadamente o movimento New Edge, que saiu do *underground cyberpunk* da década de 1990. O movimento, centralizado no Festival Burning Man em Nevada, também deu continuidade a essa vertente.

Os alquimistas modernos sonham com uma Nova Era em que as ciências ocultas e a tecnologia não estejam mais em oposição – uma época em que coisas que hoje são imensuráveis possam ser compreendidas e utilizadas. Nesse contexto, histórias de poderes psíquicos e de ocultismo oriundas da cultura popular não precisam ser entendidas literalmente, mas vistas como um meio de nos mantermos cientes de possibilidades além do alcance de nossa compreensão atual. Tais histórias de poderes sobrenaturais podem funcionar como a cenoura pendurada diante do burrico – sempre fugidia, mantendo-nos no rumo de um estado mítico de perfeição.

Alguns dizem que nosso atual posicionamento racionalista e reducionista é uma relíquia da Era Industrial, uma fase necessária mas obsoleta na direção de um entendimento mais complexo. A possibilidade de acompanharmos acontecimentos do mundo todo tem aumentado nossa percepção dos padrões fractais da realidade, aquilo que Carl Jung chamava de "sincronicidade" ou coincidência significativa. Temos mais acesso à informação, e por isso maior capacidade de observar padrões em acontecimentos que antes teriam passado

164 Ver Marilyn Ferguson, *The Aquarian Conspiracy* (Nova York: St. Martin's, 1980).

em branco. Se aumentarmos e expandirmos nossa percepção do mundo, é possível que nosso reconhecimento de certas ciências ocultas aumente também. Talvez a melhor compreensão da sincronicidade definida por Jung nos leve a compreender melhor sistemas divinatórios como a astrologia e o Tarô. Talvez comecemos a compreender o Zodíaco, não como uma força espiritual que controla a nossa vida, mas como um relógio gigante que nos ajuda a prever condições que tornam a ocorrer ciclicamente durante certas posições planetárias.

A junção entre ciência, moralidade e magia está sendo representada centenas de vezes por mês nas revistas em quadrinhos e em outros meios, mostrando-nos as implicações do potencial sobre-humano. Será essa uma maneira inconsciente de preparação para uma mudança inevitável na realidade humana? Deveríamos prestar mais atenção nos visionários e lunáticos que antecipam o futuro nos enredos das revistas em quadrinhos? Nesse reino sobrenatural que chamamos de imaginação humana, criadores de revistas em quadrinhos como Alan Moore e Alex Ross podem ser viajantes do tempo, prevendo o futuro para nós e mostrando-nos o caminho. É engraçado como tudo é tão parecido com os antigos mitos.

O passado e o futuro estão sempre conosco.

BIBLIOGRAFIA

Baker, Bill. *Alan Moore Spells It Out*. Michigan: *Airwave*, 2005.
Benton, Mike. *Horror Comics: An Illustrated History*. Dallas: Taylor, 1991.
Bessy, Maurice. *A Pictorial History of Magic and the Supernatural*. Londres: Spring, 1968.
Blackbeard, Bill e Martin Williams, orgs. *The Smithsonian Collection of Newspaper Comics*. Washington, DC: Smithsonian, 1977.
Bloom, Harold. *The American Religion*. Nova York: Simon & Shuster, 1993.
Bridwell, E. Nelson. *Superman from the Thirties to the Seventies*. Nova York: Crown, 1971.
_______. *Batman from the Thirties to the Seventies*. Nova York: Crown, 1972.
Bulfinch, Thomas. *Bulfinch's Mythology*. Nova York: Harper Collins, edição de 1991.
Budge, E. A. Wallis. *Egyptian Religion*. Nova York: Dover, edição de 1959.
Bulwer-Lytton, lorde Edward. *The Coming Race*. Middleton, CT: Wesleyan, edição de 2006.
_______. *Zanoni*. Londres: Saunders & Otley, 1841. [*Zanoni*, publicado pela Editora Pensamento, SP, 1957 (fora de catálogo).]
Burroughs, Edgar Rice. *A Princess of Wars*. Nova York: Modern Library, edição de 2003.
Carter, John. *Sex and Rockets: The Occult World of Jack Parsons*. Los Angeles: Feral House, edição de 2004.
Chandler, Russell. *Understanding the New Age*. Dallas: Word, 1988.
Coogan, Peter. *Superhero: The Secret Origin of A Genre*. Austin, TX: Monkeybrain Books, 2006.
Cranston, Sylvia. *H.P.B.: The Extraordinary Life & Influence of Helena Blavatsky*. Nova York: Putnam, 1993.
Crawford, Hubert H. *Crawford's Encyclopedia of Comic Books*. Middle Village, NY: Jonathan David Publishers, 1978.
Daniels, Les. *Comix: A History of Comic Books in America*. Nova York: Outerbridge, 1971.
_______. *DC Comics: A Celebration of the World's Favorite Comic Book Heroes*. Nova York: Billboard Books, 2003.

_______. *Marvel: Five Fabulous Decades of the World's Greatest Comics.* Nova York: Abradale, 1991.

_______. *Wonder Woman: The Complete History.* San Francisco: Chronicle Books, 2000.

Frazer, sir James George. *The Golden Bough.* Nova York: Penguin, edição de 1996.

Gifford, Denis. *The International Book of Comics.* Londres: Crescent Books, 1984.

Goulart, Ron. *Cheap Thrills: An Informal History of the Pulp Magazine.* New Rochelle, NY: Arlington House, 1972.

_______. *Comic Book Culture: An Illustrated History.* Portland, OR: Collectors Press, 2000.

_______. *The Adventurous Decade.* New Rochelle, NY: Arlington House, 1975.

Haining, Peter. *The Classic Era of American Pulp Magazines.* Chicago: Chicago Review Press, 2001.

Haining, Peter, org. *The Magicians: The Occult in Fact and Fiction.* Nova York: Taplinger, 1972.

Herman, Daniel. *Silver Age: The Second Generation of Comic Book Artists.* Nesahannock, PA: Hermes Press, 2004.

Horn, Maurice, org. *The World Encyclopedia of Comics.* Nova York: Chelsea House, 1976.

Howard, Michael. *The Occult Conspiracy.* Rochester, VT: Destiny Books, 1989.

Jones, Gerard. *Men of Tomorrow: Geeks, Gangsters and the Birth of the Comic Book.* Nova York: Basic, 2004.

Jones, Gerard & Will Jacobs. *The Comic Book Heroes.* Rocklin, CA: Prima, 1997.

Kerr, Howard & Charles L. Crow, orgs. *The Occult in America: New Historical Perspectives.* Chicago: University of Illinois Press, 1983.

Kidd, Chip & Geoff Spear. *Mythology: The DC Comics Art of Alex Ross.* Nova York: Pantheon, 2003.

Knight, Gareth, org., *The Magical Battle of Britain.* Oceanside, CA: Sun Chalice, 1993.

Lachman, Gary. *Turn Off Your Mind: The Mystic Sixties and the Dark Side of Aquarius.* Nova York: Disinformation, 2001.

Lee, Stan. *Bring on the Bad Guys.* Nova York: Fireside, 1976.

_______. *Origins of Marvel Comics.* Nova York: Fireside, 1975.

_______. *Son of Origins.* Nova York: Fireside, 1975.

_______. *The Superhero Women.* Nova York: Fireside, 1977.

Lesser, Robert. *Pulp Art.* Nova York: Gramercy, 1997.

Lovecraft, Howard Phillips. *Dagon and Other Macabre Tales.* Sauk City, WI: Arkham House, 1987.

Marston, William Moulton. *Wonder Woman.* Nova York: Holt Rinehart and Winston, 1972.

MacKenzie, Norman & Jean. *H.G. Wells: A Biography.* Nova York: Simon and Shuster, 1973.

Mignola, Mike & John Byrne. *Hellboy Seed of Destruction.* Milwaukie, OR: Dark Horse, 2003.

Miller, Frank. *Batman: The Dark Knight Strikes Again.* Nova York: Warner Books, 1986.

Martin, Walter R. *The Kingdom of the Cults.* Minneapolis, MN: Bethany Fellowship, 1972.

Noll, Richard. *The Aryan Christ: The Secret Life of Carl Jung.* Nova York: Random House, 1997.

Pendle, George. *Strange Angel: The Otherworldly Life of Rocket Scientist John Whiteside Parsons.* Orlando, FL: Harcourt, 2005.

Petrie, W. M. Flinders. *The Making of Egypt.* Londres: Macmillan, 1939.

Picknett, Lynn & Clive Prince. *The Templar Revelation.* Nova York: Touchstone, 1997.

Pike, Albert. *Morals and Dogma of the Ancient and Accepted Scottish Rite of Freemasonry.* Washington DC: Supreme Council of the 33rd Degree, Southern Jurisdiction of the United States, 1871.

Robbins, Trina. *The Great Women Superheroes.* Northampton, MA: Kitchen Sink Press, 1996.

Sabin, Roger. *Comics, Comix & Graphic Novels: A History of Comic Art.* Londres: Phaidon, 1996.

Sagan, Carl. *The Demon-Haunted World.* Nova York: Random House, 1996.

Sasseine, Paul. *The Comic Book.* Edison, NJ: Chartwell Books, 1994.

Simon, Joe e Jim Simon, *The Comic Book Makers.* Clinton, NJ: Vanguard, 2003.

Sitchin, Zechariah. *The 12th Planet.* Nova York: Harper, 1999.

Sutin, Lawrence. *Do What Thou Wilt: A Life of Aleister Crowley.* Nova York: St. Martin's, 2000.

Symons, Julian. *Conan Doyle: Portrait of an Artist.* Nova York: Mysterious Press, 1979.

_______. *The Tell-Tale Heart, The Life and Work of Edgar Allan Poe.* Nova York: Harper and Row, 1978.

Thompson, Don. *The Comic Book Book.* New Rochelle, NY: Arlington House, 1973.
Waid, Mark & Alex Ross. *Kingdom Come.* Nova York: DC Comics, 1997.
Walker, Brian. *The Comics Before* 1945. Nova York: Harry N. Abrams, 2004.
Washington, Peter. *Madame Blavatsky's Baboon.* Nova York: Shocken, 1995.
Wertham, Fredric. *Seduction of the Innocent.* Nova York: Rinehart, 1954.
Williamson, Jack. *Darker Than You Think.* Nova York: Bluejay, edição de 1984.
Wilson, Colin. *The Occult: A History.* Nova York: Random House, 1971.
Wright, Bradford W. *Comic Book Nation.* Baltimore: Johns Hopkins University Press, 2001.
Wright, Nicky. *The Classic Era of American Comics.* Lincolnwood, IL: Contemporary, 2000.
Wyman, Roy. *Art of Jack Kirby.* Orange, CA: Blue Rose, 1992.

O QUE DISSERAM SOBRE NOSSOS DEUSES SÃO SUPER-HERÓIS:

"Uma história animada e interessante sobre a eterna necessidade humana de heróis, deuses e figuras sobre-humanas que respondem ao nosso chamado."

– Clint Marsh, *Wonderella.org* e autor
de *Mentalist's Handbook*

"*Nossos Deuses São Super-Heróis*, de Christopher Knowles, é absolutamente delicioso – tão divertido e pitoresco quanto sugere o título. Não é, porém, mais uma ladainha de informações curiosas sobre histórias em quadrinhos, destinada a saciar o apetite adolescente de solteirões que moram em porões. É uma análise profunda daquilo que é, em essência, a mitologia moderna – os personagens arquetípicos, os medos, esperanças e sonhos na luta pela verdade, pela justiça e pela iluminação travada no interior de cada um de nós. Nossos deuses *são* super-heróis, e Knowles posicionou-se como o Joseph Campbell das histórias em quadrinhos!"

– Lon Milo DuQuette, autor de
Magick of Aleister Crowley

"*Nossos Deuses São Super-Heróis* convenceu-me de que a magia, a misticismo e o conhecimento esotérico moldaram as histórias em quadrinhos sobre super-heróis desde o princípio. Tão bem quanto outros intérpretes dos quadrinhos, Knowles nos ajuda a compreender as histórias de super-heróis como teologias para os jovens de hoje."

– John Shelton Lawrence, autor de
Myth of the American Superhero.

"Não consigo imaginar minha infância sem a presença reconfortante dos super-heróis das histórias em quadrinhos. E Christopher Knowles explica a razão. Sondando cuidadosamente as origens mitológicas, literárias e espirituais do gênero, Knowles nos ajuda a compreender o que significam esses personagens pitorescos e por que eles assumiram um papel essencial na vida de tantas pessoas. *Nossos Deuses São Super-*

Heróis é mais do que a homenagem de um fã aos super-heróis. A "história secreta" apresentada aqui é uma reflexão sobre a eterna compulsão humana para transcender os limites do corpo, da mente e da existência material. Este livro é uma importante contribuição para o crescente corpo de conhecimentos sobre heróis das revistas em quadrinhos e de seu merecido lugar na história cultural."

– Bradford W. Wright, autor de *Comic Book Nation: The Transformation of Youth Culture in America*

"No século 20, Joseph Campbell, mitólogo de renome mundial, desafiou as pessoas a criarem novos mitos. Christopher Knowles demonstra de forma eloqüente que esses novos mitos já estavam entre nós, escondidos nas humildes páginas da revista em quadrinhos. Um material espantoso, perpicaz e que vem no momento certo!"

– Michelle Belanger, autor de *Psychic Vampire Codex*

"Magníficas camadas de informação foram peneiradas para que pudéssemos encontrar o verdadeiro histórico de nossos super-heróis."

– Ron Turner, editor, *Last Gasp*

"Dos guetos de Praga aos muros do Valhala, à Fortaleza da Solidão e aos corredores das lojas de revistas em quadrinhos, *Nossos Deuses São Super-Heróis* é o primeiro livro que explica plenamente a meta-história dos quadrinhos. Finalmente, Mulher Gavião, Black Canary, a Dama Fantasma, a Feiticeira Escarlate e a Mulher-Hulk merecem a devida atenção. LEITURA OBRIGATÓRIA!"

– Varla Ventura, autora de *Sheroes: Bold, Brash (and Absolutely Unabashed) Superwomen*

"*Nossos Deuses São Super-Heróis* tem lugar merecido na estante de qualquer estudante universitário, bem ao lado daquele livro do Joseph Campbell que ele comprou e fingiu ter lido. Há muito que o protagonista de histórias em quadrinhos tem sido menosprezado como figura heróica dos Estados Unidos de hoje. Knowles escreveu um livro antropológico, que complementa o *Understanding Comics*, de Scott McCloud."

– Bucky Sinister, autor de *All Blacked Out* e *Nowhere to Go* e *King of the Roadkills.*

"Amazonas e avatares à beça na excelente história escrita por Knowles sobre o mito e a magia por trás das histórias em quadrinhos."

– Trina Robbins, autora de *Eternally Bad* e *From Girls*